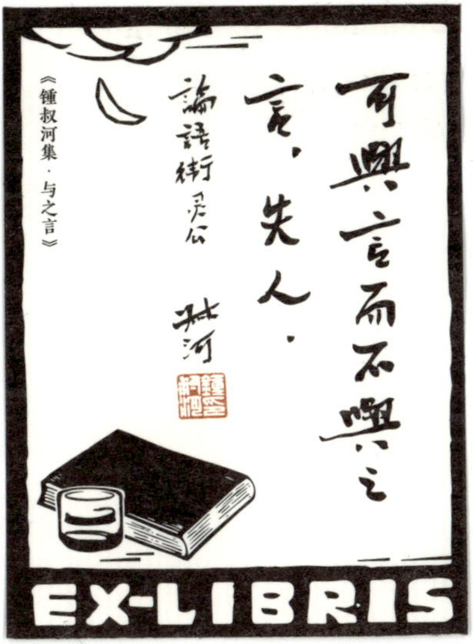
《锺叔河集·与之言》
可與言而不與之言，失人。
論語衛靈公
叔河
EX-LIBRIS

与之言

锺叔河集

The collected works of Zhong Shuhe

3

与之言

岳麓書社 · 长沙

我的杯很小，但我用我的杯喝水。

——缪塞

著者说明

《与之言》为一部访谈录，多谈作者编书写书的经历，共分两辑。

第一辑《与之言集》，世界图书出版公司二〇一二年出版，有平装本和精装本，收一九八二年二月*Chinese Literature*《中国文学》载《中国人怎样看西方》、一九八六年十一月三日《人民日报》载《呼吁出版自由》、二〇一一年三月二日《潇湘晨报》载《目标就是One World》等一九八二至二〇一一年的访谈录四十篇。

第二辑《续与之言》，收二〇一二年一月《名牌》载《“错就错在要思想”》、二〇一九年三月二十四日《一条》载《〈念楼学短〉及其他》、二〇二一年三月《藏书报》载《我与〈周作人散文全集〉》等二〇一二至二〇二一年的访谈录二十五篇。

《与之言》小序引《论语》“可与言而不与之言，失人；不可与言而与之言，失言”，说自己总是失言的时候多，后果都相当严重，但仍愿坚持一个庸人也就是普通人应该享有的权利——“言”的权利，这得失实在也无须过于计较。此一观点至今未变，故仍将其留在卷首，继续作为全书的序文。

二〇二一年三月　钟叔河

图一 一本书的两种装帧

《与之言集》（世界图书出版公司·二〇一二）

（右）平装本 （下）精装本

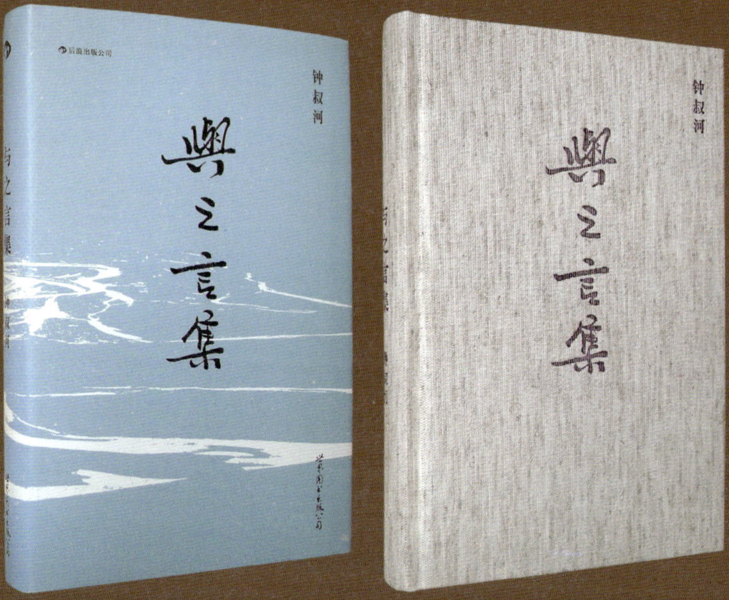

［图二］*Chinese Literature*

（右）英文版《中国文学》一九八二年二月号

（下）本书第一篇（页三）在《中国文学》上

Zhong Shuhe

Introducing the Se·ies "Chinese Travellers Abroad"

FOR centuries Chinese travellers were restricted in their travels because of the vast distances between China and other countries westwards. In fact the number of travellers from both East and West was comparatively few. In the middle of the 19th century with the improvement in communications, however, some Chinese intellectuals did visit Europe, the United States and Japan. There they came in contact with foreign cultures and industrialized societies. This marked a new stage in the Chinese people's basic knowledge of the world.

Chinese Travellers Abroad is a series of 60 books edited by the Hunan People's Publishing House of writings by Chinese who visited other countries between 1840 and 1911. They include travel notes, diaries and narrative poetry. Rong Hong, Wang Tao, Guo Songtao, Xue Fucheng, Huang Zhunxian, Kang Youwei and Liang Qichao were prominent figures and authors of remarkable essays. Many other manuscripts, transcripts and rare block-printed versions have been published for the first time and are of great historical value.

The series covers an important and interesting period of Chinese history when western sciences were gradually introduced into the

Zhong Shuhe works with the Hunan People's Publishing House and is the general editor for the series *Chinese Travellers Abroad*.

81

country concurrently with the anti-imperialist struggle.

Lin Zhen, for example, was an interpreter for American traders in Xiamen (Amoy). He went on a merchant vessel to the United States in 1847. After his return in 1849, he wrote *Travel Notes on the West Sea* in the form of rhythmic prose with classical poems as annotations, introducing the strange sights he had seen abroad. They included the first telegraph wires erected in the United States in 1842. He wrote how two wooden poles with a wire linking them were erected every one hundred paces. An operator at each end of the wire sent messages in a code and received them immediately. The book also referred to the camera that had been invented not long before. "There is a kind of magical mirror," the author wrote, "which relies on the power of some medicaments to reflect with the help of sunlight the images of flowers, birds and figures and hold them down. I have already learned how to use it. . . ."

When the book was completed, those Qing officials involved in the Westernization Movement in Fujian paid much attention to it. It was block-printed for publication, but the circulation was small. In recent years the only copy found in Xiamen had an inscription by the author's son Lin Guyu on the front cover. It was obviously handed down in the family. The reprint in the present series is based on this edition.

Strictly speaking, the first travel notes written by Chinese, who had visited Europe, appeared a little after Lin's book. These were Bin Chun's *Notes Aboard Ship* and Zhang Deyi's *Strange Tales of Navigation* written in 1866.

Eighty years earlier in 1782 Xie Qinggao from Guangdong was shipwrecked in the South China Sea and was rescued by a foreign merchant vessel. He worked as a sailor, travelling for fourteen years in Southeast Asia, India, Europe, America and the Pacific. After he returned to his country in 1820, he gave an oral account of what he had seen and heard. This was written down and published as *Sea Notes*. However, since Xie was illiterate and had not experienced all that he reported, there are some errors.

In 1866 three students from Tongwen School, the first foreign languages college in Beijing, visited Europe upon the suggestion of

82

［图三］中国书展（一九八五·香港）

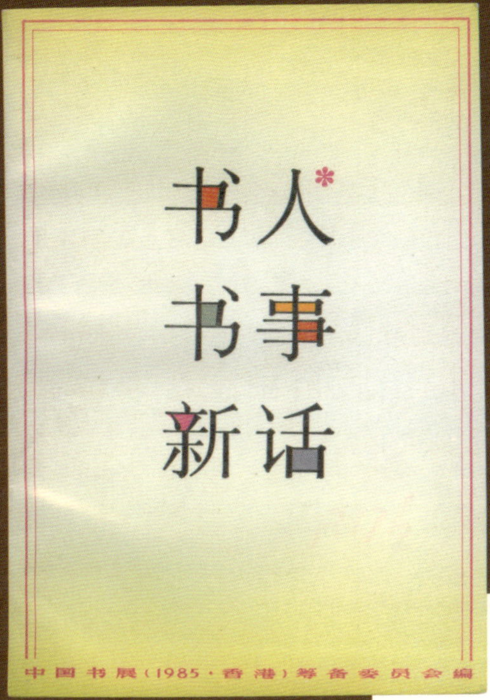

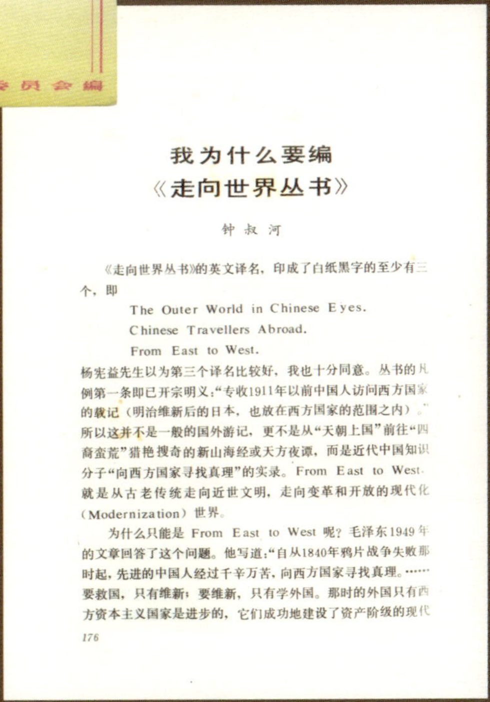

我为什么要编《走向世界丛书》

钟叔河

《走向世界丛书》的英文译名，印成了白纸黑字的至少有三个，即

The Outer World in Chinese Eyes.

Chinese Travellers Abroad.

From East to West.

杨宪益先生以为第三个译名比较好，我也十分同意。丛书的凡例第一条即已开宗明义："专收1911年以前中国人访问西方国家的载记（明治维新后的日本，也放在西方国家的范围之内）。"所以这并不是一般的国外游记，更不是从"天朝上国"前往"四裔蛮荒"猎艳搜奇的新山海经或天方夜谭，而是近代中国知识分子"向西方国家寻找真理"的实录。From East to West 就是从古老传统走向近世文明，走向变革和开放的现代化（Modernization）世界。

为什么只能是 From East to West 呢？毛泽东1949年的文章回答了这个问题。他写道："自从1840年鸦片战争失败那时起，先进的中国人经过千辛万苦，向西方国家寻找真理。……要救国，只有维新；要维新，只有学外国。那时的外国只有西方资本主义国家是进步的，它们成功地建设了资产阶级的现代

176

（上）一九八五年香港中国书展特刊《书人书事新话》

（右）《书人书事新话》此文为本书第二篇（页一四）

［图四／图五］上世纪八十年代的《人民日报》

人民日报　　1986年11月3日　星期一　第三版

岳麓书社总编辑钟叔河呼吁

从政策上资金上保证出版自由

本报讯　记者赵相如报道：随着湖南岳麓书社《走向世界丛书》的出版，作为出版家兼学者的钟叔河的名字也走向全国，受到出版界、史学界和学术界的广泛注意。记者最近走访了这位岳麓书社的总编辑。

现行出版管理体制和一个有四千年文化传统的民族很不相称

记者：当前出版工作面临什么样的境况？

钟：我觉得我国目前的出版物，还反映不出既有深厚积累和悠久传统，又在改革和开放中发生着深刻变化的中国文化的全景。不少新人有新的观点和见解，可是不易得到政治上和学术上的权威的承认，也不容易在书籍市场上争得地位，出版社对他们爱莫能助。"老皇历"一类的书，通过各种关系要出的书和由上头交下来让出的书实在太多。

记者：问题的症结在哪里？

钟：这不是哪一个人的问题，要从整个文化思想的宏观背景上找原因。关键在领导。我觉得现在国家对出版工作是重视不够的。过去乾隆皇帝还重视出书，设立四库全书馆，派礼部尚书纪晓岚负责。纪晓岚通晓典籍，又爱编书，一部《四库提要》就是明证。建国之初，还有出版总署，让胡愈之、叶圣陶等党内外专家负责，努力出了一些好书。现在不要说出版局，连出版社的总编辑、社长都成了官，开会、出访被视为"本职"，而编书、写书反被认为"不务正业"。官者，管也。官越多，管得越多，宽松就越没有希望。而没有宽松环境，是出不了很多好书的。比如，我们的某些选题计划，报上去以后，半年多还没有批下来。国家出版局同意还不行，还要别的机关点头。这种管法和一个有四千年文化、十亿人口的民族相称不相称呢？

出书当然也不能没人管。但是通过法律、政策来管就足够了。出了坏书可以取缔查禁，违反四项基本原则可以处分查办。应当相信我们这些当总编辑的人总还有点政治、学术水平嘛！

国家不应指望靠编书出书来积累资金

记者：听说出版社有上交税利和各种附加的指令性计划？

钟：确实有。这份计划就在我抽屉里（拿出来照念）：岳麓书社今年总产值（图书总订价销售数）三百七十一万元，利润总额三十万元，上交税款要十万五千元，还有"能源交通建设基金"三万二千元，再除去规定提取留存的"后备基金"、"补充流动资金"、"福利基金"和"奖励基金"，剩下用于本社生产发展的钱只剩下七万多元。就是这七万元，如果想要住宿舍，又要以百分之八十五上交省局，结果留给社里的只有一万来元。就是说，岳麓书社得编印发行三百七十一万元的书，才能留得一万元用于发展自己的事业！省里不仅不给出版部门以财政支持，不关心出版系统知识分子的居住条件，还要向出版社伸手要钱，你看这怎么办？

记者：党中央已经作了关于精神文明建设指导方针的决议，其中也谈到出版问题，您对此有何想法？

钟：《决议》把出版放到了与教育、科学、广播、电视、卫生、文物等平等的地位，说了"国家要从政策上、资金上保证这些事业的发展"这句话。我没听说过学校、广播电视、博物馆、医院要上交税利。就是在苏联、美国，都不靠编书出书来积累资金。英国牛津、剑桥出的学术著作，也从来不赚钱。老祖宗更不必说了，司马光编《资治通鉴》，一个班子干几十年，都是国家拿钱出来编辑成书的。唯独咱们现在出书不能不"向钱看"，说到这些，心里真不是滋味。

记者：在经济体制改革中，厂长们普遍要求"松绑"；作为出版社的"厂长"，您认为出版管理部门有放松的迹象吗？

钟：我还没有感觉到。中国的出版事业要发展，关键是体制的改革和人员素质的提高。现在的苦恼是：你要面向社会，适应市场，上面就叫你不要忘记宣传教育机关的责任；你要发展事业，积累文化，上面又伸手向你要钱。总之，左右为难，上下见责。这也未必是由于哪些同志对出版部门有成见，主要还是一个对历史文化的认识问题，是人的素质问题。出版队伍本身的素质也亟待提高，调整、引进、知识更新，都得赶快搞。自己编不出好书，缺乏对历史文化的责任感和使命感，就没有资格要求上面给自己松绑。

（上）一九八六年十一月三日

《人民日版》第三版（页二〇）

走向世界的反思

——访钟叔河

张世英

钟叔河像　苗　地画

钟叔河主编的《走向世界丛书》，以及他的著作《走向世界，近代知识分子考察西方的历史》，在学术文化界产生了深刻的影响。他原在湖南人民出版社工作，1982年评为编审。现任岳麓书社总编辑，主要著作还有《黄遵宪日本杂事诗广注》、《论郭嵩焘》、《千秋鉴借吾妻镜》等。

记者：《走向世界丛书》单行本问世后，就得到了钱钟书、李一氓、萧乾、陈原等专家学者的盛赞，关心改革开放的青年人也很注意。请你介绍一下它的情况好吗？

钟：这套丛书专门辑印1911年以前亲历西方（包括维新后的日本）的记述，也可说是中国士大夫（传统的"知识分子"）由封闭起来的封建宗法社会走向近代——现代化世界的实录。选择不以作者对西方的态度，甚至也不以文笔的优美高下而定去取，但必须是亲见亲闻、亲身的感受，耳食之言和空泛之论一概不取。丛书计划收书100种，湖南人民出版社出过20种；版权转移到岳麓书社后已出齐第一辑36种（合订10册）。第二辑现已编好了好几种，准备编完后一次印行。

记者（看到了书社会议室中陈列的授予《走向世界丛书》1986年"中国图书奖"和1986年"全国优秀畅销书奖"的奖旗和奖杯）：看来不但出版界，连社会上也承认了这部书。

钟：初版第一种印7000册，到第20种增至2万。岳麓印的实际上是第二版，累计印数平均达到了3.5万，加上国外版共约4万，确实不算少了。要说"畅销"还谈不上。在法国、英国都有人正在选译这套书。

记者：从书所收各种都早已成书，为什么建国30多年来，别人都没有发现和重视它们，你却想到编这套丛书？

钟：(笑)阮步兵有言："世无英雄，遂使竖子成名"嘛！当然我这是讲笑话。事实上，只准"一边倒"的时候，谁都没有可能来研究和讨论这些书，我也并不例外。不过，我拣了一个"便宜"，从1957到1979这20多年中，我无须遵功利作文、按模式思想，而尽可以在劳动的余暇"自由"地考虑中国的过去和未来，有时还能收集和整理一些材料。十一届三中全会以后，我20来年的积累一下子就全部用上了。

记者：我早已注意到，李一氓说"这确是我近年来所见到的最富有思想性、科学性和创造性的一套丛书"，陈原也赞扬它的编辑方针，钱钟书说你"眼光普照，观察到欧、美、以至日本文化的全面"。在没有见到你以前，我还以为你是位老学者呢！你的学术准备是怎样完成的？

钟：钱、李诸老我从不认识，我也没有主动去拜谒过他们。他们的过誉，使我惭愧，我并无辉煌的学历，1949年8月参加工作时，只是个18岁的高中生。不过我一直比较喜欢读书，也喜欢用自己的脑子思想。从五十年代起，我就在思考一个问题：一个国家、一个民族，恐怕不应该也不可能长期和别的国家、别的民族隔绝开来，不能够自绝于这个世界。正是由于这种思想，使我经历了A·托尔斯泰所说的"苦难的历程"。

记者：啊？

钟：1957年湖南日报的"反右办公室"编印了一本十多万字的《钟叔河右派言论集》，其中就包括了我这方面的观点和言论。1982年《人物》杂志《述往事，思来者》介绍我的文中，曾一字不改地印了十多条。我被划为右派最初想不通：解放前我是个坚决反对封建和独裁的革命青年，怎么会"反党反社会主义"了呢？抱着弄清楚一些问题的目的，我在做工糊口之余用心读书，主要攻读政治史、思想史、文化史方面的书。我认为今天是昨天的继续，希望从历史中找到现实的答案。　（上）

（包括部族、民族等），彼此文野程度虽然有差别或者很大的差别，但是，很少是完全没有自己的（那怕是很简单的）节日的，那原因就在这里吧。

走向世界的反思

——访钟叔河

张世英

记者：在那样的逆境中，你还能读书、思考，是什么力量在支持着你？

钟：当了右派，即使在想不通的时候我也并不灰心，"我的世界有更辽阔的边境"（闻一多诗句）。在读史中，我发现1800多年以前就有欧洲人到中国来，可是直到180年前还没有中国知识分子到欧洲去。是封闭造成了落后，落后又更加剧着封闭，而封闭落后的心态是绝不容忍"走向世界"的开放思想的。我作为中国人，应该努力弄明白这些积弊，并设法加以传播，这结果就是1970—1979年九年的牢狱之灾。

记者：你还坐过牢？

钟：对的。在牢中我也没有放弃学习，利用条件继续读史书，从中发现：长期封闭的社会一旦开放，发生的变化是极其广泛、深刻而激烈的。人们只要一"走向世界"，他的价值观和哲学就必然发生变化，这是改变封闭造成的落后状态的强大动力。早期"走向世界"的人的现身说法，对现代人可以发生很大的影响。

记者：丛书的编辑工作是在出狱后开始的吧？

钟：1979年3月我被"提前释放"出狱，9月平反改正。不想回报社了。到出版社后就提议让我编这套书。第一种《环游地球新录》1980年8月出版。1980年到1982年平均一个月出版一种，每书都要标点、索引，加上每种书的叙论平均1万字一篇。如果没有过去的充分准备，显然难以胜任。

记者：从编辑出版工作看，丛书的主要经验是什么？

钟：丛书所收都是1911年以前的。书虽是古籍，而读者却是新人。整理出版古书，应该引导读者向前看，面对未来而不是面向过去。过去是不堪回首的，因为整个封建文化必须用新的观点和新的方法加以整理，才能为现代化服务。《走向世界丛书》，这个名字就不古。但它们又确是古书，作者很多是古文名家，校正脱讹倒衍，正确标点分段，编制索引，还原译名，案头编辑工作也是很繁重琐细的。

记者：我读过你写的关于这些书的叙论，有材料，有分析，有文采，看来渊博的学识、精确的思辨和过硬的文笔，对于编辑来说确实重要。

钟：编辑需要才、学、识，我却谈不上。至于丛书，应该说得力于有见识的领导、师友和同事的支持，个人的工作是微不足道的。在我的长期规划中，它也只是一部分。

记者：（谈话中，不断有书社工作人员前来找他）你担任了书社的领导工作，还有时间编书吗？

钟：总编辑当然要编书，他应该是出版社的第一编辑嘛（笑）！我的安排是上午到社处理社务，下午和晚上在家里编书。现在我还在编周作人的集子。我很想早些把总编辑的职务卸下，可以更多地编一点书，这更加符合我的本心。　（下）

（上／右）一九八八年三月十日至十一日《人民日报·文心探访》

（页二六）

2 文汇读书周报 1988年1月2日

把更多的好书献给读者

——十家出版社的负责人向本报读者贺新年

努力打出自已的点子和音色

岳麓书社总编辑 钟叔河

岳麓书社编辑10余人，年出书不过百种，在出版界这支宏大的交响乐队中，只是个打边鼓的小脚色。正因为脚色小，我们不能不努力打出自己独特的点子和音色；否则南郭吹竽，有我不多，无我不少，“岳麓”就没有立足之地了。

在新的一年里，我们将尽力保持自己出书的特色，概括起来就是两句话：用新的方法来整理古籍，用新的观点来选印旧书。古籍指传统的经史子集，旧书指近代（1840－1949）和台湾的文化学术著作。湖南近代以前文献足征者不多，故只能以近代为主。

１９８８年是改革开放进入新阶段的一年，今之读者来读古籍旧书，回首过去只能是为了走向未来。我们将在“凤凰丛书”、《旧籍重刊》、《旧译新刊》中，向时代精英贡献罗家伦译《思想自由史》、陈望道序《爱的成年》、萨孟武著《红楼梦与中国旧家庭》、温永宁著《一知半解》等一批名著。这些书记录了１９１９－１９４９整整一代人追求德先生和赛先生的努力。他们的徘徊和蹉跌，不应被简单地蔑视而是值得总结和深思的。还有周作人的著作，中宣部和新闻出版署已批准我社印行，当然也属于此类。

在古籍整理方面，我社的“走向世界丛书”被国务院古籍整理出版规划小组组长李一氓誉为“近年来所见到的整理古文献中最富有思想性、科学性和创造性的一套丛书”，正是因为我们能突破传统的方法，不搞烦琐的注释疏证，而是下功夫广搜博采，分类重编，详编索引，撰写导言，“化腐朽为神奇”，将封建文化的积淀解析为对现代化进程有参考和反思价值的资料。今年我社将认真推广这种方法，出好《曾国藩全集》和《船山全书》。

为了争取给最大多数读者服务的机会，“岳麓”版《古典名著普及文库》在１９８８年中将增出10种，保证读者能“以最少的钱，买最好的书”，欢迎广大读者选择、比较。

谋事在人，成事在天，天就是形势。形势既已大好，吾人自不容懈怠，愿与全国同胞共勉。

（上／右）一九八八年元旦应《文汇读书周报》约请向读者贺新年（页二四）

［图六］自己的点子和音色

［图七］ 从鸦片战争说起

钟叔河 从鸦片战争艰难走向世界

鸦片战争的历史，可以反思的主题非常多，但其中的核心还是中华民族的现代化问题。本报之前已经连续刊出汪荣祖、艾尔曼、朱维铮和陈方正等学者从两次鸦片战争的史实、思想史和科学史的变迁等角度回望鸦片战争的访谈，而作为这一系列对话的结束篇，我们约请了钟叔河先生从东西方交流的角度对鸦片战争进行考察和反思。站在170年后回望历史，我们在今非昔比的感怀之余，也深深感到我们的现代化道路其实还正在路上，所以虽然我们的系列访谈暂时告一段落，但对历史的思考，却依然是开放的。

钟叔河，1931年生，湖南平江人。历史学者、出版家。著有《走向世界》、《从东方到西方》、《念楼集》等，所编《走向世界丛书》在读书界影响巨大。

文化特质 “保守”不是贬义词

欧洲也好，日本也好，都不是一开始就很外向的，但他们没有中国这么强大的凝聚力和保守性。

新京报：自明末利玛窦到晚清的马礼逊，基督教文明一直在努力叩击闭关锁国的东方，但“西学东渐”的真正大潮，还是在1840年之后才达到汹涌澎湃之势。在你看来，鸦片战争之前，满清帝国的对外文化交流情况是怎样的？

钟叔河：这个世界上所有的国家和所有的民族，整个近代的历史，都是一个逐渐现代化的过程。从古老的文化走向现代文明，走向世界，在中国这样一个国家，是特别艰难的过程。原因在什么地方呢？就是中国的本土文化传统太强大，太悠久了。

新京报：这不是今天很多人还常常说起的文化优越性吗？

钟叔河：是的，我们自己讲，我们是文明古国，事实上也的确是文明古国。古老的文明都有一个特点，就是保守性强。

新京报：你强调中国文化的“保守性”，那么“保守”是一个贬义词吗？

钟叔河：我认为不是，“保守”是个中性词。如果我们不保守，怎么会有四千年不中断的文明传统呢？保守是个遗产，我们有很强的保守意识，所以我们这个四千年文明古国和我们的汉民族没有被征服，没有被迫迁徙，也没有分化瓦解。但同样的，我们的古老文化，是从保守性发展而来的一把双刃剑。

新京报：于是导致了从明代一直延续到清末的“闭关锁国”，你觉得这时期的中国真的是铁桶一块吗？

钟叔河：不能说是铁桶一块，对外的接触和交流始终是有的，比方说日本经常有人来，他们学习中国，只是中国觉得没必要学习日本。实际上，日本第一次实现国家层面的突飞猛进，就在于全盘汉化，而第二次突飞猛进，就是全盘西化。

新京报：说到“外向”与保守，你觉得这是不同民族的特质吗？

钟叔河：其实以前所有的国家都是保守的。欧洲在中世纪的黑暗时代，他们的文明程度并不能超过东方。欧洲也好，日本也好，都不是一开始就很外向的，但他们没有中国这么强大的凝聚力和保守性。

历史误会 世界的中心在哪里

外国人说他们有什么，那么我们就一定要说，中国古已有之。但是我们古已有之，却没有普及。

新京报：有资料显示，自1811年马礼逊在中国出版西方图书的第一部中译本，到1911年清王朝崩溃，一百年间中国翻译出版的西学书籍达2200余种，且其中1500余种出自1900年到1911年之间，超过此前九十年中国译书总数的两倍。那么，就翻译出版领域而言，鸦片战争给中国带来了怎样的变化？

钟叔河：外国人到中国来传播文化，同时又带中国的文化回去，最出名的有个传教士叫利玛窦，他带了一万多种书，有人把他比作唐僧取经，这是有道理的。只是这些书有没有人看懂，就不一定了。在鸦片战争时期，欧洲人把一些中国的数理知识翻译到外国去，很多概念是从中国古代就有的，比如勾股定理“勾三股四弦五”。中国人的心理是，外国人说他们有什么，那么我们就一定要说，中国古已有之——但是我们古已有之，却没有普及，没有把它上升为理论，“古已有之”又怎么样呢？

新京报：说起来还是文化传统的问题。

钟叔河：中国的文化就是这样，我最不喜欢看这样的文章，比如总是讲我们的郑和怎么航海——郑和航海是事实，但是他航海主要不是为了文化交流，不是为了进取，实际上就是为皇帝办事。而且郑和是个宦官，因为明朝统治者只相信宦官，觉得割掉生殖器的人不会造反，才派他作为代表出去。中国历史上有很多这样可疑的地方，但没有人去盘查，因为一开始说这些事情，马上就会有强大的反对声音来淹没你。利玛窦带来的世界地图，说中国的位置偏东，很多人就反对，中国要居天下之中嘛。本来欧洲所有的地图都是以大西洋为中心，我看过利玛窦那个地图的原版，他很聪明，迎合中国人的心理，把太平洋作为中心，中国就好像在中间了。

新京报：你是觉得，鸦片战争前后的文化交流并未真正改变中国？

钟叔河：这个变化是不大的，我认为没有根本的变化。中国的思想传到西洋去，就影响了西洋思想家，比如卢梭就说，给他最大影响的是中国人。西洋人能够看到我们，而我们呢？顺治皇帝的一个小儿子死了，洋人说需要请上帝，结果犯了中国的法，要杀头。最后还是因为洋人的历法准确，他预告某天有日食，结果真的出现了，这才留下他一条命。皇帝想知道哪天有日食，可中国的历法预告不出，才要利用西洋的东西，这就是当时的主流思想。

留学浪潮 走出去的突破与遗憾

日本留学欧洲有二百多人，中国只有十几个人，而且这十几个人全都是学海军的。日本留学生去欧洲学兵法的很少，大部分都是学政治、经济、法律。

新京报：在你看来，鸦片战争之后，西方教会学校在中国的大量兴办，以及清末派遣出国的相当一大批留学生，对中外文化交流及此后中国各个行业顶尖人才的培养，有着怎样的经验启示？

钟叔河：中国第一批出去的人，到西方学有所成的很多，比如郭嵩焘是很有代表性的，他对于古希腊的先贤思想，以及欧洲文艺复兴时期培根、笛卡尔等人的学识，都有很准确的介绍。郭嵩焘不懂外文，英文他就找严复帮忙，法文就找马建忠。严复和马建忠的确是天才，严复是到英国去学海军的，用了一年时间之后，他就可以向郭嵩焘介绍亚当·斯密的国富论，介绍培根的理论，甚至连挖战壕的事情都有跟郭嵩焘谈到。

新京报：在当时向西方学习的浪潮中，中国留学生有怎样的特点？

钟叔河：我研究这段历史就发现一个问题：日本留学欧洲有二百多人，中国只有十几个人，而且这十几个人全都是学海军的。日本留学生去欧洲学兵法的很少，大部分都是学政治、经济、法律。郭嵩焘就讲到，学人家制造军火，是枝节问题，政教才是国之根本。

新京报：这在当时是很难得的见识。

钟叔河：对，可是郭嵩焘也必须说，外国的民主并不是很好，比不上我们中国的圣主。他说康熙这样的圣主，是千百年来都没有过的。

新京报：但是变革的酝酿，面临着强大的阻碍。

钟叔河：鸦片战争打开了中国的大门，后来我们也看到很多人大力推行变法。其实如果把中国的情况和日本做比较，日本人原先比中国人还要悲观得厉害，因为日本的封建统治比中国更严密。欧洲人来到日本，比来中国迟了13年。中国人最早去翻译西方的几何，日本人最早去翻译的是解剖学，在译书这方面，日本比中国又迟了168年。日本在幕府时期的将军也拒绝俄国使节通商的要求，最后也是被迫开放港口，又比中国迟了13年。也就是说，日本的开放并不比中国早。但是日本一旦开放起来，就开始大量翻译外国书。到后面就反过来，中国要从日本那里转译外国的书，因为翻译日文比翻译英文要容易一些。

古今之辩 我们的问题是思想现代化

现在人们讲的现代化，主要是物质现代化，而不等于思想现代化，不等于社会组织形态的现代化。

新京报：回顾鸦片战争以来170年的历史，中国在现代化的道路上走了多远？

钟叔河：我们现在生活上肯定是现代化了。好比说我家里有个小保姆，她的手机比我的手机还先进。可是我的女儿和女婿都在美国生活了很多年，他们就没有手机，因为不需要。问题就是物质的现代化，有没有带来头脑的现代化？

新京报：很多固有观念的扭转需要很长时期，甚至几代人的努力，而西学与传统文化的纷争也从未停息。

钟叔河：是的，咱们经常抱怨别人有“西化”我们的心思，唉，别人西化你，你也可以“东化”他们嘛。你看利玛窦当年就把中国的“四书”翻译到欧洲。

新京报：欧洲人在和中国的文化交流中发现了什么，使得他们如此受益？

钟叔河：伏尔泰他们是文艺复兴最早的启蒙者，他们就认为，中国人可以来欧洲教授礼仪，以及怎样对待自然。伏尔泰的说法可能有些偏见，但是讲的不错，中国人确实有很多优秀传统，比如庄子和老子的哲学，讲究人和自然的调和，但是中国人自己后来认为道家思想是消极的。

新京报：现代化的进程总是伴随着苦痛挣扎，这可能也是必经的过程。

钟叔河：问题在于，现在人们讲的现代化，主要是物质现代化，而不等于思想现代化，不等于社会组织形态的现代化。当今中国人的问题，主要是物质的现代化很难去影响思想意识的现代化。

新京报：那么对于这种问题，解决的路子在哪里？或者说在你长久以来的观察中，有无改观和进步？

钟叔河：我觉得现在是有变化的，并且仍然在变化发展的过程中。好比三十多年前我还在劳改，不可能像现在这样坐下来和你谈论问题，也不可能去研究中国人走向世界的历程。物质现代化当然好，但是问题也很多。你看富士康这个大工厂很先进吧，跳楼的工人那么多，这能叫现代化？

本版采写/本报记者 武云溥

（上）二〇一〇年七月一日答《新京报》记者问（页二一八）

［图八］与彭小莲、汪剑闲聊

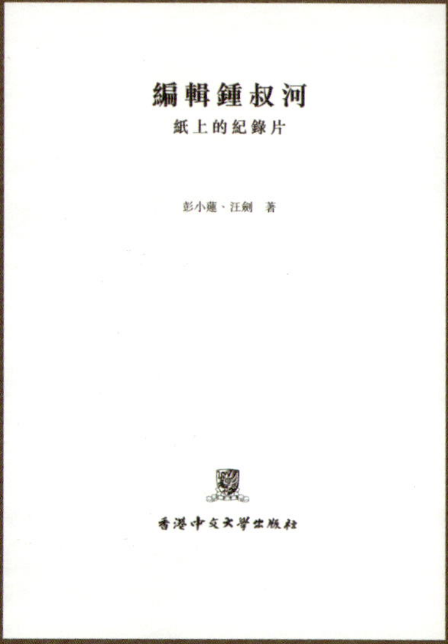

編輯鍾叔河

紙上的紀錄片

彭小蓮、汪劍 著

香港中文大學出版社

（上）彭小莲、汪剑著《编辑锺叔河》（香港中文大学出版社・二〇一九）

（下）《与锺先生闲聊》本书改题目为《两年中的五次闲聊》（页四〇三）

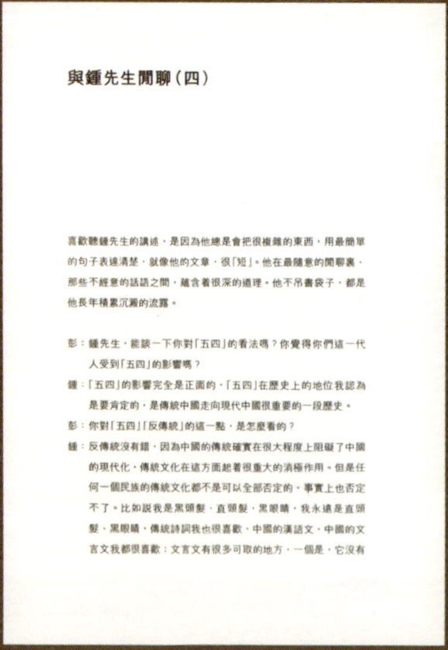

與鍾先生閒聊（四）

喜歡聽鍾先生的講述，是因為他總是會把很複雜的東西，用最簡單的句子表達清楚，就像他的文章，很「短」。他在最隨意的閒聊裏，那些不經意的話語之間，蘊含着很深的道理。他不吊書袋子，都是他長年積累沉澱的流露。

彭：鍾先生，能談一下你對「五四」的看法嗎？你覺得你們這一代人受到「五四」的影響嗎？

鍾：「五四」的影響完全是正面的，「五四」在歷史上的地位我認為是要肯定的，是傳統中國走向現代中國很重要的一段歷史。

彭：你對「五四」「反傳統」的這一點，是怎麼看的？

鍾：反傳統沒有錯，因為中國的傳統確實在很大程度上阻礙了中國的現代化，傳統文化在這方面起着很重大的消極作用。但是任何一個民族的傳統文化都不是可以全部否定的，事實上也否定不了。比如說我是黑頭髮、直頭髮，黑眼睛，我永遠是直頭髮、黑眼睛，傳統詩詞我也很喜歡，中國的漢語文，中國的文言文我都很喜歡：文言文有很多可取的地方，一個是，它沒有

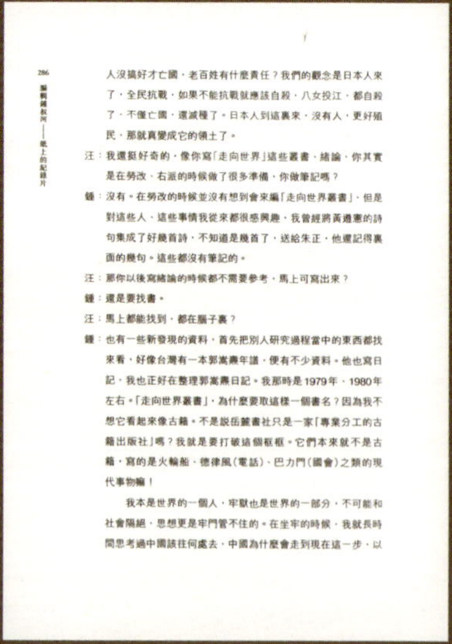

286　編輯鍾叔河——紙上的紀錄片

人沒搞好才亡國，老百姓有什麼責任？我們的觀念是日本人來了，全民抗戰，如果不能抗戰就應該自殺，八女投江，都自殺了，不僅亡國，還滅種了。日本人到這裏來，沒有人，更好殖民，那就真變成它的領土了。

汪：我還挺好奇的，像你寫「走向世界」這些叢書，緒論，你其實是在勞改、右派的時候做了很多準備，你做筆記嗎？

鍾：沒有。在勞改的時候並沒有想到會來編「走向世界叢書」，但是對這些人、這些事情我從來都很感興趣，我曾經將黃遵憲的詩句集成了好幾首詩，不知道是幾首了，送給朱正，他還記得裏面的幾句。這些都沒有筆記的。

汪：那你以後寫緒論的時候都不需要參考，馬上可寫出來？

鍾：還是要找書。

汪：馬上都能找到，都在腦子裏？

鍾：也有一些新發現的資料，首先把別人研究過程當中的東西都找來看，好像台灣有一本郭嵩燾年譜，便有不少資料。他也寫日記，我也正好在整理郭嵩燾日記。我那時是1979年，1980年左右。「走向世界叢書」，為什麼要取這樣一個書名？因為我不想它看起來像古籍。不是說岳麓書社只是一家「專業分工的古籍出版社」嗎？我就是要打破這個框框。它們本來就不是古籍，寫的是火輪船、德律風（電話）、巴力門（國會）之類的現代事物嘛！

我本是世界的一個人，牢獄也是世界的一部分，不可能和社會隔絕，思想更是牢門管不住的。在坐牢的時候，我就長時間思考過中國該往何處去，中國為什麼會走到現在這一步，以

目　录

· 续与之言 ·

·图版目录·

小序

《论语·卫灵公第十五》:“子曰:可与言而不与之言,失人;不可与言而与之言,失言。知者不失人,亦不失言。”

孔夫子在这里讲的是知(智)者,也就是聪明人。聪明人会看人说话,说不得的话无论如何不会乱说,故能“不失人,亦不失言”。但我本庸人,并非智者,所以总是失言的时候多。一九五七年两大失言,一是“自由民主多点好”,二是“希望党外能办报”,结果当了二十二年右派。“文化大革命”中两大失言,一是“古旧图书烧了难得再印”,二是“自家天下怎么越乱越好”,结果判刑十年坐牢九年。两次的结果都相当严重,全是“不可与言而与之言”惹的祸。

中国有句古话,“言多必失”。西方亦有谚语,“沉默是金”。明哲保身的道理,古今中外皆然。智者之所以能称智者,正是因为能够明白这个道理。失言的人其实也未必一点都不明白,但他并非智者,限于天分,想智也智不起来。他所看重的,不过是一个庸人也就是普通人(自然的人和社会的人)应该享有的一点权利——“言”的权利而已;而要争权利,即不得不付出代价。

孟子曰："人之所以异于禽兽者几希。"这"几希"之别，我看就在于能言还是不能言。虽有"猩猩能言，不离走兽；鹦鹉能言，不离飞鸟"的说法，好像禽兽也有能言的例外；但它们所能者只是本能的鸣叫，或是声音的模仿，根本不可能表达自己的思想意识，和人类语言完全无法相提并论。反而言之，人类忝称万物之灵，有一张能言的嘴巴，如果只会在求食求偶时大呼小叫，或者只能照着主人的样哇啦哇啦，也就无异于猩猩和鹦鹉了。

周作人说过，嘴巴的用处有三：(一)吃饭，(二)接吻，(三)说话。前两项关系到生命的维持和延续，极为重要，但与猩猩鹦鹉的行为并无本质不同；第三项虽与生死无关(王实味、张志新等又当别论)，却是人在生物界中独一份的权利。有权不用，过期作废，这期限顶多一百二十六年(人寿世界纪录)，想不白白废掉可惜，真的还得趁早。如今开始讲和谐了，和字口边禾，人口要能吃饱，看来是做到了；谐字言边皆，让人皆能言，也应该能够做到吧。

所以，有媒体记者来访问，只要所问的答得出，我都愿"与之言"。我想，记者代表广大的受众，总不会都是"不可与言"的吧。这次吴兴元君希望出版我的自传，我说还没开始写哩；他又提议将报刊上发表的访谈记录编成这样的一册，我即乐于从命。因为出书不过是访谈的延伸和扩展，"失人"还是"失言"的得失，实在也无须过于计较。它们对于个人来说，影响有时的确严重；但若从社会文明进步的大趋势来看，亦终归只是大江东去的洑水和漩涡，无碍于“奔流到海不复回”的结局。

文本均据报刊原载，但记录未经本人校核过的，这次都由我作了必要的订正和补充，使符原意。答问所谈，有时不免重复，刊出在不同时候的不同报刊上也许吭啥，印在一本书里就不很妥当了，所以又不能不有所删节(如未删尽，敬请原谅)。报纸标题字数过多或渲染过当的，也不能不作些改动。但仍将原有标题、刊载日期和记者署名于题下分别注明，没有署名的则多系电话或书面访谈。有两次访谈是多人一起进行的，就只将本人的发言留下了。

二〇一一年五月二十一日于长沙城北之念楼。

与之言集

中国人怎样看西方*

(1982. 2)

□ 《走向世界丛书》初编三十六种，都是一八四七至一九七〇年间亲历欧美日本的记述，是传统中国人开始接触现代西方后的反应，很值得向国外读者推荐。现在请先介绍几种最早的记述好吗?

○ 《走向世界丛书》中写作时间较早的几种书，是中国人对西方国家进行直接观察的最初印象。

原来在厦门替美国商人当通事的林鍼，于一八四七年(清道光二十七年)随商船去美国，一八四九年回厦门后，写了《西海纪游草》一书，用古诗加注和骈文的形式，介绍其在海外见到的新鲜事物。如美国于一八四二年架设的第一条电报线路的情况是：每隔百步竖两根木杆，杆上架设铁线，铁线两头各有人管理；将二十六个字母编为暗号，由这一头发出暗号，那一头立刻就能收到。书中还写到了刚刚发明的照相机，称之为

* 原载 *Chinese Literature*(英文版《中国文学》)一九八二年二月号，标题“*Introducing the Series ‘Chinese Travellers Abroad’*”，本文系应该刊特约撰写的中文原稿。

"神镜"，说它依靠药品的力量，能够利用日光，照出花鸟人物的模样，并将其留下影来，他已经学会了使用它。

《西海纪游草》脱稿后，当时在福建主持"洋务"的大官左宗棠、徐宗幹等都很注意，此外还有多人给它题词作跋，随即汇刻成书，但是流传极少，近年来仅在厦门发现一本，封面有林鍼的儿子林古愚的题记，显系原来林氏家传之物，一九八〇年九月号《文物》月刊曾予以介绍。此次收入《走向世界丛书》的，就是这个本子。

中国人初到欧洲写成游记，比林鍼写《西海纪游草》还要迟十九年，只能从一八六六年斌椿的《乘槎笔记》和张德彝的《航海述奇》算起。

一八六六年（清同治五年），北京第一所外语学校——同文馆的三名学生，在时任海关总税务司的英国人赫德的提议和安排下，去欧洲作了一次旅行。领队的官员斌椿和学生张德彝，当时各写了一部游记。斌椿另外还写了不少诗（后来结集名《海国胜游草》）。其中一首咏他在巴黎、伦敦照相的诗："意匠经营为写真，镜中印出宰官身；书生何幸遭逢好，竟作东来第一人。"

斌椿自称"东来第一人"并不是夸张。瑞典皇太后在接见斌椿时便说，在他们之前，还没有中国人到瑞典来游历过。斌椿回答道：中国官员从来没有远出重洋者，此次我如果不是亲自来欧洲，确实不会知道海外居然有这样的"胜境"。

这些"东来第一人"的直接接触，揭开了隔在远东和泰西之间的"水手辛巴德之幕"，使中国人终于获得了关于西方的真实信息。这一点，在中国人走向世界的征途上，具有破天荒的意义。

英国是当时与中国关系最密切的西方国家。可是当一八四〇年英国军舰驶入广州内河时，道光皇帝还在打听：究竟英国地方有多大？和中国西北部有无陆路相通？跟俄罗斯是否接壤？连林则徐也认为，只要中国不卖给英国茶叶大黄，便可以置英国人于死地；还说英国兵士的腿脚被绑腿缠紧，没有法子打弯，登陆后根本不能作战。而斌椿等一行于一八六六年五月十七日从法国布伦渡海到达英国，当天就记载了：英国是由三个海岛构成的，东边两个岛相连，长二千馀里，宽四五百里，南部叫英伦，北叫苏格兰，西边的岛叫爱尔兰。张德彝在伦敦、伯明翰等地，看见码头仓库里存的茶叶有三百馀万箱，棉花更是堆积如山，有从美国、印度、中国各处进口的，中国产品质量不算最好。他还参观了英国步兵演习爬梯、缘绳、格斗、击剑，并没有发现“腿脚不能打弯”的情形。

中国有句俗话，叫作“百闻不如一见”，用在这里正好合适。过去封建统治者将西方国家称为“夷狄”，视同汉时的匈奴、唐时的回纥，道光皇帝甚至骂洋人“性等犬羊”，不许中国人和外国打交道。一八七六年清朝驻英副使刘锡鸿，原来也是主张“内中国而外夷狄”的，可是他到伦敦两个月后，就在《英轺私记》中写道：“经过详细考察，我觉得除了父子关系和男女关系两个方面以外，这里的风俗和政治都可以算得很好。没有不勤于职守的官员，也没有游手好闲的百姓。人民和政府之间比较融洽，法律并不暴虐残酷，人们的性情也很诚恳直率。两个月来，我出门的次数很多，见到居民的表情都很安详快乐。可见这个国家不仅仅是富足和强大而已，我们不应该再把它看作过去的匈奴、回纥了。”郭嵩焘则更进一步，他在日记中说：现在完全变了，西方人已经不是“夷狄”，而是朋友和老师了。

□ “百闻不如一见”，事实的确如此。那么，这些“走向世界”的人，“见”过之后的表现如何？

○ 有了接触，方能互相了解；互相了解，才能产生友谊。妨碍各国人民友好往来的，往往并不是大海高山，而是长期隔绝造成的错觉和误解。随着“内中国而外夷狄”这类偏见慢慢消除，人们获得知识和友谊的天地就逐渐广阔了。

容闳的事迹是特别感人的。一八三四年父母送他到澳门Mrs. Gutzlaff办的小学读书，只希望他学会几句英语，以后到外国人那里听差。由于容闳天资聪颖，成绩优良，得到Brown博士等几位外国朋友资助，得以继续读书，直到赴美留学。容闳在他的回忆录*My Life in China and America*中，怀着真挚的感情写道：“这几位先生解囊相助，使我能受到完全的教育，全都出于善心和友谊，并没有其他目的。”

容闳于一八四七年赴美，先入孟松预备学校（Monson Academy），后入耶鲁大学直至一八五四年毕业。在此期间，他仍然不断从许多方面得到友谊和支持。尤其是他的教师勃朗（Rebekah Brown）夫妇，经常关心他的生活，假日必定邀他到家中做客。还有马萨诸塞州的萨凡那妇女会（The Ladies

Association in Savannah)的一些会员，不仅资助容闳的生活费用，还经常给他提供鞋袜。美国同学对这位来自大洋彼岸的贫苦学生，也十分友好，推举他管理图书和伙食，使他能够在课馀挣到学费。容闳回忆道：所有关心他的美国人，都对中国抱有热诚，希望他能学成归国，促进中国的文明事业。

一八四〇至一九一一年间，西方列强和衰弱的清朝的关系，是侵略和挨打的关系。中国人民和中国的知识分子是爱国的，他们反对帝国主义的侵略，也反对朝廷卖国投降。但是，有识之士并不是排外主义者。他们知道，任何一种文化，都不能从排斥另一种文化得到补益，帝国主义并不代表外国的文化和人民。这个问题有时十分微妙，但总还是有可能被处理得比较好。

一八七六年是美国独立一百周年。李圭作为中国企业界的代表，前往美国费城参加纪念性的万国博览会，写了一本《环游地球新录》。书中记载：博览会每日游人数万，见到与会的中国代表，都表示热烈欢迎，争着会面，交谈。李圭每到一处，总是被热情、友好的人群围得水泄不通。在火车上，美国朋友有礼貌地请李圭介绍中国的情况，听后一一点头称谢。在船上，李圭因风浪晕船，美国旅客又殷勤照料，使他减轻了痛苦。他在八万里旅途中，处处都得到了很好的招待。以致他在《西人待客说》中说，自己在国外旅行的感觉，比《左传》形容的“宾至如归”还要好。

对于西方的学校教育、工业技术、交通运输、医疗卫生，李圭认为都值得中国学习。尤其是在女子教育方面，当时的中国实在太落后了。他写道："英国大学男女一同考试入学。德国女童如果到八岁还不入学，父母就要受处罚。美国的女教师和女学生，多达数百万。普天下男女人数相当，才能也相等，如果只有男人受教育，人才就等于减少一半。'女子无才便是德'这句老话，实在害尽了中国的妇女，也害够了中国。"叙述中国留美幼童时，李圭又尖锐批评国内反对留学的论调，说："取长补短，不该分国界。今日之中国，如果想要进步，就不应当把西方国家的好经验撇在一旁，而不去拿来为我所用。"

李圭和外国人打交道的态度，正如古语所说，"不亢不卑"。他在走向世界中开阔了眼界，认清了自己国家今后应走的道路。他的书启发了更多的中国人。二十二岁的康有为，正是读了《环游地球新录》等书之后，才开始下定了"向西方寻找真理"的决心。

□ 向西方学习，要学习的是些什么东西？

○ 十九世纪的中国人向西方学习，要学的首先是坚船利炮，然后是声光化电，然后是富国强兵，最后才认识"要救国，只有维新"的道理，接触到社会政治改革的问题。

最早的林鍼，见到美国的火车轮船"均用'火烟轮'（他这样称呼蒸汽机），运以机器，神速而不费力""可以济公利私"，就有意在中国开办现代交通事业，表示只要得到众人支持，很快就可以奏效。

十八岁的张德彝在《航海述奇》中，用一千五百多字描写了他在从马赛到里昂的途中第一次见到的“火轮车”（火车）、“行车铁辙”（铁道）和“沿途待客厅”（车站）。当时的火车，第一辆装机器，第二辆装煤，第三辆印刷报纸沿途发卖，再后是客车。上等客车厢用印度木材制造，每辆分为三间，蓝色窗帘可以自动卷起放下，四壁裱糊花绫。晚上点燃车顶的玻璃灯，将长椅下活板抽出，每位旅客都有床位。……

其时为一八六六年，还在中国第一条铁路——上海吴淞铁路修筑之前九年。吴淞铁路修成后，受到守旧人士的强烈反对，酿成风潮，结果由清政府用银二十八万两买回拆毁了事。但这位十八岁的青年在九年以前，已经在为铁路大声叫好。他认为：建造铁路确实是一劳永逸的事情，对农民和商人不但没有害处，而且还有重大的利益，西方国家的日益富强，和这件事情颇有关系。这就说明，新事物会带来新的思想，这正是近代中国人走向世界的主要收获。

专门到西方国家去研究坚船利炮的人，当推徐建寅为最早。他是中国第一代技术专家，后来在研制炸药时殉职。他于一八七九年到德国、英国和法国进行技术考察，订造铁甲战舰（就是后来在中日甲午海战中被击沉的“镇远”“定远”二铁甲舰），所写的《欧游杂录》共记录了六十多种当时最先进的制造技术、生产工艺和机器设备。

徐建寅以一位技术专家的眼光，看出了决定一个国家的技术能不能真正搞上去的根本原因。他发现德国火药厂的设备，并不比上海、南京、天津、济南各处精良；英国规模最大兵工厂的水压机、大汽锤等重型机器，上海江南制造总局全都有。

可是，中国的工厂，却造不出英国和德国的产品，这是什么缘故呢？《欧游杂录》没有正面回答这个问题，但是却大量记载了徐建寅在欧洲特别注意搜集关于工厂管理的资料，后来还注意研究各国的议会政治，专门翻译了一本《德国议会章程》。回国以后，徐建寅立即积极投入康有为等领导的变法维新运动，在“百日维新”中出任新设立的农工商总局督理，直到政变后被撤职。可以看出，他是从探索生产的合理化开始，走上了探索政治合理化的道路。

著名的改良主义政论家薛福成，在《出使四国日记》中写道：过去郭筠仙侍郎(郭嵩焘)常说西洋的政治风俗好，以致引起舆论的批评，我也唯恐他讲得过了头。这次自己来到欧洲，经过亲身考察，才相信郭氏的说法，完全可以从西方国家的议院、学校、监狱、医院和街道各处得到证实。议院、学校、监狱、医院，这些当然已经大大超出“坚船利炮”和“声光化电”的水平了。

到十九世纪末期，康有为、梁启超、黄遵宪等人走出国门时，就有了更加明确的政治目的。康有为在《欧洲十一国游记·自序》中说：中国的病很重，需要起死回生的良药；我自己愿意做尝百草的神农，走遍世界，为四万万同胞寻找药方。黄遵宪到日本，见到日本明治维新学西方有成效，写成《日本国志》和《日本杂事诗》，在诗中公然大声疾呼：“人言廿世纪，无复容帝制。举世趋大同，度势有必至。”这样，他终于从一位旧王朝派出的外交官员，变成了为旧制度唱葬歌、为民主共和作礼赞的新时代歌手。

这就是历史的规律，是地球上一切国家都不可避免的历史规律。

□　这套丛书的影响越来越大，请再谈谈它的社会文化价值。

○　《走向世界丛书》第一辑三十六种，从三十六个不同的侧面和断面，反映了十九世纪中国由闭关自守到逐步开放的历史。这是一段十分重要，也十分丰富的历史。它既是文化交流史，又是人民生活史；既是外交史，又是政治史；既是“西学东渐”史，又是变革维新史。

它是文化交流史。如钱单士厘(钱三强的伯母，于一八九九年出国，是第一位写作出国旅行记的中国妇女)的《归潜记》，便是中国第一本系统介绍希腊、罗马神话的著作。其中《章华庭四室》一篇，相当详细地介绍了拉奥孔(Laocoon)、阿波罗(Apollo)、墨尔库里(Mercury)、珀耳修斯(Perseus)四位希腊的神与英雄，涉及“特洛伊之战”“木马计”“阿波罗射蛇”“美杜莎之头”等许多著名的神话故事。《育斯》一篇，从“天地开辟”“天王、海王、冥王”和“奥林匹亚诸神”谈起，一直谈到荷马史诗和希腊神话传入罗马后的演化，是中国人研究西方神话的开山之作。

它是人民生活史。如黎庶昌的《西洋杂志》，详细描写所见十九世纪西班牙和美法等国人民的生活，简直可说是一卷色彩绚丽的西洋风俗图。一八八一年五月二十五日，是西班牙诗人卡尔德隆逝世两百周年，黎庶昌记述了马德里人民的庆祝活动：有人向国内外普遍征集纪念诗文，编印成纪念集，并把未入选的稿件放在银盆内，用酒焚化，作为对诗人的祭礼。……纪念高潮是全市人民的盛大游行。走在最前面的，是着两百年前装束的骑士；接着是各个剧团表演铁匠工场的专车，熔炉、炼铁、锤锻的声音，和音乐合拍；之后是表演印刷工场的专车，印刷工人操作机器，一面印刷，一面散发纪念诗人的传单。……

它是外交史。如志刚的《初使泰西记》，叙述他于一八六八至一八七〇年(清同治七年至九年)，作为中国第一个派往欧美的外交使团的大臣，到美、英、法、比利时、普鲁士、丹麦、瑞典、荷兰、俄、意、西班牙等国呈递国书，进行谈判的情形。一八七〇年三月九日(清同治九年二月初八日)，志刚在俄国外交部，和俄国官员有过这样一番对话：

> 俄官：新疆事变(指阿古柏叛乱)使我国感到不安，贵国是准备用武力镇压，还是允许新疆独立呢?
>
> 志刚：新疆是中国的领土。新疆的事情只能由中国来处理。现在中国正在调动军队，准备平叛，决不会置之不理。只要叛乱平定，边界上自然就安静了。

它是政治史。一八七〇至一八七二年，张德彝作为崇厚的译员，随崇厚到法国处理天津教案遗留问题。他们到马赛时，普法战争已经开始；到波尔多时，巴黎公社的革命就爆发了。张德彝奉命先去巴黎，在巴黎亲历了这一场翻天覆地的大事变。他在《随使法国记》中，逐日记载了在巴黎、凡尔赛等处的见闻。《走向世界丛书》根据张氏家藏稿本，把唯一一部中国人写的巴黎公社目击记贡献给了读者。书中有很多珍贵的史料，如巴黎被围时用气球和城外联系，争夺布尔日村的战斗，拆毁旺多姆圆柱的现场，外国人眼中的被俘女战士……毫无疑问会受到研究法国政治史和巴黎公社史的学人的重视。

它是“西学东渐”史。容闳回忆录的中文译本，就以《西学东渐记》作为书名。但它同时又是中国人反对外人歧视和压迫的历史。梁启超的《新大陆游记》写到他读了美国总统公开宣布美国要奉行帝国主义政策向太平洋扩张的演说后说：“我整天都感到不舒服。美国总统口口声声‘要进行世界性的伟大战役’和‘宏大计划’是针对谁的呢？难道不是针对亚洲和中国的吗？”后来，他听说有位中国人因受美国警吏侮辱愤而自杀，又激动地作了三首挽诗，开头两句是：“丈夫可死不可辱，想见同胞尚武魂。”“丈夫可死不可辱”，具有这种精神的人民，当然不会甘心受专制政府的禁闭，也不会被外国人牵着鼻子走。他们一定会以主人翁的姿态走向世界，也一定能够在走向世界中，和各国人民平等地、友好地相处，共同建设属于全人类的文明大厦。

为什么要编《走向世界丛书》*　　（1985.12）

□　请您谈谈为什么要编《走向世界丛书》。

○　据我所知，《走向世界丛书》的英文译名，印成了白纸黑字的至少有三个，即：

The Outer World in Chinese Eyes

Chinese Travellers Abroad

From East to West

杨宪益先生以为第三个译名比较好，我也十分同意。丛书的凡例第一条即已开宗明义："本丛书专收一九一一年前中国人访问西方国家的载记（明治维新后的日本也放在西方国家的范围之内）。"所以这并不是一般的国外游记，更不是从"天朝上国"前往"四裔蛮荒"猎艳搜奇的新《山海经》或《天方夜

* 原载一九八五年十二月香港中国书展特刊《书人书事新话》，原题"我为什么要编《走向世界丛书》"。

谭》，而是近代中国知识分子“向西方国家寻找真理”的实录。From East to West，就是从古代社会走向近世文明，走向变革和开放的现代化（Modernization）世界。

为什么只能是 From East to West 呢？毛泽东一九四九年的文章回答了这个问题。他写道：“自从一八四〇年鸦片战争失败那时起，先进的中国人经过千辛万苦，向西方国家寻求真理。……要救国，只有维新；要维新，只有学外国。那时的外国只有西方资本主义国家是进步的，它们成功地建设了资产阶级的现代化国家。”这段话倒确实不假。

严格意义的 From East to West 是迟至一八四〇年后才开始的，这比欧洲人 From West to East 迟了一千七百年[①]。尽管在十五世纪以前欧洲的文化一般说来低于东方，但在走向外部世界这件事情上，却不能不承认西方起步比中国早。

是传统的古代社会拖了中国人的后腿。落后的、分散的、“面朝黄土背朝天”的生产方式，像一条无形的锁链，把人们牢牢地拴在狭小的地面上。封建的、宗法的、迷信的观念，禁锢着人的头脑，压抑了人的精神，使人们缺少力量去想象和追求一个更广大、更丰富多彩的世界。一六〇一年，利玛窦到北

① 公元一六六年（东汉延熹九年），大秦即罗马的使者由海路来中国，此为正史所记欧人东来之始；而林鍼、容闳、罗森等人始游欧美日本，已在一千七百年以后了。此前一二八七年（元至元二十四年），出生于大都（今北京）的畏吾儿（维吾尔）人巴琐玛（Bar Souma），曾奉伊尔汗之命出使欧洲；一七〇七年（清康熙四十六年），山西绛州天主教徒樊守义随艾约瑟（J. A. Provana）前往罗马；一七八二年（清乾隆四十七年），广东水手谢清高海上遇难为“番舶”所救，随之遍历欧美；三人均留有记述，但或久没不彰，或不为世重，于文化之影响俱甚微弱。

京，自称从大西洋来，礼部尚书奏称:《会典》上不见有大西洋，不知所言是真是假。又过了一百八十年，主编《四库全书》的纪晓岚撰《总目提要》，仍旧怀疑利玛窦、艾儒略诸人介绍的五洲三洋“为自古舆图所不载，……多奇异不可究诘，似不免多所夸饰”。博闻多识如纪文达公尚不免拘墟若是，他人则更无论矣。

正是由于对外部世界懵然无知，所以直到英国军舰开入广州内河，道光皇帝才急着问英吉利跟俄罗斯是否接壤，与中国有无旱路相通。黄惠田禀称英国本土“日食干粮，不敢燃火；其地黑暗，须半月日始出……”。林则徐也以为英兵“腿足缠束紧密”“屈伸皆所不便”，上岸即不能作战。以此昏昏，对彼昭昭，挨打吃亏自然无法避免。

愚昧和落后导致了挨打吃亏，但挨打吃亏也使人慢慢聪明起来，努力追求进步。在鸦片战争、五口通商以后，中国的读书人终于走出长期闭锁的国门，到欧洲、美国和日本去求学、通商、考工、出使和游历，并且开始记述和传播自己在西方所看到的一切。一八四七年，林鍼“因贫思远客，觅侣往花旗”(《西海纪游草》)；同年容闳与勃朗先生“同赴新大陆，俾受完全之教育”(《西学东渐记》)；一八五四年，罗森“搭花旗火船游至日本，以助立约之事”(《日本日记》)；一八六六年，斌椿以“东土西来第一人”的身份游历欧洲(《乘槎笔记》)；一八六七年，王韬应理雅各(J. Legge)之请往英国助译中国经典(《漫游随录》)；一八六八年，志刚偕蒲安臣(A. Burlingame)出使欧美各国(《初使泰西记》)；一八七〇年，张德彝随崇厚赴法

"修好"，目击一八七一年巴黎的革命和战事(《随使法国记》)；一八七六年，清朝派出第一位常驻西方国家的使臣郭嵩焘到达伦敦和巴黎(《伦敦与巴黎日记》)；同年，李圭到费城参加万国博览会(《环游地球新录》)；一八七七年，黄遵宪随使日本，开始对日本做系统的研究(《日本杂事诗》和《日本国志》)；一八七八年，徐建寅到德、英等国考察工矿、订购兵船(《欧游杂录》)……在这些人中，容闳、王韬、郭嵩焘、李圭、黄遵宪、徐建寅等，确实可以称为"先进的中国人"；其他人也许达不到这个标准，但眼界一经打开，亦自不能不对新的世界留下印象并在思想上产生影响。

林鍼在《西海纪游草·自序》中写道："往日之观天坐井，语判齐东；年来只测海窥蠡，气吞泰岱。"意思是说，过去自己坐井观天，把世界上的新事物都当作"齐东野语"；现在有了一点直接的接触，哪怕只能算以蠡测海吧，眼光和气概也就和原来大不相同了。李圭的思想变化更加具体生动，他说自己本来不相信"地形如球"，"今奉差出洋，得环球而游焉，乃信"。因为如果地形不如球，"安能自上海东行，行尽而仍回上海，水陆共八万二千三百五十一里，不向西行半步欤？"

现在来讨论地形是否如球，似乎太幼稚了一些。但百年来"先进的中国人"，正是从五洲三洋、地球自转，进而声光化电、利炮坚船，进而工厂矿山、学堂医院，进而培根、笛卡儿、巴力门(parliament，国会)、买阿尔(mayor，民选市长)、天赋人权、物竞天择……这样一步步走过来的。郭嵩焘《伦敦与巴黎日记》内容最为丰富，光绪三年(一八七七)十月二十九日记云："英国讲实学者，肇自比耕（培根）……同时言天文有格力里渥（伽利略），亦创为新说，谓日不动而地绕之以动……相距二百三四十年间，欧洲各国日趋于富强，推求其源，皆学问考核之功也。"十一月十八日论英国政治："推原其立国本末，所以持久而国势益张者，则在巴力门议政院有维持国是之义，设买阿尔治民有顺从民愿之情。二者相持，是以君与民交相维系，迭盛迭衰，而立国千馀年终以不敝，人才学问相承以起，而皆有以自效。……中国秦汉以来二千馀年适得其反，能辨此者鲜矣！"

"走向世界"以后，随时想到的还是自己的国家。郭嵩焘如此，容闳、黄遵宪等人莫不如此，伟大的孙中山先生亦复如此。用孙先生自己的话来说，他也是在一八七八年出国以后，"始见轮舟之奇，沧海之阔，自是有慕西学之心，穷天地之想"，才立下了"恢复中华、创立民国"的大志和信心。"要救国，只有维新"；维新行不通，就只有革命。——这就是一八四〇至一九一一年间中国人"走向世界"得出的结论。

为了编辑《走向世界丛书》，我前后浏览过两百多种一九一一年以前中国人亲历西方的载记，从中选出一百种编成这部丛书，现已出齐第一辑三十六种，在每种书前都写有一篇叙论，评介文与其人。在这些叙论的基础上，我写成一本近四十万字的书，承中华书局愿为出版，书名也叫《走向世界》。钱锺书先生破例为此书写的一篇序，真可谓语重心长：

"走向世界"？那还用说！难道能够不"走向"它而走

出它吗？哪怕你不情不愿，两脚仿佛拖着铁镣和铁球，你也只好“走向”这世界，因为你绝没有办法走出这世界，即使两脚生了翅膀。……在我们日常生活里，有时大开着门和窗；有时只开了或半开了窗，却关上门；有时门和窗都紧闭，只留下门窗缝和钥匙孔透些儿气。门窗洞开，难保屋子里的老弱不伤风着凉；门窗牢闭，又怕屋子里人多，会气闷窒息；门窗半开半掩，也许在效果上反而像男女“搞对象”的半推半就。……叔河同志的这一系列文章，中肯扎实，不仅丰富了我们的知识，而且很能够引导我们提出问题。

钱先生对拙著的评价很使我惶愧，但如果把“叔河同志的这一系列文章”换成“《走向世界》这一部丛书”，我倒可以大大方方地表示赞同。正如丛书总序所云：“历史无情亦有情，后人的思想和事业肯定要超越前人，但前人的足迹总可以留作后人借鉴，先行者总是值得纪念的。”《走向世界丛书》一百种，等于近代中国从闭关自守到对外开放这个历史过程的一百个断面和侧面。当改革开放这条中国目前唯一正确的道路依然还有不断质疑甚至试图动摇的声音的今天，回看第一代“走向世界”的知识分子们所走过的道路，至少可以起到一点帮助打开门窗而又防止伤风感冒的作用吧。

呼吁出版自由 *

（1986.11）

□ 随着《走向世界丛书》的出版，作为出版家兼学者的锺叔河的名字也走向全国，受到出版界和学术界的广泛关注，记者最近走访了这位岳麓书社的总编辑，以下是我和他的问答。

当前出版工作面临什么样的境况？

○ 我觉得我国目前的出版物，还反映不出既有深厚积累和悠久传统，又在改革和开放中发生着深刻变化的中国文化的全景。不少新人有新的观点和见解，可是不易得到政治上和学术上的权威的承认，也不容易在书籍市场上争得地位，出版社对他们爱莫能助。“老皇历”一类的书，通过各种关系要出的书，还有“上头”交下来不能不出的书实在太多。

□ 问题的症结在哪里？

○ 这不是哪一个人的问题，要从整个文化思想的宏观背景上

* 原载一九八六年十一月三日《人民日报》，原题“岳麓书社总编辑锺叔河呼吁从政策上资金上保证出版自由”，记者赵相如。

找原因。关键在领导。我觉得现在国家对出版工作的重视是不够的。过去乾隆皇帝还重视出书，设立四库馆，派礼部尚书纪晓岚负责。纪晓岚通晓典籍，又爱编书，一部《四库全书总目提要》就是证明。建国之初，还有出版总署，让胡愈之、叶圣陶等党内外专家负责，努力出了一些好书。现在不要说出版局，连出版社的总编辑、社长都成了官，开会、出访被视为"本职"，而编书、写书反被认为"不务正业"。官者，管也。官越多，管得越多，要宽松就越没有希望。而没有宽松的环境，是出不了很多好书的。比如，我们的某些选题计划，报上去以后，半年多还没有批下来。国家出版局同意还不行，还要中宣部点头。这种管法和一个有四千年文化、十亿人口的民族相称不相称呢?

出书当然也不能没人管。但是通过法律、政策来管就足够了。出了坏书可以取缔查禁，违反"四项基本原则"可以处分查办。应当相信我们这些当总编辑的人总还有点政策水平和业务水平嘛!

现行出版管理体制，和一个有四千年文化历史的大国很不相称，我看恐怕是不得不承认的事实。我们应该共同努力，来改变这个不幸的事实。

□ 听说出版社有上交税利和各种附加的指令性计划?

○ 确实有。这份计划就在我抽屉里(拿出来照念)：岳麓书社今年总产值(图书总定价销售额)三百七十一万元，利润总额三十万元，上交税款要十万五千元，还有"能源交通建设基金”三万二千元，再除去规定提取留存的“后备基金”“补充流动资金”“福利基金”和“奖励基金”，剩下用于本社生产发展的钱只剩下七万多元。就是这七万元，如果想要住宿舍，又要将百分之八十五上交省局，结果留给社里的只有一万来元。就是说，岳麓书社得编印发行三百七十一万元的书，才能留得一万元用于发展自己的事业。省里不仅不给出版部门以财政支持，不关心出版系统知识分子的居住条件，还要向出版社伸手要钱，你看这怎么办？

我认为：国家不应该指望靠编书出书来增加财政收入，应该先让出版产业经营发展壮大。产业发展了，税收增加了，财政收入自然也就增加了。

□ 党中央已经作了关于精神文明建设指导方针的决议，其中也谈到出版问题，您对此有何想法？

○ 《决议》把出版放到了与教育、科学、广播、电视、卫生、文物等平等的地位，说了“国家要从政策上、资金上保证这些事业的发展”这句话。我没听说过学校、广播电视、博物馆、医院要上交税利。就是苏联、美国，也不靠编书出书来积累资金。英国牛津、剑桥出的学术著作，也从来不赚钱。老祖宗更不必说了，司马光编《资治通鉴》，一个班子干几十年，都是国家拿钱出来开支的。唯独咱们现在出书不能不“向钱看”，说起这些，心里真不是滋味。

□ 在经济体制改革中，厂长们普遍要求“松绑”；作为出版社的“厂长”，您认为出版管理部门有放松的迹象吗？

○ 我还没有感觉到。中国的出版事业要发展，关键是体制的改革和人员素质的提高。现在的苦恼是：你要面向社会，适应市场，上面就叫你不要忘记宣传教育机关的责任；你要发展事业，积累文化，上面又伸手向你要钱。总之，左右为难，上下见责。这也未必是由于哪些同志对出版部门太严苛，主要还是一个对历史文化的认识问题，是人的素质问题。出版队伍本身的素质也亟待提高，调整、引进、知识更新，都得赶快搞。自己编不出好书，缺乏对历史文化的责任感和使命感，就没有资格要求上面给自己松绑。

自己的点子和音色*

（1988.1）

□（一九八八年元旦,《文汇读书周报》约请十家出版社负责人向读者祝贺新年）

○ 岳麓书社编辑十馀人，年出书不过百种，在出版界这支宏大的交响乐队中，只是个打边鼓的小角色。正因为角色小，我们不能不努力打出自己独特的点子和音色；否则南郭吹竽，有我不多，无我不少，“岳麓”就没有立足之地了。

在新的一年里，我们将尽力保持自己出书的特色，概括起来就是两句话：用新的方法来整理古籍，用新的观点来选印旧书。古籍指传统的经史子集，旧书指近代(一八四〇至一九四九)和台湾的文化学术著作。湖南近代以前文献足征者不多，故只能以近代为主。

一九八八年是改革开放进入新阶段的一年，今之读者读古籍旧书，回首过去只能是为了走向未来。我们将在《凤凰丛书》

* 原载一九八八年一月二日《文汇读书周报》，原题“努力打出自己的点子和音色”，有总题“把更多的好书献给读者——十家出版社的负责人向本报读者贺新年”。

《旧籍重刊》《旧译新刊》中，向时代精英贡献罗家伦译《思想自由史》、陈望道序《爱的成年》、萨孟武著《红楼梦与中国旧家庭》、温源宁著《一知半解》等一系列名著。这些书记录了一九一九至一九四九年整整一代人追求德先生和赛先生的努力，他们的徘徊和蹉跌，不应被简单地蔑视而是值得总结和深思的。还有周作人的著作，中宣部和新闻出版署已批准我社印行，当然也属于此类。

在古籍整理方面，我社的《走向世界丛书》被国务院古籍整理出版规划小组组长李一氓誉为“近年来所见到的整理古文献中最富有思想性、科学性和创造性的一套丛书”，正是因为我们能突破传统的方法，不搞繁琐的注释疏证，而是下功夫广搜博采，分类重编，详编索引，撰写导言(叙论)，“化腐朽为神奇”，将封建文化的积淀解析为对现代化进程有参考和反思价值的资料。今年我社将认真推广这种方法，出好《曾国藩全集》和《船山全书》。

为了争取给最大多数读者服务的机会，一九八八年“岳麓”版《古典名著普及文库》将增出十种，保证人们能“以最少的钱，买最好的书”，欢迎广大读者选择、比较。

谋事在人，成事在天，天就是形势。形势既已大好，吾人自不容懈怠，愿与全国同行共勉。

走向世界的反思*

（1988. 3）

□　《走向世界丛书》单行本问世后，就得到了钱锺书、李一氓、萧乾、陈原等专家学者的盛赞，关心改革开放的青年人也很注意。请您介绍一下它的情况好吗？

○　这套丛书辑印民国以前亲历西方（包括明治维新后的日本）的记述，可说是中国士大夫（传统的“知识分子”）由封闭的专制宗法社会走向近代——现代化世界的实录。选择不以作者对西方的态度，甚至也不以文笔的优美高下而定去取，但必须是亲见亲闻、亲身的感受，耳食之言和空泛之论一概不取。丛书计划收书一百种，湖南人民出版社出过二十种；版权转到岳麓书社后已出齐第一辑三十六种（合订十册）。第二辑现已编好了几种，准备编完后一次印行。

□　（看到会议室中陈列的授予《走向世界丛书》一九八六年“中国图书奖”和“全国优秀畅销书奖”的奖旗和奖杯）看来不

*　原载一九八八年三月十日至十一日《人民日报·文心探访》，记者张世英。

但出版界，连社会上也承认了这部书。

○ 初版第一种印七千册，到第二十种增至二万册。岳麓印的实际上是第二版，累计印数平均达到三万五千，加上销往海外的共约四万，确实不算少了。要说"畅销"当然还谈不上，但在法国、英国都有人正在选译这套书。

□ 从书所收各种都早已成书，为什么建国三十多年来，别人都没有发现和重视它们，您却想到编这套丛书？

○ （笑）阮籍说得好，"时无英雄，使竖子成名"嘛！当然我这是讲笑话。事实上，只准"一边倒"的时候，谁都没有可能研究和讨论这些书，我也并不例外。不过，我捡了一个"便宜"，从一九五七至一九七九年的二十多年中，我无须遵功令作文，按模式思想，而尽可以在劳动的馀暇"自由"地考虑中国的过去和未来，有时还能收集和整理一些材料。十一届三中全会以后，二十来年的积累就用上了。

□ 我早已注意到，李一氓说"这确是我近年来所见到的整理古文献中最富有思想性、科学性和创造性的一套丛书"，陈原也赞扬它的编辑方针，钱锺书说您"眼光普照，观察到欧、美以至日本文化的全面"。在没有见到您以前，我还以为您是位老学者呢！您的学术准备是怎样完成的？

○ 我今年五十七，并不年轻了。钱、李诸老原来我并不认识，我也没有主动去拜访过他们。他们的过誉，使我惭愧。我并无辉煌的学历，一九四九年八月参加工作时，只是个十八岁的高中生。不过我一直比较喜欢读书，也比较喜欢用自己的脑子思想。从五十年代起，我就在思考一个问题：一个国家，一个民族，恐怕不应该也不可能长期和别的国家、别的民族隔绝开来，不能够自绝于这个世界。正是由于这种思想，使我经历了阿·托尔斯泰所说的“苦难的历程”。

□　啊？

○　一九五七年，湖南日报社“反右办公室”编印了一本十多万字名为《继续揭发批判锺叔河的反党反社会主义罪行》的三十二开小册子，其中就包括我这方面的观点和言论。

我被划为“右派”最初想不通：解放前我是个坚决反对国民党反动统治的革命青年，怎么会成为“反革命右派”了呢？抱着弄清问题的目的，我在做工糊口之馀用心读书，主要攻读政治史、思想史、文化史方面的书。我认为今天是昨天的继续，希望从历史中找到现实的答案。

□　在那样的逆境中，您还能读书、思考，是什么力量在支持着您？

○　当了“右派”，即使在想不通的时候我也并不灰心，因为“我的世界有更辽阔的边境”（闻一多诗句）。在读史中，我发现在一千八百年以前，就有欧洲人到中国来；可是直到一百八十年以前，还没有中国人到欧洲去。是封闭造成了落后，落后又加剧着封闭，而封闭落后的心态是绝不容忍“走向世界”的思想的。作为中国人，我应该努力弄明白历史真相和道理，并设法加以传播，结果就是从一九七〇至一九七九整整九年的牢狱之灾。

□　您还坐过牢？

○　对的。在牢中我也没有放弃学习，而总能利用条件继续读史书，从中发现：长期封闭的社会一旦开放，发生的变化是极其广泛、深刻而激烈的。人们只要一“走向世界”，他的价值观和哲学就必然发生变化，这是改变封闭造成的落后状态的强大动力。早期“走向世界”的人的现身说法，对现代人可以产生很大的影响。

□　从书的编辑工作是在出狱后开始的吧？

○　一九七九年三月，我被“提前释放”出狱；经过一再申诉，到九月间才宣布这是一个错案，给我彻底平反并给予赔偿，之后报社才“改正”了我的“右派”问题。但“改正”以后，我却不想回报社了。到出版社后，就开始编这套书。第一种《环游地球新录》于一九八〇年八月出版。之后平均一个月出版一种，都要标点、索引，加上每种书的叙论平均两万字一篇。如果没有过去的充分准备，显然难以完成。

□　从编辑出版工作看，丛书的主要经验是什么？

○　丛书所收都是一九一一年以前的作品。书虽然算古籍，读者却是新人。整理出版古书，应该引导读者向前看，面对未来而不是面向过去。过去是不堪回首的，因为整个旧的文化必须用新的观点和新的方法加以整理，才能为现代化服务。《走向世界丛书》，这个名字就不“古”。但它们又确是木刻线装的“古书”，作者如薛福成、黎庶昌等，都是古文名家。校正脱讹倒衍，正确标点分段，编制索引，还原译名，案头编辑工作也是繁重琐细的。

□ 我读过您写的关于这些书的叙论，有材料，有分析，有文采。看来渊博的学识、精确的思辨和过硬的文笔，对于编辑来说确实重要。

○ 编辑需要才、学、识，这三方面我都谈不上。至于丛书，应该说得力于有见识的学者、师友和同事的支持，个人努力的作用是有限的。在我的长期规划中，它也只是工作的一部分。

□ （谈话中，不断有书社工作人员前来找他）您担任了书社的领导工作，还有时间编书吗？

○ 总编辑当然要编书，他应该是出版社的第一编辑嘛（笑）。我的安排是上午到社里处理社务，下午和晚上在家里编书。现在我还在编周作人的集子。我很想早些把总编辑的职务卸下，这样可以更多地编一点书，更加符合我的本心。

从士大夫到现代知识分子*

（1992.5）

□ 听说您的研究课题“十九世纪中国士大夫对西方文化的认识及其反应”已经纳入国家社科研究规划，能否谈谈这一研究课题的立意？

○ 我认为，现代性与传统的冲突和趋同，乃是中国近代文化思想史中最重要、最基本的事实之一。一部分论者的公式是“现代化等于西化”，我不能完全同意这种结论，因为它将复杂的历史过程简单化了。现代前中国社会的领导阶层是传统的士大夫阶层。在进入新的历史时期，面对“三千年未有之变局”，面对现代世界时，这个阶层对自己社会的信心如何？其传统的价值观与制度面临怎样的考验？对西来的新事物和新学说他们持何种态度？对帝国主义侵略、基督教渗入以及一切“洋务”“洋人”又有何反应？这些都很有必要作具体的研究和分析，这就是我进行上述研究的主要意图。

* 原载一九九二年五月三十一日《文汇报》，原题“从传统士大夫到现代知识分子”，记者余开伟。

□ 关于上述问题的研究，似乎尚鲜见系统、全面的考察和探讨。

○ 是的。国内这方面的研究似乎尚处于比较零散、比较初级的阶段，或者停留在几个代表人物身上，或者把士大夫阶层和其他阶层的“人民群众”笼统地混在一起。起初，国外有学者做过一些小范围的定性和定量分析，但往往只能从他们所熟悉的史料着手，而且不能避免“现代化=西化”公式的影响。

□ 纵观中国历史，诚如所言，士大夫阶层其实就是传统中国社会的领导阶层。历代中国知识分子都是由士而仕、官文合一的，这对现代中国社会有什么影响呢？

○ 士大夫的性格在很大程度上塑造了中国传统主流文化的性格。中国古代社会长期停滞不前的主要原因之一，就在于这个占领导地位的士大夫阶层有着难以克服的致命弱点。十九世纪开始了全球文明时代，十九世纪以来中国历史的根本问题就是走向世界、走向全球文明的问题，也就是实现现代化的问题。

现代化的“现代”，就是全球文明的时代，其重要标志即各个地区(国家)固有传统文化的交融和趋同。近代中国的现代化为什么这样艰难曲折？就是因为近代前中国社会的领导阶层——士大夫阶层对现代化没有内在的要求和思想准备，对此他们始终是被动的、消极的。士大夫身上遗留下来的依附性、保守性和软弱性成了中国实现现代化的精神障碍。当然，中国士大夫中不乏忧国忧民、爱国爱民的仁人志士，但他们在没有脱胎换骨之前，都是空有砥柱中流之志，而乏回天挽澜之力。

□ 汤因比曾经说过，在各种文明发展过程中，“挑战愈强，刺激就愈大”。鸦片战争和甲午战争之后，国难、国耻的重压，西方物质文明和精神文明的双重入侵，极大地激起了民族政治情感的高涨，而士大夫中的有识之士更是忧国忧民，以至谭嗣同发出“四万万人齐下泪，天涯何处望神州”的沉痛呼号，这种忧患意识似乎是某些中国士大夫民族觉醒、思图变革的一个契机。

○ 的确如此。到十九世纪中叶，西方一些国家已经现代化了，国力强盛，经济发达，而中国依旧是国弱民穷，经济落后，多数的中国士大夫还是以近代化以前的社会文化观来看待西方国家，闭关锁国，妄自尊大，认为中国是“天朝上国”“礼仪之邦”，西方国家则是无父无君的“夷狄”。

□ 这就是“内中国而外夷狄”，“足乎己无待于外”的传统偏见在作怪。

○ 可是“天朝上国”的土枪土炮却敌不过西方国家的坚船利炮，结果是一败涂地，被西方国家打开了国门。由此士大夫中的有识之士才开始清醒意识到学习西方先进科学技术以图强国富民已是刻不容缓。然而，士大夫们只肯承认西方国家物质文明的“厉害”，始终认为“精神文明”还是我们这个“礼仪之邦”优越。他们坚持认为中国的传统文化比西方国家优秀，把“国粹”视为命根子，视为国家民族生死存亡的关键。至于洋人的坚船利炮，花钱买进来就是了。恭亲王、李鸿章、张之洞等人办“洋务”，他们的指导思想（至少公开宣布的指导思想）就是如此。

□ 士大夫中的确也有筚路蓝缕以启山林的先行者。当时，湖南的魏源把西方国家的富强之道作为客观参照物，探索立国之本，撰写《海国图志》介绍大西洋欧罗巴各国，毅然提出“师夷长技”的主张。

○ 还有郭嵩焘、容闳、黄遵宪、薛福成等人，他们提倡走向世界，有意识地介绍西方文化科学，都起了思想先驱的作用。站在这些人后面的大人物是曾国藩。容闳是在曾国藩的支持下组织幼童留美，为上海制造局去美国买机器的，他在《西学东渐记》中推崇曾“可称完全之真君子，而为清代第一流人物”，说他自己的这些工作都“因曾（文正）乃得告成”。郭嵩焘和曾氏既有金兰之好，又是儿女亲家。薛福成和黎庶昌都属于“曾门四子”。

□ 正统的士大夫对异质的西方文化历来就是坚决抵制的，这且不论。就是对西方近代文明持欢迎和接受态度的士大夫中的先进分子，在思想意识深处也仍然存在新旧观念的矛盾和传统与现代的情感纠葛，如严复、康有为、梁启超、王国维、章太炎、梁漱溟这一批人，他们中的一些在后期，或多或少地回归了传统。

○ 这种现象并不奇怪。五四运动前后，中国才开始出现现代意义上的知识分子。陈独秀、蔡元培都是从士大夫阶层中蜕变出来的，蔡元培本是翰林，陈独秀也应过科举。但是，旧士大夫的大部分却并没有（我认为也不大可能)完成向现代知识分子的转变，例如林琴南、王国维就是如此(当然，这并不等于说他们在某些学术领域内不能接受新的观念和新的方法)。他们不能把握住时代的潮流，不能站在大时代潮流的前头，以致酿成无可挽回的时代悲剧和个人悲剧。

□　那么，旧士大夫要转变成现代意义上的知识分子，关键何在呢？

○　旧士大夫要转变成现代意义上的知识分子，关键在于必须与陈旧的传统观念彻底决裂，要通过民主与科学的洗礼，脱胎换骨。熟读《离骚》可能成为感慨悲歌的名士，却无助于现代化观念的形成。

现代化的观念就是民主和科学的观念。鲁迅著作的价值，正在于无情地鞭挞了专制和愚昧，深刻地批判了腐朽的传统观念。周作人的著作亦是如此，周氏兄弟正是从旧士大夫蜕变成现代知识分子的成功典型。

我们研究十九世纪中国士大夫对西方文化的认识及其反应，可以看出他们受传统文化束缚的深重，看出他们要接受现代化观念和否定自己的旧意识的艰难。只有引进和发展了新的生产力；看到了新制度的优越性；出现了新的劳动者阶层和新的管理阶层；通过认真比较，以及本身经济地位和物质文化生活的改变，才能比较自觉地放弃陈旧的思想，接受新的观念，这个过程十分复杂和曲折。研究这个问题对我们今后搞改革开放，实现现代化，具有强烈的现实意义。因为我们（我和你）也是士大夫的第二代、第三代，在我们血管里流着的还有士大夫的血液。

□　正如您在《走向世界丛书·总序》中所言，历史无情亦有情，后人的思想和事业肯定要超越前人，但前人的足迹总可以留作后人借鉴，先行者总是值得纪念的。

○　庄子云："日月出矣，而爝火不息，其于光也，不亦难乎？"我只是一个普通的编辑，能发出的光和热甚至还不及爝火，但我编的书，我写的文章，我所进行的一点研究，总可以发出一点微弱之光，投射在人们摸索前进的道路上。即使它能起的作用再小，再微不足道，至少总是无伤乎日月之明的吧。

追思钱锺书先生*

（1999. 1）

□ （钱锺书先生逝世，深圳《风采周刊》电话采访）

○ 我与钱先生本不相识。上世纪八十年代初期，钱先生看到我编辑的《走向世界丛书》，发生兴趣，对《读书》杂志的董秀玉女士说："某人如到北京来，我想见一见他。"后来董便带我去了北京三里河南沙沟钱先生家，那是我第一次见到钱先生。他说了些鼓励我的话，建议将丛书导言（叙论）结集出版，愿意为我写序。大家都知道，钱先生是轻易不肯为人作序的，这令我很受感动。

钱先生对我写作、编辑的思想非常了解，后来与我通过不少的信。我身体不好不便旅行，难得去北京，十多年中一共只见过钱先生三次，两次是在他家里，又一次则在全国古籍规划小组京西宾馆的会场上。在通信和见面的时候，钱先生和我谈过一些文化学术方面的问题。

钱先生夫妇在生活中给我的印象也很深。杨绛先生十分风

* 原载一九九九年一月十一日《深圳风采周刊》。

趣。他们的房间很大，有一张大书桌、一张小书桌。杨先生笑道，有人说他学问大坐大桌子，我学问小坐小桌子。（按：此语为记者误记，见下页说明）听后我笑了起来。

钱先生家没有佣人，泡茶奉客杨先生自己做。他们夫妇对人很客气，我走的时候他们坚持送下楼。钱先生对人很好，但他不喜欢捧场，那些搞宣传、写传记、拍电视什么的，都进不了他家的门。他的门内有一条锁链，如果看见是这类人，就不开门。

在钱先生和我的通信中，有两件事很能看出先生耿介而谐趣的性格。一次是某地举行活动，内容是纪念钱先生的父亲钱基博老先生，主办者希望能得到钱先生的支持。钱先生却反对办这个事，说：搞一些不明不白的钱，找一些不三不四的人，说一些不痛不痒的话，有什么意思？还有一次，我想出蒋碧薇回忆录，其中讲到她与徐悲鸿的婚变，与徐悲鸿后妻的叙述和判断迥然不同。我跟钱先生说了这件事，先生的回信也很有趣，现正在我手边，可以向大家介绍一下：

> 廖蒋之争，曲直昭然。然前后妻之吃醋（乃争法统），更胜于大小老婆之争风（乃是争宠），李笠翁《奈何天》中《伙醋》一出所不能刻画。兄仗义主公道，“先生之志则大矣，先生之事则不可”，窃欲以此科诨，博兄一笑耳。

这一笑却关乎世态与人心，不是那么可以轻忽的，我以为。

钱先生不幸逝世，我的心中很是悲痛。但是我不配也不敢谬托知己，在这悲哀的时候，来写只能由真懂得先生生平学问的人来写的文字，只能简单地谈一谈我认识先生的经过，表达一点我自己的哀思。

我于钱先生为晚辈，是钱先生学生的学生。钱先生曾任国立师范学院英文系主任，他的一个学生到中学教英文，曾教过我。这是后来我与钱先生交谈时才知道的。

【说明】

以上是钱先生逝世翌日深圳一家周刊记者电话采访我的记录稿，刊出前我未曾过目。杨绛先生收到我的唁函和寄去的剪报后，给我写信道：

> 承你病中来信唁问，由衷感激。钱先生虽久病，神识始终清楚。朋友问候我都一一传达，只是他不乐闻的不传。他不知你也患病。他长期保持平稳，但去得甚快，也很平静，痛苦未及追上。《钱锺书集》将由“三联”出版，尚在排印中。
>
> 惠寄剪报已收到。“学问大坐大书桌”云云，出于“名气大坐大书桌，名气小坐小书桌”（按此说，我只该坐一条小板凳）。但记者往往传为美谈。……

其实“学问大坐大书桌”云云乃记者误记。杨先生是我尊敬的作家，她的《洗澡》可视为《围城》的续集，余楠、史妮娜即是新时代里的李梅亭、沈太太，《围城》和《洗澡》也就是《儒林外史》

的现代版。杨先生笔下的爱情，我看比《围城》里的要纯情，要深刻。我并不懂文学，但作为普通一读者，这的确是我真实的想法。

跟书一辈子*

（2003.9）

□ 听说您很小年纪便自己找书读，后来又编书，评书，并且写了不少书。

○ 我确实跟书打了一辈子交道。我的职业是编书，有时也写点文章。至于读书，更是一直在读的，不过不一定读得明白就是了。

我出生在读书人家，家里有一些书，自小养成了读书的习惯，当然读得懂不懂是另一问题。我这一生不看书的时候很少，书是我生活中很重要的东西。俗话说，开门七件事，柴米油盐酱醋茶。在我，前四件不可或缺，茶不太喝，酱醋不要无妨，“柴米油盐”的后面加一个“书”字就行。

□ 您曾被划右派、被开除，浪迹社会，打工为生，“文革”中又经历九年牢狱之灾，遭罪的时候读不读书？

---

* 原载二〇〇三年九月《书人》杂志第三期，原题“书与生命早相融——念楼访谈录”，记者耿星河。

○　我遭罪就与读书有关。因为读过几本胡风的书，虽不喜欢他满口伊里奇、约瑟夫，但相信他不会有反共的政治问题，一说出来，自己便成了“肃反”对象。因为看了些西方讲民主自由、三权分立的书，说过一点赞成的话，自己便成了右派。“文革”中“红卫兵”烧书，我说《红楼梦》和《史记》这些书为什么烧掉，以后难得再印，又成了“现行反革命”。但即使如此，我仍未放弃读书，而是觉得更应该读书，一面读书，一面用心思考。监狱其实是个可以读书的地方，在里面好多年，我读了不少古今中外名著。

□　落实政策后您本当回报社工作，为何又进了出版社，短时间内就推出了著名的《走向世界丛书》呢？

○　我本来就不喜欢在“机关报”工作，一九五七年就想要换环境，这也与我长期的读书和思考有关。这些思考，当右派以前就已萌生，坐牢以后想得更多了。我觉得中国一定要摒弃封闭、落后的传统，一定要走向世界。只有吸收全世界有益的东西，中国才能进步，才有发展。有了这个想法，我才选择出版部门，因为出版社的任务本该是文化的积累和传播，和报社专做党的宣传工作不同，我要通过编书、出书影响他人。到出版社后，我即着手编辑《走向世界丛书》，半年之后，就开始出书了。

□　您能谈谈《走向世界丛书》的情况吗？

○　我先后浏览过三百多种晚清人物考察西方的记述，准备从中选取一百种出版，以纪念先行者，启迪后来人。第一种《环游地球新录》于一九八〇年八月出版，第一辑三十六种一九八六年出齐，八百万字，总印数逾七十万册。

经钱锺书、李一氓两先生提议，我将为丛书各册写的叙论，辑为《从东方到西方》一书，有李一氓序，一九八九年由上海人民出版社出版，二〇〇二年岳麓书社又重印了。另又著有《走向世界——近代知识分子考察西方的历史》(后改名为《走向世界——中国人考察西方的历史》)一书，有钱锺书序，据杨绛先生说，这是他平生“主动为人作序”唯一的一次。书一九八二年由中华书局出版，到二〇〇〇年已经印过三次了。

□　您从八十年代起就开始编辑出版周作人著作，开建国以来的先河，请问当时是怎么想的?

○　八十年代出版周作人的书，要挨一点骂，挨一点棍子。党和政府倒没下禁令，有些文人却更严更苛。但我说，“人归人，文归文”，周作人其人如何评价是另一问题，其著作文章却是“五四”新文学新思潮中有代表性的存在，肯定它也好，否定它也好，都是无法绕开、无法视而不见的。要批评他，也要看他的全部作品嘛。所以我在岳麓书社出书时，先在《光明日报》上打广告，开头就是“人归人，文归文”两句话。意思是，人呢，是什么样的人就是什么样的人；文章呢，是什么样的文章就是什么样的文章。

事实证明，周作人的文章是有人要看的。《自己的园地》《雨天的书》《泽泻集》等他的“自编文集”从一九八七年起在岳麓书社一再重印，总印数达二十多万册。可惜后来出版计划被迫中止，幸好二十年后有止庵继续努力，终于将所有的“周作人自编文集”印出来了。成功不必在我，当然乐观其成。

顺便再讲一句，“人归人，文归文”，这也是历来大多数人的共识。差不多所有的人都不喜欢严嵩和阮大铖，“六必居”的招牌却一直没有换，从明朝一直挂到如今，《燕子笺》也一直在演，一直在印。

□ 《学其短》系列深受读者欢迎，您是怎么想到要写它们的呢？

○ 《学其短》是学古人的文章。古文最简约，少废话，写和读都省时省力。但我的目的主要不在文体上，而是以古人的文章作由头，借此来说一点自己想说的话，表达一点自己想要表达的思想。从前我在读古书时抄录过若干短篇，供外孙女儿诵读，报社来约稿时发现了，要拿去发表，以后又有刊物来要，前后共刊出约四百则，也就是四百来篇短文，曾辑成《念楼学短》和《学其短》两书，分别于湖南、安徽出版。

我选文重在思想、气质和趣味，原文后的“念楼读”和“念楼曰”，则完全是我自己的文章。有人拿了“念楼读”去作“古文今译”的例子，其实我完全没有兴趣搞什么“古文今译”，不过是借古人的酒杯，浇自己的块垒罢了。

□ 近年您出版了多种散文集，请谈谈散文写作的情况。

○ 除了小说、韵文、戏剧，所有的文字都可视为散文。如今写作界将散文和杂文分为两块，我是不以为然的。散文不该限于写景抒情的“纯文学”范围，杂文也不该只是“新闻学会”主管的报刊评论。如果按“散文学会”和“杂文学会”的“行规”，我的文章恐怕在两边都难入界。第一个集子《书前书后》自称“编辑应用文”，并非矫情，之后的《念楼集》《偶然集》和《天窗》，也都是“四不像”，只要还有人愿意看看，就算是不错了。

□　您担任岳麓书社总编辑时曾提出一个口号“(使广大读者)花最少的钱，买最好的书”，十分有名，当时是怎样考虑的?

○　当然是为广大读者着想。八十年代，“书荒”过后，读书成风，那时人们收入不高，不可能花很多钱买书。作为一个出版工作者，就应当从实际出发，尽最大努力满足读者的需要。记得当时出版的《古典名著普及文库》，价格定得很低，受到读者欢迎，但销量颇大，出版社还是有一些盈利的。

□　余秋雨应邀来湖南讲学，反应热烈，但也引起了不少议论，您对此有何看法?

○　为什么余秋雨不能来演讲?别人讲了那么多废话和套话，而且天天在讲，并无人批评反对，为什么单挑余秋雨?

我并不认为余秋雨讲得多么好。对于一切不自称表演其实却是表演，或者带有浓厚表演味道的演讲，尤其是还要自称为“讲学”的，我都不怎么感兴趣。但张三能讲，李四为什么不能讲?岳麓书院又不是圣地，朱熹、张栻更不是圣人，为什么不能在此处讲？多几个人讲话，总比没有人讲话好嘛。

我觉得余秋雨对批评反感也大可不必。把出去做官说成“致仕”，是明显的错误嘛。别人指出来，还要强词夺理，硬说自己并没有错；这样不仅显得气量太小，反而越描越黑了。

☐ 您去美国女儿家居住多时，能说说在那边的读书生活吗？

○ 女儿家里书不多，当然得去图书馆。美国的图书馆包括大学图书馆，都有中文书库，所有人都能够入书库找书。如果你自己找不到，想看什么书，查什么资料，管理人员也会很快为你找到。一时找不到，会让你将地址留下来，找到了给你寄上门，不收邮费。一次借十几本、几十本都可以，看完几本还几本，也不必去图书馆还，市内人多处往往设有“书筒”，肚子和口子比邮筒大，把要还的书往里一丢便行。国内的图书馆什么时候也能这样就好了，也许得修来世吧。

☐ 您在一本书前写道：“这是我的杯和水。”赠我的《念楼集》扉页上也题了“我的杯很小，但我用我的杯喝水”，请谈谈这句话的含义。

○ 这句话我最初是在《自己的园地·森鸥外博士》一文中读到的。作者引森鸥外作品《杯》中所述：“拿着火山的熔岩色的陶杯的第八个少女，不愿借用别人的雕着‘自然’二字的银杯，说道：‘我的杯并不大，但是我用我自己的杯饮水。’”读后觉得非常喜欢，便将其作为森鸥外的话写入《走向世界·后记》中了。钱锺书先生见到《后记》初稿后写信告诉我，这原是法国诗人缪塞的名句，并将法文原文抄给我。不管是谁的话，它确实是我所喜欢的一种态度，因为有这么一点儿洁癖，就不那么容易随着大流去吃大户了。人们读书和作文，我想都应该保持这样的态度。

引用这句话是想表明，我的杯虽小，水也只有半杯，却是我自己的杯和水。我只想用自己的杯，喝自己的水。跟了书一辈子，我一直都是这个态度。

“我用我的杯喝水”*

（2003.10）

文化应该注意那些实实在在的问题

□　最近看您的《念楼学短》，又看您在《深圳商报·文化广场》上发表的短文……

○　我不是写文章的人，以写文章为业的人叫“作家”，我缺乏当作家的本事，也从来不想当。我只是一个编辑，如今退休了，不上班工作了，有时候想写，就写一写。从前《古文观止》里的文章，也没多少是以文为业的人写出来的嘛。但要写就认真地写，不想乱写。

□　读您的文字感到您内心很平和。

○　（笑）我其实不是一个很平和的人，老来慢慢地学着平和，希望自己平和。我也不是一个胸怀大志的人，不过，当编辑也好，写文章也好，总得对社会关心，对人文有兴趣，那就得有

* 原载二〇〇三年十月二十日《深圳商报》，记者许石林。

一点自己的精神，有一点自己的想法。可以说，我虽然没有什么政治上的抱负和追求，但自己这一辈子基本上还是按照自己的想法做事的。我不很愿意也不习惯按别人的指示做事，除非我认为那是对的。所以我当不了公务员，只能以编辑终老，得遂初愿，内心也就平和了。

□　昨天我跟一个搞评论的人谈起浙江文艺出版社出版的《锺叔河散文》，里面有您写的关于清代《汉口竹枝词》的两篇文章，其中有一句诗，妙极了，“此地闺人工打扮，见他儿女想他娘”，这种对细节准确而传神的捕捉，可以让人想象那个时代社会风貌和文化形态的鲜活的东西。

○　这一卷竹枝词我是喜欢的，我在文章中讲过，更希望看到它的注解，注解往往能说明很多问题。“竹枝”本来是通俗的诗，文辞和典故没有必要多注解，而应该尽量把当时当地的风俗名物和方言隐语这类我们现代人搞不明白的东西注释清楚。周作人很喜欢竹枝词，他说，“竹枝词、杂事诗是用韵文写的风土志，假如有人对中国的过去与将来颇为关心，便想请他们把史学的兴趣放到低的、广的方面来，读一点这类东西，离开庙廊朝廷，多注意田野坊巷的事，从事于国民生活史的研究，此虽是寂寞的学问，却于中国有重大的意义”。我们中国，国家很大，各个地方有自己不同的特色。汉口那个地方，在太平天国起事之前，近代工商业已经相当发达了，人民的生活相对来讲是比较安定富足的，这从《汉口竹枝词》中可以读出来，只可惜它的注解太少了。作者原注本来就少，出版社出版时所作的新注，该注的事物许多都没有注，查词典即能明白的“汉皋”“枕流漱石”之类却不厌其详地大注特注，使我很不满意。现在，很多人谈文化，地方文化、区域文化之类名词满天飞，文章随处可见。但引证的多是经史子集、商鼎周盘、唐诗宋词、古人话语，都不离廊庙朝廷，“田野坊巷的事”很少涉及。其实文化研究主要应该是“国民生活史的研究”，不能只从古人的诗文集中去看。现在人们“研究”文化，只注意研究士大夫和“秦淮八艳”们的生活，研究他们和她们的琴棋书画、首饰妆台，很少注意《汉口竹枝词》这类东西。

□　这本《汉口竹枝词》后来再出版了没有？

○　理想的本子还没有见到，原来湖北出得不是很讲究，但出版了比不出版还是要好。现在浙江嘉兴图书馆有个下岗人员范笑我，搞了一个很有特色的书店，叫“秀州书局”，搜集印行了很多乡土文献，他所出的《秀州书局简讯》，记录到店里来买书的人讲的话，有一些也很有意思。

中国近代社会的发展，受各种思想激素的影响太多

□　在深圳有很多爱读书的人都很关心您，您在《深圳商报·文化广场》上写的纪晓岚谈鬼的文章，很多人都看了，很喜欢。

○　我不是一个很会写的人。我的职业是编辑，养成了编辑的职业习惯。有什么东西要写，就写一点，但是不乱写。我都七十多岁了，出名、赚钱，对我来说都不重要了。我写东西，总

要有自己的所思所感才写，决不勉强地写，这样才写得比较愉快。外面约我写专栏，我都不敢答应，我不能很紧迫地完成写作任务。《念楼学短》的稿子都是现成的，因此才在《深圳商报》发一些，要我现写，我不敢答应。

□ 纪晓岚谈鬼狐的文章，我也看过一些，很有意思。

○ 纪晓岚的鬼狐故事，绝大部分都是他自己编造的。他是个传统学者，但是他对程朱理学很反感，他是借鬼狐故事来骂理学，挖苦理学家。如说，某位一生反对迷信最积极的老先生死了，有个“走阴差”的人去到阎王殿办事，见老先生的鬼魂正站在殿外发抖；这时来了位判官，好像是老先生的故友，客气地跟他打过招呼后，笑嘻嘻地问道：“老先生您一生宣传无鬼论，说是根本没有什么鬼，不知道您自己现在成了什么？能告诉我吗?”

□ 鬼狐是子虚乌有的，但故事讲的道理是实在的。

○ 故事的意思并不在于讽刺老先生的无鬼论，在于它揭示了这样一种现象：一个人认死理，结果这个“理”反而把他弄得很尴尬，尴尬到无以自圆其说的境况了。一九五七年我那个单位反右派，反到最后，原来搞“肃反”、搞“反右”搞得最积极的人，他自己也成了右派，其处境跟故事里的老先生也差不多了。

□ 您这些年有没有到外面走走，比如出国？

○ 二〇〇二年我在美国生活了大半年。我看美国的很多生活用品还没中国改变得快，也没中国新。比如美国人用手机，就没有我们那么普遍，他们有些人很不愿意用手机。

□ 您研究近代思想文化史，您怎么看中国的发展？

○ 物理学有个词叫“波”，中国自近代以来的发展，起伏变化太大、太多、太快，发展的“波”不是很平缓，而是太短促、太急迫了。一切的问题，都在于变化太急、太多、太快。

□ 您是说每一阶段都缺少应有的“涵养时期”？

○ 对。就像非自然成长的植物，是用激素培育的。中国近代以来的社会发展，受各种思想激素的影响太大了。

□ 我可不可以这样理解您的话：中国社会要发展，必须有大局观念，要自觉地把中国领土全面地考虑进去，而不是目前很多学者一说“现代”“与国际接轨”，就把占人口绝大多数的农民遗忘了。

○ 是啊！学者不能没有基本的眼光和胸怀，不能只做政策的诠释者、宣传者，更不能哗众取宠和“作秀”，这种人不是我想谈的话题。比如文化热，你研究文化，就要看此时此地大多数人的文化状态、大多数人的生活状态，而不能光顾着城市“小资”“白领”的文化和生活，更不能只关注那些“超女”“超男”，低级趣味。我们研究文化，对社会上大多数人的生活不了解，就无法说清楚问题。

□ 您怎么看现在的中国人?

○ 中国人现在的生活质量提高了，但是很多人血管里流的东西还是陈旧的东西，有相当腐朽的成分。我现在不常出门，对社会不是很了解，但是也通过媒体和朋友了解到一些。我感到现在很多人和事，是《二十年目睹之怪现状》和《官场现形记》的翻版，只是人物的服装和语言改变了而已，改变得甚至更粗俗了。我不知道我的判断对不对，中国社会上过去有很多精致的、优美的东西，都消失了，也很可惜。

学习别人的文化，才能保护自己的文化

□ 您觉得我们的传统文化的包容性强吗?

○ 总体来讲，传统文化一定要发生蜕变才行。鲁迅和周作人对中国传统文化和传统社会的分析是很准确的，但是我更喜欢周作人，他的态度更平实些，所以分析更中肯。

□ 您怎么看鲁迅?

○ 鲁迅不太能够容忍别人对他的批评。他骂的很多人都是不该骂的，胡适、梁实秋、林语堂、顾颉刚……，这些人与他喜欢的柔石、白莽、韦素园等人相比，文学上和学术上的成就谁高谁低呢?他喜欢别人崇拜他，很乐意别人给他戴高帽子，即使是“纸糊的假冠”。年轻人触犯了他，他也不惜花精力写文章骂，不肯放过。一个犯精神病的大学生错走到他家去，他也

要写文章。高长虹总还是左翼文学青年嘛，因为过去追求过许广平，有点念旧情，他就咬牙切齿地骂。后来高长虹还是投奔延安，死在解放区了。相反的，像李秉中（一九三六年任国民党中央党部政治训练处科长）和叶永蓁（一九四九年金门反登陆作战的主力“国军”少将师长）这样的国民党军官，他倒是可以与之通信、作序，保持往来，相当友好。

□　周作人呢？

○　周作人对旧文人和旧文化看得太深太透，对这些东西他很绝望。对植根于旧文化的北洋政府和国民党政府，他很不信任。因此，日本侵略中国，他不跟国民党逃到重庆去，而是留在北平了。如果他只留在北平，在燕京大学教教书，即使在“伪北大”教教书，像俞平伯一样，那并没有大问题。伪大学又怎样？“伪中大”不是还出了革命的大人物吗？但周作人同样有软弱苟且的劣根性，化装到屋里去打他一枪，他就“下水”了。

□　因此后来他被认为是汉奸……

○　毛泽东说他是“文化汉奸，又没有杀人放火”，这当然就是定论了。但毛又说可以让他译书，过些时候也可以重印他的著作，只要他作检讨，认个错。他却没有作出令毛满意的检讨，他不承认卖了国。他给周恩来写了封信，信中谈到了“名节”的问题。中国旧文人嘴上最爱谈名节，这个东西又常常被政治化，成为当权者对在下者的一种苛求，不好怎么说了。日本鬼子打进来，政府都无能御敌，执政者要负最大的责任，普通老百姓包括教书写文章的人是负不起那么大的责任的。

□ 周作人心里一定有对中国前途的考虑。

○ 他是从全人类的角度看中国的前途，他认为学外国的东西对自己国家有好处，相反能保护自己的文化，这个话题就大了。（正在此时，家人喊锺先生来客人了。）对不起，我这里来了一个客人，（交代家人：你请客人先坐！）咱们先聊到这里，你还有机会来长沙吗？欢迎你再来。

□ 通过电话听锺叔河先生谈话，已属太不礼貌了。听了他的谈话，就更觉得他的“水”既宽且深。想起锺先生在《走向世界·后记》里这样写过：“‘我的杯很小，但我用我的杯喝水。’这是法国诗人缪塞的名句，也是我喜欢的一种态度。真正能够不搬别人的杯喝水吗？其实也未必尽然；不过有这么一点儿洁癖，就不那么容易随着大流去吃大户罢了。”

“我用我的杯喝水”——锺叔河先生有自己的水，也有自己的杯。

老新闻的新价值*

（2004.4）

□　（《名城早报》为《苏州旧闻》一书出版书面采访）

○　古吴轩出版社出版的《苏州旧闻》，从光绪十年至二十四年的《点石斋画报》上选出近三百幅画，画的全是当时发生在苏州的“新闻”，比如说“东洋车”“火轮船”之类，都是百年前的新事物在苏州最初的留影。

兵勇扭打店伙，耶稣堂西教士出面干涉，“拿得”兵勇两名，交“县尊”收禁，抚台即饬查明以军法论处，这看得出当时西方传教士在苏州的势力。一列掮“洋枪”出“洋操”的队伍前，却坐着个“头戴红纬大帽，足穿广袜快靴，满面（鸦片）烟容”的“老将”，亦可视为晚清腐败政权搞“国防现代化”的剪影……

将苏州百馀年前这类“旧闻”辑为一书，左图右史地陈列出来，就成了一本既有城市社会文化史价值，又有广泛阅读趣味的新书。

* 原载二〇〇四年四月二十三日苏州《名城早报》。

大部分图画所画的，则还是传统社会的日常生活。那时候的“吴中年景”，似乎处处仍然在“点缀升平”，一般近代史著作中强调的晚清社会危机少有反映。奸、骗、命案从来是社会新闻的重要内容，书中也有不少此类材料，从中亦难找到可供“阶级分析”的材料。这一点很值得注意。

“宝镜新奇”一幅有说明云：“博习医院西医生柏乐文，闻美国新出一种宝镜，可以照人脏腑，因不惜千金，购运至苏。”这岂不就是 X 光机吗。伦琴(Wilhelm K. Rontgen)一八九五年(光绪二十一年)才发现 X 射线，两三年以后，“可以照人肺腑”的 X 光机便到了苏州，苏州引进新技术的速度，真可以说是够快的了。

谈办“国学院”*

（2005.6）

一九四六年暑假，十五岁的锺叔河抓着毛笔趴在桌上，用文言文写了他的第一本小书——《蛛窗述闻》。这时他已经读过些古书，对于这个少年来说，《左传》《史记》和《聊斋志异》《阅微草堂笔记》一样，都不过是能够给自己带来阅读的愉快，能够满足自己的求知欲的东西。只要自己的手边有，就拿来读，一点也不“神秘”。

二〇〇五年六月八日，我面前的锺叔河已是位性情随和、态度平易的老人。他说，该拿双面镜看国学，它既是一份遗产，也是一种负债。

不相信国学有危机

□ 五月底六月初，中国人民大学宣布创办六年制本硕连读的

* 原载二〇〇五年六月十日《潇湘晨报》，原题“‘人大’国学院重振国学？——本报专访湖南学者锺叔河”，记者石寒。

"国学班"，这又引起了大家对如何拯救国学危机的讨论。

○ 我觉得无须渲染什么国学的危机。即使存在这么一种危机，办什么国学院、国学班也不能解决问题。

以"国学"为名办班办校不是什么新鲜事物。北洋时期有"清华国学院"，虽然那是一个特例，民国时期无锡办过"国学专修学校"和"国学补习班"，上世纪五十年代北大又办过五年制的"古典文献专业"，这些好像都已无法复制(例如王国维、梁启超、赵元任、陈寅恪"四大导师")，而这五十多年中有成就的"国学"学人却大都不是冠名"国学"的班、科、校、院培养出来的。连古巴比伦文字都有人破译，国学难道会后继无人吗?

有人说，从小孩子起就要读《三字经》，照过去那样要他们背诵。可以说，背《三字经》是肯定接不了"国学"的班的。宋元明清，直到抗战以前，农工商人家的孩子要读点书，识点字，都会读《三字经》《百家姓》，读的方法就是背诵。千百年来不知多少孩子读这个，背这个，又读出了几个懂得"国学"的人物呢? 那时候，真正的读书人家、儒林子弟，要去应科举，绝不会以《三字经》"发蒙"，读《知堂回想录》和《胡适四十自述》可知。到我们这一代，进学校了，当时从初一起就只读文言文，班上同学都读，但一个班三四十人起码有二三十个是读不通的，能背诵也没用，写不通文章。

国学在我们的传统文化中是客观存在，有兴趣又有天分的人自然会去研究它，根本不需要通过办国学院、背《三字经》来培养。学理工农医的人，进技校读专科的人，更无须通"国学”，能通固然好，不通也没什么要紧。

凝聚力强的文化，保守性也强

□ 对待国学，您的基本态度是怎样的？

○ 古文中并无“国学”一词，这是“西学”进来后才叫出来的。现代化以来，“国学”确实一直受到冲击，“五四”时期和“文革”时期最为明显。典型例子发生在鲁迅那里，当时《京报副刊》向名家征集青年必读书目，鲁迅的答案最有意味，他没有提供任何书目，只写了一句话：“从来没有留心过，所以现在说不出。”后面加个备注：“我以为要少——或者竟不——看中国书，多看外国书。”表现出来的是全盘否定的态度。当然，鲁迅的特点是爱讲过头话，他自己并不否定传统文化。不久以后，他给老友许寿裳的儿子开书目，又全都是中国古书。

我还是认同“五四”主流（以胡适、周作人为代表）的精神。我以为，中国传统文化一方面源远流长，有很多优秀的东西，但另一方面，要看到它是内省的、内向的，凝聚力很强，因此保守性也强，它在很大程度上是排斥外来文化，抵触现代精神的。

我们不能否定中国传统文化的丰厚和灿烂，但祖宗给我们遗产的同时，也给我们留下了不少债务。

不能靠提倡国学来实现现代化

□ 怎么理解您说的这种“传统的债务”?

○ 就是说传统中有负面的东西。这种情况当然在每个民族的历史文化中都存在。负面也不一定就意味着丑恶，它或许是一种消极、颓废。举例说，鲁迅曾指责章士钊抄袭前人的一篇赋，我找出来一读，发现这篇《齐姜醉遣晋公子赋》，除了对仗工整，声调铿锵，每段还对应标题的文字次序来押韵，再加上典故的运用，做这么一篇精巧的文章，很难。我就想，那些有思想、有智慧的人，把思想、智慧消磨在这些文字游戏中了，这就是一种负面的东西。鲁迅、周作人他们是读了很多古书的，因为读通了，所以能看出这方面的问题。有传统的债，就意味着我们后人要付出一些努力，对传统重新评判和估价。

古老文明能发展到今天，说明它生命力强，凝聚力强，保守性强，能够保守住自己的特点。现在进入了全球化文明时代，我们的传统文化要现代化，其中存在很多矛盾和冲突。举一个例子，如今手机已经普及全国。我家的保姆小谢，她的夫家和母家，三代人个个都用上了手机，可以在互联网上聊天，通消息，这方面是完全“现代化”了。但她的丈夫在外头打工，做工做了一年多，包工头欠他的工钱一直不给付清，他却不知道用法律维护自己的权利。

□ 我们外在的装备现代化了，但内在的精神不一定就现代化。

○ 对。不管你讲几个现代化，首先应该是人要现代化，思想要现代化。人的思想现代化了，知道捍卫和行使自己的权利了，社会和国家就现代化了，其他方面的现代化，四个，八个，无数个方面的现代化，也都容易实现了。而我们并不能靠“国学”做到这一点。

读几句古书，就爱国了吗？

□ 在许多号召发扬国学的文章里，我们不难发现，与其说作者是关注国学本身，不如说更是在强调我们的民族尊严和民族文化自信。

○ 第一，民族自尊心的发扬不是靠读一两本古书来维护的。古代人不都读古书吗，叛变的人，动摇的人，也多得很。第二，对于光是口头大喊要发扬民族自尊心的人，我听了总是有点怀疑。民族自尊心也好，爱国主义也好，首先是要这个民族和国家可爱，这个爱才是真诚的。首先要解决的是，我们要努力，让我们的民族和国家可爱，我们说的爱才是可信的、真实的。都来读几句古书，民族自尊心就会增强？未必。

爱国观念在历史上出现得比较迟。中国古代的爱国就是忠君，爱国观念是和君王联系在一起的，不是我们现代意义上的爱国观念。一代君主战败亡国自杀了，人民就该追随君王都去死吗？“自经于沟渎”，这是孔夫子都不赞成的，《论语·宪问》一章里明明白白记着呢。大家都自杀了，岂不是亡了国，又灭了种吗？这是什么爱国主义？我们应该是爱乡土，爱乡土上的人和家，爱自己的理想和信仰，爱和平，爱生活，这些加起来就是爱国了。古人说，“求忠臣必于孝子之门”，道理也许可以相通吧。

□ 强调保护国学的人举出很多现实的例证，比如一些年轻人不能认读文言文了，书籍、报刊、电视媒体等似乎也对正宗传统文化的发扬不重视了……

○ 我觉得一些古典的文史哲书籍，在年轻人中间产生的影响慢慢地减小，这是正常的，因为现代人要学习要掌握的知识太多了。我曾在美国住过些时候，发现美国的年轻人，有的甚至是博士，他了解的美国早期历史比我了解的还少。而我仅仅是因为兴趣，找《北美殖民史》《美国建国史》《美国历史地理》这些跟我无关的书籍读过。但这并没有关系啊，他并不需要知道，因为有研究历史的人知道。英国人也没有必要人人去背诵拜伦、莎士比亚，自然有研究文学的人会去背诵。“乾隆盛世”（借用流行语）也不是人人都做《四库全书总目提要》，个个都读过《红楼梦》的，有纪晓岚、曹雪芹在做在写就够了。再说一句，我敢保证，纪晓岚和曹雪芹也没读过《三字经》，他们不会读这种东西。

□ （谈话进入尾声，最后我提了个“常规性问题”）对现在学龄的孩子，或者年轻人，您有没有关于读国学书的建议？

○ 建议没有，教训倒是有一个。我出过一本《念楼学短》和一本《学其短》，本来是写给我的四个外孙女读的。我其实也赞成有条件的家庭让孩子读些古文，有些典故也不能不懂，古文文字简练，没有空话，对学理工的人也很有用。可是结果她们没一个人读。她们留学的留学，读博的读博，工作的工作，没有时间读。

□ 您说的教训究竟是什么？

○ 教训啊，就是白搭。（给了我一个“反常规回答”，他自己也忍不住笑了。）

从牢房走向世界*

（2005. 7）

□　一九五七年，因为您的“四十八条”和主张党外办报，在反右派斗争中，您和夫人朱纯上了《新湖南报》的头版头条，报社“反右办”还特意印了一本一百二十多页专门“揭发批判锺叔河”的书。当时，您是怎样挺过来的？

○　我也不知道当时是怎样挺过来的。两公婆拖着从五岁到还在腹中的四个小孩，收入从每月一百七十元骤降为零，生活确实不易。也许当时年纪轻，吃得苦，加上有几本书可以看看，才能活下来的吧。

□　“文化大革命”中，您又被打成了“反革命”，在井冈山下的洣江茶场劳改了九年，这九年您是怎样度过的，都干了些什么，它对您的人生之路有着怎样的影响？

○　判刑以后，朱正对我说：“我判三年，可能会要坐满；你

---

* 原载二〇〇五年七月《文学界》第二期，原题“刚走出牢房就走向了世界”，记者铁尘。

判十年，是肯定不会坐满的。”果然到第九年就“平反”出狱了。坐牢衣食不愁，还读了些书，苦就苦了在牢狱外面的朱纯和孩子。

□ 一九七九年秋，您一到出版社，就着手编辑《走向世界丛书》，同时撰写《从东方到西方》和《走向世界——近代知识分子考察西方的历史》等书，用周实的话说，您是“刚走出牢房就走向了世界”，当时您是出于一种什么样的心态和想法做这些事情的？

○ 编入《走向世界丛书》的这些书，容闳、黄遵宪和康梁的几种坐牢前我就看过。在牢里时也曾和别人讨论过并以为，中国近现代的中心问题，就是一个如何走向世界的问题。其实这个走向世界的过程，至今还远未完结。我觉得这些书可以引起现代人思索，当然这得是有心人。

□ 在您夫人朱纯的《悲欣小集》里，我读到了关于您一家人在非常岁月里骨肉分离的段段往事，请问是什么力量给了您精神上的支撑？当时，您的信念是什么？另外，能否结合您自己的人生经历，谈谈您对爱情、婚姻和家庭的认识。

○ 朱纯比我大两岁，我们结婚已经五十二年，我觉得和她结婚是我一生中最大的成功。

夫妻一同被开除，完全没有了赖以维生的工资收入，又正碰上“三年自然灾害”，两人只能“日出而作”苦力地干活，才能买回“计划口粮”度命。四个幼小的孩子，祖母带去一个，外婆带去一个，大姨妈带去一个，还有一个。朱纯自己是在孤儿院里读完小学的，院里还支持她读了初中，她以为共产党办的孤儿院总比国民党办的要好些，于是将最小的孩子送到国家办的孤儿院去了。却不知此乃“移民计划”的一部分，计划在内地大中城市中接纳困难家庭无力抚养的幼童，作为“孤儿”送往内蒙古，交由无子女的农牧民去做儿女，户口、粮食关系随着转去，以后想找也找不回来了。所以一九七九年“改正”以后，我们夫妻头一件大事，就是无论如何先得找回“四毛”，她就是如今在湖南日报社老干办工作的锺先鲜。

□ 您曾经选编过十卷本的《周作人文类编》和四卷本的《周作人文选》，您是怎样看待周作人其人及其作品的？

○ 读文章有如吃菜肴，各人口味不同，我不能代表别人。我只能说，我自己最喜欢也最佩服的文章，在古人中是张岱，在今人中就是周作人。我拖板车时，他给我回信，给我寄书，看得起我。我如今来编印他的书，也算是“士酬知己”吧。

□ 您的《学其短》一书共收入三百馀篇古文短篇的今译，记得您在《自序》里说，这本书是“为我自己的外孙女儿们而写的”，您还曾经编过《曾国藩教子书》，在《编者序》里，您对曾国藩的教子之道较为欣赏，能否谈谈您自己在育人这件事情上的心得体会？

○ 人不可能个个成才。教育之道，第一是目标不要定得太高，第二是不要过多为其“铺垫”和“开路”。这样至少不会害了他。孩子们有中人之资的，能够自食其力做个普通人，就不错了。

□　一九九三年您获得了我国出版界的最高奖项——“韬奋奖”，能谈谈当时获奖的心情吗？

○　这没什么好谈的。

□　听说您的书柜是自己动手做的，这在读书人当中也算是一个特例了，您能谈谈当时的想法吗？

○　我的确喜欢做手工，各种各样的手工。如今我还常常用硬纸板做小盒子，自己用来放文具，放药瓶子……当右派时打工糊口，开始只能拖板车，太累了，挣得也太少。后来便学会了做木模，又学会了画机械图纸。我的图画得不差，并不弱于大多数机械系毕业的工程师。画图挣钱多，但做木工的兴趣大，自己乐意做。这些书柜却并不是我自己做的，如今自己也做不动了。自己做的“活儿”，只留下四只木工刨和两个茶叶盒。

□　我很喜欢读您的文章，深厚的文化底蕴加上文字的自然流露，呈现出来的正是一代学人旷达的人生境界。您能谈谈您对自己文章的看法吗？

○　我写得很少，也写得不好（“好”=自己满意）。但我一定要有所知，有所感，有所思，才会写。写不出时，绝不硬写。这样写出来的东西，虽然不好，至少不会太丧失自己的本色。

□ 您现在很少出门，主要在忙些什么？

○ 我从来很少出门，生性如此。

□ 在结束这次访谈之前，还想请您对《文学界》和广大读者说几句。

○ 办刊不可能在一切方面领先，能够办出一点自己的特色就是很大的成绩。我的文章，恐怕不会有“广大读者”。能借贵刊一角，与几位还愿意看看它们的朋友做点交流，便于愿足矣了。

谈作家办“书院” *

（2005. 7）

□（某著名作家新办“白鹿书院”，报社为此电话采访。）

○ 我认为，书院得是有影响的、能开学派的大学者，才能办好。上世纪四十年代梁漱溟和钱穆都办过书院，他们都是真正的大学者，才有资格办书院。而今天，我们真正的大学者在哪里呢？

作家所办的书院和学者主持的书院，人们最好能够严格地加以区分，因为文艺和学术是两回事。对古代书院的历史贡献，我也有一点不同的看法。书院是中国传统文化的传承场所之一，但当时的文化也不能说主要就是由书院来传承的。书院的兴盛只是在南宋。书院外面，还有更多人走科举这条路。

我承认，遗存至今的书院建筑，作为文化遗产和古迹，是应该好好保护的，因为它本身值得研究。如果有些人想办学、想讲学，他们搞起来的场所，愿意取一个“××书院”的牌

* 原载二〇〇五年七月十八日《中国青年报》（发言者还有陈来、陈平原等，只录本人部分），原题“白鹿书院新张升温传统文化　学界名家重新审辨现代书院是与非”，记者燕舞。

子，我看也没有什么不可以，但最好不要与古时的著名书院同名或“接近同名”，何必使人误解呢？传统文明与现代化的关系当然值得研究，但书院毕竟是过去了的东西，现在来大规模提倡恢复就完全没有必要了。现在教育工作、文化工作存在的问题很多，有心做事的人可做的事情不少。忙着办书院，实在与这个大局无关。

留住外地的读者*

（2005.9）

□ （《北京日报》报庆函请书面评报）

○ 几十年来养成了读报的习惯，但我发觉，喜欢读外省外市报纸的人，似乎越来越少了。《北京日报》却是少数能留住外地读者的报纸之一，这未必和它“首善之区”机关报的身份有关，而是因为它有几块能够吸引读者眼睛的版面，对我而言，就是“文史”和“读书”。比如说，七月二十五日的“文史”版《这段历史为什么被湮没》一文便饶有兴味，它介绍了一八八七年清政府派人“游历”西洋，考察欧美和日本国情的情况。派出的使者十二位，其中包括傅云龙、缪祐孙、刘启彤等知名学者，他们将考察成果写成了《游历日本图经》《俄游汇编》《英法政概》等书，都是近代中国“求知识于世界”的重要收获。作者王晓秋教授为中外交流史专家，此篇材料扎实，文笔生动，而且配发了光绪十三年（一八八七）九月十二日的《申报》和傅云龙的照片，读来兴趣盎然。于是忍不住写下这几百字，表示我对《北京日报》的一份感谢。

* 原载二〇〇五年九月十九日《北京日报》。

出版泡沫谈*

（2006.1）

□ （《中国图书商报》函请评论当前出版工作）

○ 出版是文化的组成部分，不可能脱离整个文化状态要求出版业有特别优异的表现。所以，文化复苏时期有出版的复苏，文化繁荣时期有出版的繁荣。而当搞笑剧占领了舞台，写武侠小说的被尊为大师，“致仕”“常凯申”之类硬伤触目的“文化散文”风行全国时，出版业之进入平庸期，也就是理所当然势所必至的了。

出版又是一项产业，是整个社会经济的一部分。过去编、印、发行都在计划经济的轨道上运行惯了，领导体制、人财物的管理都是下边听上边的。如今脚和身子算是“进”了市场，头脑和双手却还被原有的关系制约着。这种被制约着的市场经济运作，有点像戴着枷锁跳舞，即使舞技再精，也难跳得好。

正如有泡沫股市、泡沫经济一样，我觉得现在的出版业，也有相当大一部分可以称之为泡沫。看起来很大一堆，在阳光

* 原载二〇〇六年一月二十日《中国图书商报》。

照射下亦显得灿烂缤纷，五光十色，其实一大半却是“搅”起来的，没有扎实的内容，也不能够经久。

“搅”也有不得不“搅”的理由。一是为了打短平快，抓畅销书。搞来搞去，眼睛还是盯在教材、教辅或变相的教材、教辅上。奶酪只有这么大一块，都视之为活下去的命脉，拼命来争，在选题策划、前期投入等方面的大量重复、大量浪费便不可免。即使是纯奶酪，倒下去的水太多，搅和的人手太多，也就被搅成了一大堆泡沫。

二是为了炮制“获奖书”。为了繁荣出版、做好文化宣传工作，设立各种奖项，用意本是好的。但看我们过去的商务、中华、开明、生活，看人家的牛津、剑桥、小学馆、讲谈社，哪本书是为了获奖而组织出版的呢？评奖应在图书出版以后，至少经过再版，经过读者的筛选，经过评论界的长期讲评，而不是出钱请人来“评”。

如今的出版社迫于功利，只抓两头，一头是跟风狂抢畅销书，一头是以“投入”来炮制“获奖书”，结果两头都只“搅”出了若干泡沫。你如果不相信，以为我这是在危言耸听，只要看看这些年真正在读者中产生大影响的书有几本是“获奖书”，不就明白了吗？

最后还想补充一句：人固难于胜天（形势），但能干的人总还可以发挥自己的能动性。在这里我想向编辑同行进一言：少掺和到“搅泡沫”的热昏中去，认真扎实地出几本经得起时间检验的、现在和以后都有人要看的书吧。一个编辑一年出一本，全国一年也就有几千上万本，泡沫里头也就有不少硬东西了。

一个平凡的读书人*

（2006.2）

念楼就是廿楼，也就是平常所说的二十楼。锺叔河住在长沙城一座公寓的二十楼上，这些年一直以“念楼”为号。数字是多么的枯燥，但锺叔河却在枯燥中找出了一点读书人才能体会到的味道来。

编辑是个枯燥的职业，整天与沉闷的书稿打交道，很多人包括从业者，都认为这个职业是在“为他人做嫁衣裳”，书再风光，似乎都与自己没有多大关系，锺叔河的实际情况，却好像不是这样的。

“知识分子”与“读书人”

□（一九三一年，锺叔河生于一个读书人家。他讲过自己是“读书人家子弟”。他认为，中国过去的读书人，不能完全等同

* 原载二〇〇六年二月十五日《南方都市报》，原题“锺叔河：我只是个搞出版的读书人”，记者聂蔚。

于西方人所说的知识分子；而现在人们所称的“知识分子”，有的却不一定读过多少书。于是我问他）锺先生，这次很高兴到长沙来采访您。几位长沙的读书人朋友认为，您身上有比较典型的湖南读书人气质……

○ 不，我自己并不这样认为，更不认为读书人——知识分子可以分为湖南的、湖北的、广东的……他们都是公共的。我只认为，我一直在做编辑，我只是一个普通的读书人，一个普通的、做编辑的知识分子。

知识分子如果按职业来界定，大体可以分为三个部分：最大的一部分是教育工作者；另外一部分是创作研究者，包括写作者和科研工作者；还有一部分是搞信息传播的，包括出版编辑。划分不一定很准确，但大体上是这样。

“知识分子”这个名词，在汉语中是怎么出现的，我不很清楚。共产党领导中国革命，一九三九年发过一个重要文件——《大量吸收知识分子》，文件里讲的“知识分子”，和intellectual是很不相同的，不是一回事。所以我有时宁愿自称读书人，虽然我读的书不多，外文书根本不认得，读不了。

我所说的这三部分人所要求具备的素质是各不相同的。

写《史通》的刘知幾讲过，论人才看“才、学、识”。

我认为，教育工作者首先要有“学”，教书的人总要比被教的人多一点学问；看他合不合格，先看他有没有学问。搞创作研究的首先要有“才”，学问当然要有，但更要有天分，要有才；如果他没有一点天分，搞创作研究那是不能搞的。做记者采访，搞传播，当主播、主编、主笔呢，对于他们而言，我认为最重要的就是“识”，要有见识。

当然，“才、学、识”三者不是孤立的。要有见识，还是先应该有学问，孤陋寡闻是不可能有见识的。周作人讲过一句话，搞鉴赏没有诀窍，就是要多看，看多了，即使自己不能画出一幅画来，但他就能看出好画，能识货。搞我们这行，包括你，看书，看文章，看人，看事，都应该看得出好坏，才能够不上当。这就需要有一点见识才行，如果不具备这一点，你就很难做好。

我这个人的“学”很不足，毕竟只有自己看书看来的一些知识，七零八碎。“才”也不怎么样，中人之资，顶多在及格线上。只能够说，文字功夫还是有一点点，边做边学也算积累了一点经验，对于中西交通，对于周作人，对于民俗文化这些方面有一点兴趣，谈不上有什么专门研究和学问，写点散文也看不出有多少才情，不过对中国的历史和文化多少有一点自己的见识，这是唯一差堪自信的。

我做编辑的时间其实并不长，十八岁到《湖南日报》(当时叫《新湖南报》)，先搞采访，后当编辑，当到“反右”时不过四五年。那时候在报社里当编辑，比现在的自由还少，自己能够做的事情不多，空间很小。真正来编书，还是在一九七九年落实政策以后，不回报社，到出版社，才认真做了几年，但一九八九年我又离开了岗位，总共只有十年时间。当然，一九八九年以后我还编过一些书，但已经不是坐在出版社里做“工作”，而是自己想编啥就编啥，用现在的话叫“自由编辑”了。

□ 还是从头说起吧。我听说您小时候家庭条件是不错的，是世家子弟？

○ 世家根本谈不上，只是个普通的读书人家，当然也不是劳动人民出身。过去，祖上要做大官，后代要有封荫，有稳定的产业和地位，生下来至少也是个“承仕郎”什么的，才能算世家。我的先人没这个资格，只是个普通的读书人家。

□ 解放后您刚开始的时候是做报纸？

○ 在湖南省报社。一九四九年八月省报和新华分社办了一个新闻干部训练班，我考了这个班，还没等到发录取通知，就和另外几个人到报社工作了。

我本来是要进大学读书的，想去学考古或者植物学。我父亲是教数学的，我哥哥学农的，我看过些自然知识方面的书，对植物学感兴趣，也看过一些考古方面的书，对挖掘人类古文明的事更有兴趣。我考新闻干部训练班纯粹出于偶然，那时我才十八岁，正是青春期，有一个女孩子，我对她有好感，她要考新干班，我便跟着她去考。

我本来想读书，家里也有这个条件。父亲五十多岁才生我，一九四九年他已经七十多岁，早退休了。国民党省政府给了他一个“文献委员会委员”的名义，有一份收入。共产党来后，仍旧给了他一个“文史研究馆员”的名义，还是有一份收入。这种名义不会有很多钱拿，但毕竟还有点钱，而且是闲差，不必上班做事，也不必去开会学习，这就很不错了。而且他还是堂堂正正的“省人民政府工作人员”，高知待遇，不算

"地富反坏"，所以我要读书还是可以的，何况那时进大学读书不要钱，都是公费。但是，报考新干班就算是参加了革命，安排了工作，他如果不需要你了，可以叫你走，往远处一调，不走也得走；他如果需要你，那就是"工作需要"，"个人必须服从组织"。不让去读书，去读书就是脱离组织，脱离革命。其实那时候，考北大、清华都行，因为北京的大学都空了，清华、北大的绝大多数学生都不要文凭南下了。只有少数人还想读书，但原来的课都停了，朱光潜、冯友兰他们都不讲课了，只讲社会发展史，讲猴子变人了。这样子，再加上开头几年在李锐、朱九思手下做事还痛快，又和朱纯恋爱了，结婚了，也就没有去上学读书了，自己读吧。

被打成右派不觉冤枉

□ （一九五七年，锺叔河被打成右派，进入他人生的第一个低谷期。有人对他说，"如果报社只划一个右派，那也肯定是你锺叔河"。出人意料的是，锺叔河告诉我，他并没有被冤枉的感觉。但我还是忍不住要问）您一直在报社工作，为什么到"反右"的时候被打成右派了？

○ 我在报社做编辑，负责同地方记者、通讯干事联系，那时的通讯干事就是新闻干事，每县设一个，地市则设立记者站，我把通讯干事和地方记者发回的稿子整理见报。朱纯就是衡阳记者站的记者。一九五七年，我和朱纯都被打成右派了，当时湖南日报划了五十多个右派，人民日报也才十几个。"反右办”有人对我说：“如果报社只划一个右派，那也肯定是你锺叔河。右派划多划少并没有指标，有多少划多少，不会冤枉。即使有冤枉，你这一个总是不冤枉的。只要有一个，肯定不会错，那就是你。”

□　为什么认为您肯定是唯一的右派？您自己怎么看这个问题？

○　因为我的右派言论多，“有纲领”呀。为了批判我这个右派分子，还给我一个人编了一本书，一百五十多页，全是“同志们”检举揭发我的“右派言论”，比如“民主总是越多越好，专政总是越少越好”等。检举揭发的总有几百条。“反右办”拿来和我“见面”，叫我把自己承认的写下来。这类的话我确实公开讲过，认为也没什么不对，便写下了四十八条。加上不得不奉命作出的“自我分析批判”，便成了这样的一本，作为我“反党反社会主义的纲领”。他们说我“错就错在要思想”，这一点我承认，所以我并没有被冤枉的感觉。

□　打成右派以后被送去劳教了？

○　右派的处理分几种。“情节严重态度恶劣者送劳动教养”，这是第一种，其中“态度特别恶劣或情节特别严重者，并开除其公职”。我是“开除公职送劳动教养”。幸亏我既无“家庭成分问题”亦无“政治历史问题”，够不上“反革命”；又没有犯过“生活作风错误”和“经济错误”，不能叫“坏分子”。于是由父亲出面，“申请回家自谋生活”，免于去劳动教养，朱纯也没有去。

和周作人的交往

□ （在被打成右派之后，锺叔河没有接受劳教的处分，“自谋生活”，在街道工厂里拖板车，用他自己的话说是“引车卖浆”。也正是在这以后，锺叔河反而有了他人生中难得的平静，有了读书的机会，阅读了大量的书籍。也正是在这段时间里，他和周作人有了交往，为他二十世纪八十年代复出后大胆率先出版周作人的作品奠下了基础。我问他）我看过您的材料，一九五八年之后您到街道工厂里做工去了？

○ 一九五八年我不愿去劳教，申请回家“自谋生活”，自己却并没有谋生的本领，的确苦过一阵子。其实，父亲家里的生活本来还不是很苦的。我们夫妻两个原来的工资都不低，比我父亲的文史馆员还高一点，却从不储蓄。开头各带一个小孩回各自父母家“啃老”，但“三年自然灾害”跟着“反右派斗争的伟大胜利”接踵而来，纵然父母并不怨尤，自己也无法安心“啃”下去。于是一两个月后就从父母家搬出来，自己租个房子，我拖板车，朱纯糊纸盒子，来养活自己。刚拖板车时，真是拖得一身痛，主要是躺在床上没睡着时和睡觉醒来时痛得很。再痛还得拖，好在年轻没生病，痛了几天，睡了几天，也就不痛了。那个时候没有什么朋友往来，真正看书看得多就是那一段，还有就是后来关在牢里的时候。年轻时我有个长处，看书看得很快，而且看了就记得。

□ 那个年代，您看的书从哪里来？

○ 我父亲家里有些书，他还有省图书馆发给“高知”的特种借书证，我用他的证去图书馆可以借书看，连刻本《金瓶梅》都借出来了。说来你不信，拖板车拖得骨头都散架子了，还看《金瓶梅》。我对朱纯说：“饭还是要吃的，书还是要看的，要我们死我们是不得死的。”拖板车拖了几个月，慢慢在社会上找出了点门路，便到大专学校去刻写讲义，刻蜡纸，八毛钱一张，多时一个月刻五六十块钱，比拖板车强多了。后来又学会了机械制图，学会了做模型（翻砂木模和教学模型），钱容易挣些，书就更看得多些了。我主要是绘图，出于兴趣也做木工，你看见的这两个木工刨子就是我做的。欧洲的木匠是世界上最好的，他们的手工刨，结构、做工和所用的木材，都比中国的好。

□ 当时怎么会跟周作人有来往？

○ 抗战期间我在平江老家，老家没有新书看，全是线装书。哥哥姐姐的初中教科书，国文、历史、地理、动物、植物，成了我最喜欢的读物。大姐比我大八岁，哥哥比我大七岁，他们的课本里面有周作人、冰心、朱自清、叶绍钧等人的文章，我对周作人的文章最感兴趣。他的文章不做作，经得看，开始看难懂些，但是越看越有意思。不像“燕子去了，有再来的时候；杨柳枯了，有再青的时候；桃花谢了，有再开的时候……”那样朗朗上口，但读过几遍就乏味了。有一篇《金鱼、鹦鹉、叭儿狗》，后来才知道是从《看云集·草木虫鱼·金鱼》中摘录的，真是百读不厌，每次读都有新的体会和感觉，至今仍然如此。课本中的“作者介绍”，介绍他有《自己的园地》《雨天的书》等作品，我脑子里便牢牢记住了这些书名，后来一见到就弄来读。总之，这个人的文章对我的胃口，我就是喜欢他的文章。

参加工作后不久读到上海出版的《鲁迅的故家》，署名周遐寿。其中有一节《一幅画》，说他的小弟弟三岁时死了，母亲叫他找人画一幅像，又没有照片，不知道什么样子，画师完全是凭想象画的。这幅画在母亲的房里挂了“前后足足有四十五年”，在母亲八十七岁去世后，周作人写道：“这画是我经手去托画裱好拿来的，现在又回到我的手里来……现在世上认识他的人原来就只有我一个人了。”真是至情之文，看后很是感动。

后来又看到一本书，叫做《希腊的神与英雄》，也署名周遐寿译，也觉得很好，但希腊神人的名字多与通用者不同，写信去问出版社。那时候出版社对读者来信不像现在，是很重视的，他们自己没有回信，把信转给周作人。周作人回信给出版社，再转给我，我才知道周遐寿就是周作人。后来我就给他写信，问他要书，请他写字，他都一一回应了，从此便和他通信了。一九八九年周丰一整理他父亲的东西，发现了我写给他父亲的第一封信，便将其复印一份寄回给了我。

□ 给他写信的时候，没有想过他的汉奸问题吗？

○ 没有想过。

周作人和日本人合作，做“华北教育总署”的“督办”，这肯定是不应该的，是他一生的败笔。但我想这并不影响他的文章的价值。我的态度是"人归人，文归文"。就是要完全否定这个人，也不等于要完全否定他的学问和文章。

汉奸问题，毛泽东都说过，周是"文化汉奸嘛，又没有杀人放火"。这就铁板钉钉，盖棺论定了。

汉奸是汉人同异族(金人、满人……)作战时出现的名词，同时出现的当然还有"金奸"和"满奸"……，金、满现在都成为兄弟民族了。日本是异国，和占有香港达一百五十多年的英国和派人拿钱来干涉中国内政的俄国一样，同异国合作，当然比跟异族合作更不好吧。

周作人如果不当"督办"，只在"伪北大"教教书，问题也许就没这么严重。北京的"伪北大"，南京的"伪中大"，在那里读书的毕竟都还是中国大学生(听说其中还出过有名的大人物)，他们总不能等到抗战胜利"国府"还都再来进大学吧！

□ 是不是因为有了这段交往，所以您八十年代在岳麓书社出版了许多周作人的书？

○ 出周作人的书，不只是因为我喜欢他的文章，更重要的是因为他的思想和见识有启蒙的意义。四十年来不印他的书，对新文化的建设是很大的不幸，该设法补救。当时出他的书有风险，有阻力。后来岳麓书社终于未能将书出齐，半途而废，即可见阻力之大。

一直有人骂周作人，这并不奇怪。一个已经被打倒、已经戴上了"帽子"的人，骂他既可以显示自己"正确"，又不会给自己带来任何风险。还有一种观点，就是所谓“大节”有亏，一切就都完了，文章也不好了，它有时候很容易误导人。我看一个人，是先看他的人文主义情怀，看他对人民怎么样，是做有害于人民的事还是做有利于人民的事，做有害于文化的事还是做有利于文化的事；并不是先看人们给他戴上的帽子，贴上的标签，因为标签是可以变换的。

另外，我出他的书，采取了一种态度，就是我自己不去写周作人，不去评论周作人。要写我也可以写一点，当然无法写得像别人那样好，但至少可以写得早一点。为什么我不写？因为我一写，就要卷入到争论中去。我不参加对周作人的评论，但是，我出他的书总是没有错的，即使要批判他，也要掌握他的材料对吧？你不能瞎批啊，没看过他文章怎么批？

□　当初出书的时候是不是感到了很大压力？

○　是有压力。首先，岳麓书社是一家古籍出版社，周作人的书并非古籍，你古籍社为什么出周作人？这是不务正业。《走向世界丛书》还是文言文的东西，“五四”以后的就不是了，周作人写的是白话文，而且还是白话文的开山祖，别人看来这是和古籍不相干的。

我出曾国藩的书开头也有人反对。报纸上有很长的文章说，曾国藩是汉奸刽子手，还要出他的家书，“如此家书有何益”，文章的标题就是这样七个字。有人写材料寄到北京，说锺叔河钟爱汉奸，出了曾国藩又出周作人。但我坚持认为：这两个人是绕不开的，要了解晚清的政治和文化，你就绕不开曾国藩；要了解“五四新文化”和新文学，就绕不开周作人，他们是客观的存在。如何评价他们，是研究者的事；我不是研究者，我只是一个出版者，只提供资料。如果要我办出版社，我就要出这样的书；不要我办，我立马就走。

为什么要编《走向世界丛书》

□　（锺叔河，真坎坷，被打成“右派”之后，又进了监狱。他一出监狱就进入出版行业，出版了曾国藩的书和周作人的书，尤其是《走向世界丛书》，在中国知识界的影响可谓非常巨大，甚至钱锺书先生也主动关心他的工作。出版这些在当时属于非常敏感的领域和人物的作品，锺叔河曾感受到了很大的压力，却也真正成就了他在中国出版界的声誉和地位）您刚才说在六十年代拖板车还不算苦，那么一九七〇年把您打成“反革命”关到监狱里去怎么样？为什么会被抓进去的？

○　有人检举揭发我这个右派分子家里常常高朋满座，说我当众大讲不该提倡“天下大乱，越乱越好”，不该把《史记》《红楼梦》的线装本烧掉，“烧了以后难得印”。这类的话我也确实讲过一些。我跟你讲，有一些中国国民尤其是中国读书人的品质是很差的，以后如果再来一次“运动”，你就会发现，你肯定会发现，干这种检举揭发勾当的人永远不会缺乏。

□　一九七九年，您一出监狱就到了岳麓书社吗？

○　我平反以后，本应该回报社的，但我不愿意回去。到出版社来，是比我先“改正”的朱正推荐的。朱正早就出过自己的著作，名气比我大。我本就想编书，不愿意编报，编报纸副刊也觉得没有多少意思。

□　很多人知道您，基本都是从《走向世界丛书》开始的。您什么时候产生要编这套书的念头？

○　这个想法我早就有，早就觉得这些书应该流传。当然，在坐牢的时候，不会想到我自己来编书，但我一直在想一个问题，就是中国怎样才能“变”，变成一个现代国家。中国从清朝起，面临的大问题就是“怎样实现现代化”。为什么要现代化呢？因为中国还是一个现代化前的国家，是一个封闭的国家，它不跟外部世界正常地、自由地交流接触，它脱离了全球文明进步的正轨。地球上所有国家和地区，在中世纪前都是这种情况，那时候各个国家和地区都是互相隔绝的。在航海大发现和产业革命以前，欧洲也是封闭的。世界被分割成不同的地区，西北欧是日耳曼人，罗马继承了希腊文明，阿拉伯又是另外一个世界，东亚属于汉文化圈，美洲则是印第安人，各种文明都是不相往来的。后来经过文艺复兴，经过航海大发现和产业革命，西方就开始走向世界了。“天朝帝国”却以为自己“独居天下之中，四裔皆夷狄”，自己的“精神文明”最优越……

□　策划了曾国藩的书以后，又来出《走向世界丛书》，您有没有感受到新的压力？

○ 在中国做任何事情都会有压力，如果要坚持自己的理念。

《走向世界丛书》，为什么要取这样一个书名呢？因为我不想它看起来像古籍。不是说岳麓书社只是一家“专业分工的古籍出版社”吗？我就是要打破这个框框。它们本来就不是古籍，写的是火轮船、德律风（电话）、巴力门（国会）之类现代事物嘛。我本是世界上的一个人，牢狱也是世界的一部分，不可能完全和社会隔绝，思想更是牢门关不住的。在坐牢的时候，我就长时间思考过中国该往何处去，中国为什么会走到现在这一步，以至于把我这样的从不犯法更不造反的读书人都关到牢里了。我们不过看了几本书，关心些历史和世界上的事，有一点对文化对社会的想法，怎么就成“反革命”了。这是只有在做几句诗就会被砍头的文字狱时代才会发生的事情嘛，哪怕是实行了清宣统三年（一九一一）的《钦定宪法大纲》，实行了沈家本等人主持修订的《大清新刑律》，这样的事情也就绝不可能发生了。由此可见，中国的根本问题是：如何与世界同步，如何走向现代世界，如何把中国变成全球文明的一部分，如何实现现代化。

清朝也好，慈禧太后也好，都是抗拒现代化的，他们认为统治者的麻烦是现代化带来的。中国传统社会本是个超稳定的系统，它内在要求变革的动力是很弱的，中国文化本质上也是内向的、自满的，我自己的什么都是很好的，我不需要外面什么东西，只能“用夏变夷”，用伟大的华夏文明去改变那些外面的野蛮和落后，而绝不能“用夷变夏”。我们的东西都尽善尽美，这是中国文化的根本心态。

当然，中国的文化确实有它的优越性，我并不蔑视传统文化。中华民族作为一个古老的民族，它的文化有强大的生命力和凝聚力，但凝聚力也就是保守力，保守得住。正因为如此，中国要走向世界非常艰难。

中国对西方的了解，比起西方对中国的了解，起步要晚一千年。中国人真正走出去看世界，是鸦片战争后几十年的事。西方中古有四大东方游记，像利玛窦他们还带来了大量的书，也带来了西方的文化，当然那时候他们不叫文化叫宗教。中国走向世界的艰难，从《走向世界丛书》中可以看得清清楚楚。像郭嵩焘那样的人是凤毛麟角，像刘锡鸿那样的人是骂外国人的，有些人承认外国有些技巧上的东西，但“礼教”即文化上是不行的。这些看起来很可笑，但这些记录在文化思想史上的价值正在于此。

□　《走向世界丛书》为什么想到要以集中若干卷册的形式来出版？

○　之所以要集中地出版，是因为如果分散地、一本一本地出，不容易给读者留下深的印象。原书都是用的文言文，不一定什么人都能看懂，所以我还在每种书前面写了很长的导言（叙论），介绍这个人的基本情况，还有他到外国去的背景，以及他记载的最有意义的事物。透过这些记载，看出他的心态和他的见识。后来我自己出了两本书，一本是《走向世界》，我加了个副标题——“近代知识分子考察西方的历史”，另外一本是《从东方到西方》。前一本是在丛书研究的基础上写成的，后者就是丛书的几十篇导言(叙论)的合集。

□ 您编辑的书的出版，对社会影响很大，您是不是有一种成就感?

○ 只感觉做得比较辛苦。但因为做的是自己心里想做的事情，也不觉得特别苦。只说写叙论，长的一篇三四万字，最短的也有一万多字，各篇之间少有连续性，几天一篇，这就不容易了。每种书先要找人抄出来，抄稿要校过才能发稿，排字后又要校改两到三次，然后旁批作注释。一个月一种书，开头一种就是一本，平均十多万字，从发稿到付印，全过程都是一个人做。那时候我确实忙得连电视都没看过，仍然搞得津津有味。开头我是在编辑室主任下的一个编辑小组组长下的一名编辑，只能单打鼓独划船。书前的导言(叙论)也是我坚持要写的，因为不写叙论书就没人看，所以只能打起精神来写。为了能够顺利通过“三审制”，前若干篇叙论都不用我自己的名字，用的是“谷及世”，就是“古籍室”的谐音，还用过“何守中”(锺叔河倒转)、“金又可”(锺叔河之半)。直到丛书“成功”以后，才找杨坚等人帮忙校点过几种书，但自己还是要做大部分的事，要选书，要写叙论，别人校点的书也还要再校的。

□ 后来还请钱锺书先生写了序……

○ 《走向世界丛书》并没有钱先生的序，只是我自己的书《走向世界》有他的序，这序文也是他主动为我写的。

丛书出版之后，得到了好评，《读书》杂志发表过几篇评

《走向世界丛书》的文章，钱先生告诉《读书》的董秀玉他们，说《走向世界丛书》的编者如果到北京来，他愿意见上一面。我因为开会去北京的时候，董秀玉就带我去见了钱先生，是他当着董秀玉的面说愿意为我的书作序。后来钱先生还和我通过不少信，他的信现在还在。

当时《走向世界丛书》已经出了好几种。我请钱先生给我提点意见，他给我指出了好几处错误，大都是关于译名今释的。然后他就说，你写的导言应该单独出一本书，自告奋勇给这本书写个序，对此我当然很高兴。据杨绛先生说，这是钱先生唯一的一次主动为别人写序。

湖南人的性格特质

□ （对于湖南，向来有“惟楚有才”的说法。的确，在这块土地上，近现代出现了不少“敢为天下先”的人物，他们有着风格辛辣、敢作敢为的特质。二十世纪八十年代的中国出版版图中，湖南是一方不可忽视的重镇，出版了一系列具有全国影响的重要书籍，锺叔河正是其中一个相当突出的代表。最后我向他提出的问题是）您在出版社，除了《走向世界丛书》，周作人的书也出了，曾国藩也出了，当时都是要很大勇气的，这种勇气很多人称之为“湖湘气”，您身上是不是很能体现出这种湖南人的气质？

○ 勇气我并不缺乏，我并不太怕惹祸。一个人如果不能完全按照自己的想法做成一两件事，生活那就太没有价值了。一个人不能做一个只看别人脸色行事的人，这样太窝囊，没意思。人的一生时间实在有限，像我，快五十岁才开始做事，只做了不到十年，能做的很有限。最近编周作人文集，他一生写了四千篇文章(专著、译著除外)，有时一天写两三篇，比起他来，我们连小巫见大巫都谈不上，不止是没读过他那么多书，有的书连书名都没有听说过。中国的、日本的、西洋的古典，古希腊的书，他都读过。日本的古文全是汉字，汉字旁边加符号(后来才用假名)，现在的日本人都看不懂，他却懂。跟他比起来，差距实在太大了。

至于你所讲的“湖湘气”，这个我却不想认同。各个地方当然有各个地方的人文、风俗，也许可以说有它独特一点的习惯和风气。但作为公共知识分子，恐怕主要应该看他的公共性。“湖湘”这个南宋理学学派创用的名词，我并不喜欢。过去大反地方主义，如今一变而来大炒“地方文化”，都过了头，都不好。

□　九十年代后您还一直在编书吗?

○　编书不多了。自己写一点读旧书的笔记，在几个报纸上开开专栏。我现在比较喜欢看笔记，因为笔记好看，随时可以开始，又随时可以丢开。一册笔记里可能只有几则有点意思，可以借题发挥。周作人的文章，从文体上看，有很多都可以称之为笔记文，齐如山的文章也差不多。笔记不限于古人用文言文写的。笔记文这种文体，或者也可称之为随笔，《容斋随笔》和《两般秋雨盦随笔》这些古人的笔记，也本就自称随笔的嘛。

□ 您真正做出版只有十年时间，回过头来看，遗憾多还是收获多？

○ 当然，我是做了一些事。上班那十年中，不算我当总编辑策划出的书，自己署名编的书也不少；“退”下来以后，又编了《周作人散文全集》《曾国藩往来家书》等书，做就做了这些事。但是做得并不理想，遗憾是很多的。《走向世界丛书》至今尚未出齐。周作人的书，在湖南出版最早，却被腰斩了。“反自由化”时湖南出版反“三种人”——周作人、《查泰莱夫人的情人》、《丑陋的中国人》，“三种人”中两种和我有关。

周作人的书是二十年后河北教育出版社出齐的，功劳得归他们。《走向世界丛书》计划出一百种，只出了三十六种，仅完成三分之一。我编给广西师大出版社出的《周作人散文全集》，也是为了完周作人这个“愿”，补偿在岳麓书社的遗憾。

□ 您认为一个好的出版家应该是什么样子？

○ 不能称出版家，算个出版人吧。我以为，一个好的出版人，首先自己要爱书，不能只是为了完成任务，或者为了赚钱。要看到书的本质是文化的载体，出的书要有益于文化的传播，有利于社会的进步。而要做到这一点，有时便不得不承担一定的风险，在缺少出版自由的时候。但为了文明进步，为了走向世界，冒一点险是值得的。

出版是一种事业，也是一种产业，产业自然不能不赚钱。但就是当出版业老板，也不可能每本书都赚钱。实际上，真正有文化价值的书是不会赔本的，企业创了牌子，赢得了声誉，岂不比花钱打广告还好？有生活实用价值的书，也应该充实人文精神，使人们的实际生活富有理想。“畅销书”，读者大众消闲消遣的书也要出，余秋雨、于丹那样媚俗的书也要出，不要排斥它们，要满足各层次人的需要。但如果只出这类书，绝不能成为一个好出版人。

□ 作为一个出版家，您有没有感觉到这个职业对业者有特别的要求？

○ 要求不会比别的职业更高。我不想特别强调出版人有什么特别的使命或者价值，那样的强调没有意义。

我这样的编辑恐怕是个特例，《走向世界丛书》是我自己选题，自己找书，自己编辑，自己加工，自己写前言后记，自己设计付印。一句话，这是借前人的书来讲我自己的话，是我自己的编辑作品。你不能都找这样的编辑啊。

我从来不习惯跟在领导屁股后面察言观色，先意承志。领导想要出什么书我就出什么书，那我办不到。我在本质上抗拒这样做，因为我虽然只是一个平凡的读书人，但我总还是一个读书人，总还有点读书人的“格”。所以“直接领导”总觉得我扎手，不顺眼。胡乔木、李一氓那样的领导倒是给了我支持，支持我出《曾国藩全集》、出周作人，有他们写给我的信在。不管怎样，他们总读过很多的书，他们也是读书人。

送别张中行先生*

（2006.3）

□ 张中行老先生逝世，先生与他相交甚厚，心里一定有话想对大家说说。

○ 张先生以散文作家出名，其实他首先是一位学人，是一位思想者。他学的是中国文学，是周作人的学生，看得出周作人的文学观对他的研究和写作有很大影响。他长期在人民教育出版社工作，编教材，写普及性的书，这同样看得出他的学养。

在普及古典诗词的书里，他写的《诗词读写丛话》，我认为是最好的，比王力的《诗词格律》好。王力的书很成功，但讲的是诗的格律，而《诗词读写丛话》的内容更充实，不仅谈到了格律，对诗的欣赏与写作也给出了很切实的指导。他对古典诗词很有理解，他读得多，而且上心，文字也写得更好些。

当然这本书也是在“人教”出版的，但张先生不仅仅是一个出版人。现在，一般的人随随便便就称“大家名家”，但我

* 原载二〇〇六年三月九日《瞭望东方周刊》(同时发言者还有商友敬、陈平原等人，只录本人部分)，记者贾葭。

真心地认为，张先生是可称“大家”的。

张先生对生活和人生的态度，都显出了他作为一位学人的本色。他博览群书，而且很有理解。他的一生可以说就是读书的一生。

我觉得他首先是一位思想者。因为他一生清醒，不糊涂，不盲从；或者用他自己的话来说，就是“不信”，凡事都存疑，不容易受骗。

一九九一年，我的《儿童杂事诗笺释》出版后，张先生很喜欢，写文章夸这本书。不久后，我去北京，张先生打电话说要来看我，我连忙对他说：“这怎么可以呢？即使不序齿，也只能行客拜坐客嘛，何况未曾谋面您就写了鼓励我的文章。”最后我说：“您年纪大了，走动不方便，还是我去看您吧。”于是我去人教社看了他，他请我在旁边一个小馆子里吃了饭。

那次饭后，张先生又有一篇题为《书呆子一路》的文章在《读书》上发表，写到我和他这回的见面交谈，过誉使我更加惶恐。文章随后收入《负暄三话》，题目也修改成了《锺叔河》，想不到他写的这一回两人初次的见面，竟成了最后的一面。他讲了我很多好话，我却连书都没有送他几本。我的书，张先生绝大部分都是自己掏钱买的。

我还说一件小事，民国时期《北京晨报》的副刊登过很多周作人的文章，后来这个报纸改成了《新晨报》，很难找。我要去北图查这个报纸上的文章，当时任继愈当馆长，他是张先生的同学，张先生就请任继愈派人帮我找，并且将找得的资料复印件寄给我了。

他的书出版之后，总会题赠给我。他说：你要什么书，我就送什么书给你。我知道张先生是搭公共汽车出行的，他去寄书是很累的事情。张先生去世，我心里非常难过。这样古道热肠的人，走掉了就没有了。

张先生一直很看重我，对我过分的奖掖，我无法向他表示感激。现在郑重通过贵刊，表达我对张先生深深的怀念和敬意。我年纪大了，写文章太动感情。老成凋谢，晨星寥落，这些老辈人不可能再有了，使我非常感伤。

张先生的一生是读书的一生，他的修养和境界都是因读书而有。他写的《顺生论》，受到很深的佛学影响，也是读书和思考的成就。

自由的心境最重要*

（2007. 5）

□　您读书是怎么读的呢？您主张我们年轻人怎么读书呢？

○　我们那时候，也就是一九四九年以前，在学校里头，真正认真读书的人也只是少数。我那时也不很认真读书，后来离开学校，参加了工作，挨了整，才发奋读书。

读书我喜读古人的野史笔记，读文化史、思想史方面的资料，当然正史也要读，坐牢九年，读了不少史书，都是“文革”前中华书局的标点本。我们这一代人，上世纪五十年代进大学或参加工作的人，学的全是猴子变人、阶级斗争那一套，没有什么有价值的东西，养成了听领导的话、做驯服工具的习惯，可以说是最没有用的一代人。我这样的人算是异类，不太听话，自己读了一点书，但也没有读好多，五十步与百步，差别不大，也没有很多用。你们要学习读书的方法，还是要向更早的前人学。

我主张你们读好书，读经典。读书时不能满足于看今人的

* 原载二〇〇七年五月三十日《研究生在线》，记者邓高红。

解释，要有希腊人的怀疑精神，要有追根溯源的勇气和毅力。

□ （锺老前辈始终很坦诚地微笑着，中间似乎偶尔流露出“无可奈何花落去”之意，事实上仍是很自谦地自豪着。先生说话没有什么架子，这样更显他的亲切自然。于是，我的胆子也越来越大起来）您早年的《关于民主、自由……的四十八条》到底是怎么回事？

○ 哈哈哈……（先生大笑过后，有些哭笑不得地说）这是一九五七年“反右办”编印的《继续揭发批判锺叔河的反党反社会主义罪行》小册子的一部分，是他们搜集（群众检举揭发）的我的“右派言论”，分为“关于民主”“关于自由”等六个部分，我本人承认（不能不承认）的一共四十八条。“反右办”负责人孟某说我“错就错在要思想”，这话是他说的。四十八条并不是“大鸣大放”时一次放出来的，而是平日的闲谈或发言，言者无心，听者有意，“反右”时检举揭发，就成为“好材料”了。“鸣放”那几个月我一心盼望党外能办报，一心想恢复《民主报》，并没有讲很多别的话。但这四十八条，确实是我平日讲过的话，是我当时的观点，所以那时候我坦然地承认了，现在也仍然承认。

□ 您认为现在自由吗？

○ 比起“反右”和“文化大革命”时候来，现在是自由得多了。听说前不久出来了一个新说法，“老人新办法，新人老办法”。老人新办法，就是给些资深老同志留点自由发表意见的空间；新人老办法，指对我们这样的普通人，一旦发现问题，该怎么处理就怎么处理。像我这样讲讲野史笔记，讲讲周作人、曾国藩，或者一般地讲讲民主自由什么的，大概还不至于被认为有问题，要来处理吧。这已经是叨天之福，比一九五七年和一九七〇年宽松得多，自由得多了。

讲到自由，其实最重要的是心境的自由。像庄子那样，心灵自由自在，所以他能写《逍遥游》，写出《庖丁解牛》那样的文字来，拥有自由的心境是最重要的。

□ 您说的是不是指保持知识分子的独立人格？

○ 是的。知识分子(intellectual)的本义，是智者，是思想者，而不只是学校毕业、拿了文凭的人，不只是认识多少字、读过多少书的人。古代中国的士大夫，是依附于统治者，靠统治者吃饭的读书人。现代的知识分子，则应该是凭自己的本事即知识吃饭的，是心境自由的。你们要做现代意义上的知识分子，既要融入社会，又要保持独立人格，这才是你们应该做的。(说到这里，锺先生配上了手势语，双手张开在空中画了一圈，又回到胸前。)

□ 您对易中天、于丹现象怎么看？您对当下“十博士抵制于丹”又怎么看？

○ 易、于讲的我听得少，不过也听过一点点，觉得有些地方讲得还不错。在荧屏上出现，至少比“超女”“快男”好些吧。能够带动一批人去读点书，这样未尝不可。有些人对待他们比较苛刻，我看没有必要，可以宽容一点嘛。于丹他们本人也要听听不同的声音，和而不同嘛。如果听不得批评意见，自己讲错了，还硬要为自己开脱，那就不好了。像余秋雨，其实他的散文也有人喜欢(可惜“石一歌”迎合附会的毛病还是太明显)，可是有人提出批评的时候，他不接受，硬要说“致仕”是“通往仕途”；刘心武也硬要将“江湖夜雨十年灯”说成是自己梦中所得的佳句，那就越描越黑了。错了就承认嘛，这是大家可以理解的。人都有疏忽的地方，我也曾经把“滚滚长江东逝水”这首《临江仙》错说成《西江月》。中国文人对于同类向来很苛刻，对古时的同类也苛刻，没有设身处地地为别人想想。至于李敖，说什么白话文中没有人超过他，那就不是苛刻，而是狂妄了。评文章没有统一的标准，只能从人所好，不像赛跑用时间计算，跳远用长度计算。

□ 两小时的交流，不能说深入了解锺先生，但凭直觉而言，锺先生人很好，直率、真诚、热心，处处体现出追求民主、自由的思想，并且老而弥坚，根本不是梁漱溟所说的，一个人年老了，思想就会变得保守。“观于海者难为水”，事实如此，我还能说什么呢？

“丛书”的背后和里面*

（2008.1）

今年七十七岁的锺叔河先生十八岁进报社当记者，二十七岁因为“要思想”被打成右派，在长沙街上拖板车；四十岁又因“污蔑攻击伟大的无产阶级文化大革命”，被判刑十年，坐了九年牢；平反出狱后到了湖南人民出版社，立即开始编辑出版《走向世界丛书》，这些一八四〇至一九一九年期间走出国门的中国知识分子考察西方（包括日本）的著作，立即引起轰动，他也因此获得了中国出版最高奖——“韬奋奖”。日前，记者对他进行了采访。

【丛书背后】

□　二〇〇七年岁末，当众多网友为一本原定价几毛钱的小书竞相抬价至几百元不肯罢休时，终于传来了好消息，岳麓书社即将重印《走向世界丛书》。一套二十多年前出版的书为何引起

* 原载二〇〇八年一月十三日《三湘都市报》，记者易禹琳。

这么多人的兴趣？它的背后到底藏着多少鲜为人知的故事？请先生谈谈好吗？

坐了九年牢出来就想编这套书

○ 我从小爱看书，老家线装书多，什么书都看。被打成右派后没人理，白天拖板车，晚上正好看书。坐牢呢？又有了更多的时间来看书想问题。

书看得多一点，慢慢就形成了自己的思想，认为中国应该和世界同步。中国的古老文明几千年一直在延续，说明它保守性强，很难融入全球文明。原有的优越感，后来发展到两个极端：不自信，或者又像阿Q那样盲目地自信。中国要弄好，就不能和外界隔绝，不能不走向世界。

最长的导言三万多字，起初只署笔名

○ 原来出版社编书都是有计划的，“计划”规定你编什么书，你就只能编什么书。我不愿这样干，我只编自己想编的书，建议《走向世界丛书》要出一百种，每年出二十种，二十种一次推出，集中出才有力量。但分管我的“领导”说，一年最多让我出四种，这是一位自认为懂行的“领导”，跟他怎么争也不行。幸亏新换了个更不懂行因此也更好说服的“领导”，总算争取到一个月出一本的“计划”，于是开头一年半时间内在湖南人民出版社出了二十本。

每一本书我都写了一篇导言(叙论)，最短的一万多字，最长的三万多字。原来出版社不许编辑自己署名“搭车”发表文章。但我说，这是学术文献，文本是文言文，一般人看不太懂，所以不能不写导言，不能不向广大读者介绍作者的背景，介绍他是在什么情况下出国的。为了顺利出书，开头的导言我署的都是笔名：谷及世(“古籍室”的意思)、何守中(“锺叔河”倒转)……

钱锺书主动为《走向世界》作序

○ 这些书的原书从哪里来？康有为、梁启超、黄遵宪等人的书我原来看过，将原版的书找来便是。张德彝的好几种《述奇》，祁兆熙、林鍼等人的手稿、家刻本，罗森等人原来发表在海外报刊上的文字，就只能大海捞针，凭信息和经验到图书馆、旧书店、藏书家和热心人那里去找。孙用，有名的鲁迅研究专家，朱正带我去看他，他就给了我十来种书。钱锺书给我开了一些书目，给过一两种书。我总共看过近二百种这类书，从中挑选出来一百种。

跟钱锺书认识，是在丛书前几种出版以后。后来我们通过不少信。是他建议把导言结集出版，就是那本《从东方到西方——走向世界丛书叙论集》。一九八四年，他又为我另一本书《走向世界——中国人考察西方的历史》写了序。二〇〇三年，杨绛先生写信告诉我：“锺书生平主动愿为作序者，唯先生一人耳。”

中国还没有真正走向世界

○　这套书再版重印有深刻的现实意义。它们记录了长期封闭的中国最后一代士大夫和最早一代知识分子走出国门的心路历程。我认为，中国还没有真正走向世界，这个过程还远远没有完成，还得继续走，艰难地、曲折地走下去，你和我。

《走向世界丛书》里面有一本是钱单士厘的游记，她是钱三强的伯母，是包过小脚的女人。这样一位中老年女性把两个媳妇带出国去进外国学堂，时在清朝光绪二十七年辛丑前后，至今已一百馀年。可以想象，当时她要克服多大的困难，不是物质上的，而是精神上的。而她的文字和见解，尤其是对希腊罗马神话的热情和知识，即在今之女博士、女教授中，亦属难得。这难道不足以说明，即使像你这样高学历、有能力的女记者，在“走向世界”这方面，跟一百多年前的老祖母比起来，也还有一些差距，需要急起直追嘛。

【丛书里面】

□　丛书篇幅巨大，内容丰富，普通读者不容易一下子探骊得珠。我们还想请先生介绍一两个您认为最值得向读者介绍的“走向世界”的人物，和他们的书最有价值、最有意义的精华之点。他们是谁？告诉了我们什么？

最有思想深度的是郭嵩焘

○ 丛书三十六种的作者，水平最高的是郭嵩焘，湖南湘阴人，中国(清朝)第一任驻英公使。他本是一位传统的士大夫，但头脑与时俱进，目光非常敏锐，《伦敦与巴黎日记》是三十六种书里最有思想深度的一本。他的思想远远超过了同时代人。他第一个公开承认当时中国的“政教”不如欧洲。举个例子，很多人批评外国人跳舞男女搂抱不文明，他就敢说，据他观察，外国人跳舞是文明社交，男女互相彬彬有礼，比中国士大夫公开纳妾蓄妓文明得多。

反对派从来是不受欢迎的

○ 郭嵩焘在当时被骂为“汉奸”，守旧的士大夫对他切齿痛恨。其所以如此，主要是因为郭氏和他们在以下三方面的深刻分歧。

一、清朝统治阶级的主流认识，是希望中国保持与外界完全隔绝的状态。郭嵩焘却说，西洋技术发达，“七万里一瞬而至”，要隔绝也无从谈起，“而其强兵富国之术、尚学求艺之方，与其所以通民情立国本者，实多可以取法”，反对他们的主张。

二、清朝统治阶级中一部分人，认为用一点“羁縻之术”，买一点洋枪洋炮，学一点洋人技艺，便可以使旧中国保持下去。郭嵩焘却说，这是“治末而忘其本，穷委而昧其源”，盖“西洋立国，有本有末，其本在朝廷政教，其末在商贾”，造船制器之类的事情仅仅是“末中之一节”，而所有这一切，“非民主之国，则势有所不行”，反对他们的做法。

三、清朝统治阶级的精神支柱，是所谓“天朝上国”的“政教”（政治制度、文化教育、意识形态）优于“夷狄”的神话。郭嵩焘却认为：已经不是中国政教优于西洋，而是西洋政教优于中国；英国“巴力门（parliament，国会）议政院有维持国是之议，设买阿尔（mayor，民选市长）治民有顺从民愿之情”，而“中国秦汉以来二千馀年适得其反”，故西洋“其视中国，亦犹三代盛时之视夷狄也”，彻底揭穿了这种自欺欺人的神话。

反对派从来是不受欢迎的。郭嵩焘本身虽然是清朝统治阶级中的一员，但他一生都在统治阶级内部充当反对派的角色。他既反对守旧派，又在很多做法上反对“洋务派”，甚至还反对了统治阶级的某些根本观念。因此，他引起士大夫的“公愤”，受到当权派的打击，也就无怪其然了。

詹天佑是第一批留美幼童之一

○　中国在一八七二年之后，曾官费派出了一百二十名小留学生到美国的新英格兰学习，叫留美幼童，这是中国第一次官费派遣留学生。为什么派出去呢？因为鸦片战争后，统治阶级要和外国人打交道，需要翻译，又想造洋船洋炮，需要工师。留美幼童的史料非常缺乏，《走向世界丛书》找到了护送幼童去留美的祁兆熙写的《游美洲日记》，这是很有价值的一本书。容闳《西学东渐记》当然更有名，但它早就公开出版过，写的也不止是留学幼童这一件事。

这批幼童小的十岁，最大的只有十四岁，大都是上海、广东、澳门等地买办的子弟，当时有身份的“世家”并不愿意送子女出国。这第一批中就有詹天佑，他当时十二岁。到美国后，学生被分到美国家庭中，方便他们学习英语，融入美国社会。每三个月一次还要到“出洋局”学中文。幼童都是长袍马褂去的，还留了长辫子，美国人以为都是女孩子，叫他们“中国女孩”。但一年半载后，一个个就都把辫子剪掉了。这些幼童中，后来出了很多人物，除了詹天佑，还有北洋大学校长蔡绍基、第一位获准在美开业的华裔律师张广仁、外务部尚书梁敦彦、民初国务总理唐绍仪等，祁兆熙的书写到了他们。

第一位国外游记女作者是钱玄同的嫂子

○　二十世纪以前，能够出国的中国女人少，能够出国还能写国外游记的女人更少，刚才我谈到的钱单士厘是第一个。她是浙江海宁硖石人，姓单，嫁吴兴钱家后称钱单士厘。丈夫钱恂是钱玄同同父异母的哥哥，比钱玄同大三十多岁，为清末外交官，周作人称之为“老新党”。单家世代书香，士厘饱读诗书，二十九岁才结婚，要算当时少见的晚婚了。一八九九年，单士厘跟丈夫到日本，比秋瑾早五年，比何香凝也要早。她四十岁时，带了二子一媳一婿，把他们都送到日本的学堂读书，自称留日女学生“以吾家为第一人”。

一九〇三年，钱单士厘又经西伯利亚到圣彼得堡，后来又到了罗马。她是第一个介绍希腊神话的中国人(她的儿子钱稻孙在这方面给了她帮助)。她的游记中关于托尔斯泰的介绍，在中国恐怕也是最早的。单士厘回国后，还编了一部《清闺秀艺文略》，收入清朝女诗人的诗，七十多岁的她竟然亲手抄了好几部，送给国内外的图书馆。她的儿子稻孙、小叔玄同年岁相若，经常同她谈艺论文，钱玄同对自己这位大嫂也非常敬重。

喜读的书和读不懂的书*

(2008. 2)

喜读的书五本

一、《我的自传》，作者克鲁泡特金。作者虽然是享有亲王头衔的贵族，却同情农奴，反对沙皇的专制暴政。这本书告诉人们，应当有追求社会公平的理想和勇气。

二、《走向世界丛书》，锺叔河(编)。丛书里面的书有的是我上世纪四十年代读过的，有的是五六十年代读过的，也有的是八十年代坐牢平反出狱后才读到的。我觉得这些书反映了中国知识分子走向世界的心路历程，在今天仍有很现实的意义。

三、《知堂回想录》，作者周作人。周氏兄弟都是真正了解中国文化和西方文化的现代知识分子。周作人不仅是散文作家，更是一位文化学者，他的文章都可以被看成社会文化评论，很深刻，又很经得读。

四、《陶庵梦忆》，作者张岱。我觉得文章写得最好的人，

* 原载二〇〇八年二月一日《新闻周刊》，记者周尔方。

在现代是周作人，在古代就是张岱。现在的人写文章，普遍的毛病是既空洞又粗糙，废话太多，晦涩而浅薄，和他们真不能比。

五、《坑》(又名《亚玛》)，作者库普林。五本书中，这是唯一的小说。它描写的是肮脏，思考却极严肃。让人看到即使是在污秽的环境里，也有伟大的人性。

读不懂的《离骚》

《离骚》很早便读过，但至今没真正读懂。有人说屈原是爱国主义者，但那时候有国家的概念吗？不得君王宠，就以弃妇和怨女的身份和心态，那么样地寻死觅活，值得吗？自己不感到屈辱吗？所以我无法理解屈原，对他也不感兴趣。反暴秦当然没错，像韩公子张良那样去反还差不多，找不到黄石公，可以找沛公嘛！

启蒙的作用*

（2008. 5）

□　一九七九年，您从茶陵劳改队回到长沙，当时已经是几月份了？

○　我是在“三月春来待采茶”的时候离开洣江茶场的。头一天二女儿去茶陵接我，我穿上劳改棉衣在监房外头照了相。当时并不用穿那么厚的衣服，我是特意穿上的。第二天坐火车回到了九年不见的长沙，朱纯、大女、三女还有朱正到火车站接的我。朱纯和朱正这时都已经“改正”，见面时真是悲喜交集。我原来是在《新湖南报》被划的右派，按照规定，改正后应该回原单位。但是，我不愿意回报社，因为“机关报”没有什么空间给编辑、记者个人，报纸就是报道开会，没什么意思，我对去那里编副刊也没兴趣。原来划右派，有一个原因就是我想离开《新湖南报》，想能够去办一份不是“机关报”的报纸。但想要有一份非党的报纸是根本不可能的，湖南解放之初只有一份

* 原载二〇〇八年五月十一日《南方都市报》，原题“启蒙的作用看似很慢，实际很快”，记者钟刚。

民盟办的报纸叫《民主报》，朱纯就是在那里当记者的。《民主报》创刊比《新湖南报》还早，但是后来就办不下去了，有些人调来《新湖南报》，有些人调到民盟机关，朱纯就是那样调来，我们才在报社相识、恋爱、结婚的。

□ 于是一心想进出版社？

○ 也不是。开头我想到机械工业厅去当一名工程师。被《新湖南报》开除的时候我只有二十七岁，为了生活，我学会了机械设计制图。我念书时也学习过“用器画”(这是个日本名词)，有一点基础，再学会“机械零件”“机械原理”和“金属加工工艺学”，就可以胜任机械工程设计绘图了。机械是由很多零件凑成的，设计一部机器，要尽量多用标准零件。关于这方面我做得比较好，勉强算得上一个机械工程师。正好这时机械厅的一把手认得我，二十多年前我采访过他，他对我印象不坏。去找他，他一口答应，却一定要我去编报编刊，做“笔杆子”。我说我能绘图，能当工程师，他却笑着摇头，不肯信。我说：“我就是因为不想做文字工作，才来找你的；你还是要我做文字工作，我又何必来找你呢？”

朱正在反右前就出版过他的《鲁迅传略》，有了名气，改正后北京的人民文学出版社就来调他。省出版局刚成立，需要人才，他就到了省出版局，随后又向局长胡真推荐了我。

□ 当时您进出版社后，是什么职务？

○ 我被划右派之前是一个编辑，到出版社当然还是当编辑。

有趣的是还要写一篇作文参加考试，大概除了原来当过官、“负过责”的人以外，所有新纳“投名状”者都要考一考，看看你能不能当这个编辑吧。好在我从来不怕考，怕只怕背后给你这么一下。果然就有人这样来了一下：“这个人能力是有的，就是太骄傲，不听话，不好驾驭。”胡真将这话告诉了朱正，朱正说：“我并不是向你推荐一个能听话的人，是向你推荐一个能做事的人啊！”后来这些情况胡真和朱正先后都跟我说了，老实说这让我很反感。我又不是牛马，为什么要归你驾驭？各做各的事，在业务上你如果不行，我也不会管，只要你莫来瞎指挥我就是了。编辑工作只是一门业务，一种职业，应该允许从业者有点主动操作的空间，才能够做出色，做得好。而不应该搞衙门里习惯了的那一套，谁是上级就专门发号施令，谁是下级就只能奉命唯谨。

□　进出版社是什么时候？

○　大概是一九七九年九月。我三月从牢里出来，还只是“提前释放”，十年刑期只坐九年。我当然不接受这样的处理，于是“撤销原判，予以释放”。我还是不同意，我说，是你们错了，要平反，并且要补发工资，要向我承认错误，这是个错案。恢复了我的公民身份，我就不怕你了，我就据理力争。终于还是向我承认了“错判”，给我赔了钱，但这个钱是赔得很不够的，因为没有地方出这个钱。抓我时是一九七〇年，《新湖南报》把我开除是一九五八年，一九七〇年我在街道工厂绘图，拿五十七元月工资，原来在报社拿八九十元。报社说：“我们只划他右派，这归我们改正，但右派不补工资；我们没判他的刑，把他关起来坐牢啊。”抓我的时候，我每个月是拿多少钱，他们只肯按这个数目赔——我只拿到几千块钱，还不到一万块。

□ 一九七九年时，您能感觉到一些变化吗？

○ 真正的变化，并不开始于一九七九年。判刑的时候，我判十年，朱正判三年，朱正就说，我这三年肯定要坐满，你这十年是肯定不会坐满的，因为……这个话当时要是传出去，肯定是要被枪毙的。结果我们同去了洣江，果然朱正刑满释放了，我还没有放。但是我在牢里面，也开始感觉到有了变化，气氛慢慢变得宽松了，斗争慢慢有些缓和了，监房里不再强调天天读语录，我已经感觉到有那么一阵风，有一种新的气息了。那种新的气息没有什么明显的标志，但在林彪事件以后就使人能够感觉得到。等到一九七六年天崩（吉林陨石）地坼（唐山地震），我就知道，一个时代终于结束了。

□ 进出版社后，怎么会想着要做《走向世界丛书》？

○ 也不是进出版社才想起“走向世界”这回事情。朱正一九八二年写过一篇《述往事，思来者》，说：“在劳改队，我们有时也曾就这些问题交换一些看法。现在锺叔河在（走向世界）丛书各篇导言中写出的一些警句，其中好些那时都曾经听他谈起过，例如：为什么日本人接受西学虽不比中国早，起步以后却走得快得多？……”

就是不进出版社，去了机械厅，上班画图纸，下了班以后，读书写文章，我也会做这件事情。但自己编成书就拿去印，这确实是要进了出版社才能够的。

我要编《走向世界丛书》，是为了促使中国快一点“走向世界”。近代中国的根本问题，就是脱离了全球文明进步的正轨。中国的老底子是封闭的，排斥外来文明的。古代世界被分割成不同地区，各地区的文明都是独立发展起来的，文字都不同，语言也不同。不同的文明有接触，有竞争，有的文明保守不住，就消失了。现在埃及的文字，就已经不是金字塔上的文字了。而我们的汉字，则三四千年没有太大变化。

中国文化几千年流传不坠，(是)因为我们的保守能力非常强。保守性是一把双刃剑，我们的文化有很强的凝聚力，几千年以来，没有被消灭，没有被同化，这当然值得自豪。但历史悠久、文明古老也可以造成盲目的自信，“老子天下第一”，本能地认为中国人优于外国人。到清朝道光以后不行了，有些人又一变而崇洋媚外；就算是崇洋媚外，骨子里还是个阿Q：“你们算什么了，我们原来比你阔得多！”

文明是全人类共同的财富，我们要学习别人的长处。日本先全盘唐化(汉化)，原来连文字都没有，只能用汉字，进一步才借用汉字偏旁造成自己的文字(假名)。即使如此，日本也还是日本啊，也没有变成汉人的殖民地，而且反过来还打你。日本后来又全盘西化，也没有成为西洋的殖民地，而且还打西洋。这便是历史，历史就是这样的。

□ 是传统文化的保守、封闭和内向，直接促使您编辑《走向世界丛书》?

○ 毕竟我所做的只是编辑工作，就是搜集中国人最早走到外国去留下的文字记载，把它整理刊印出来，介绍给读者。中国人 From east to west，比起欧洲人 From west to east 来，起步的早晚，了解的深浅，都天隔地远。利玛窦明朝万历年间到中国来，他是有文化的人，他能学会汉语，用文言文同徐光启、李光藻这样的上层士大夫交流。但是中国人到外国去，绝大多数都不懂外文，只能通过翻译，极少数人懂英文，水平也很低，而且是一八四○年鸦片战争后，才开始出去的。有的人“先入为主”，出去以后，仍然对外国的看法抱有成见。刘锡鸿(《英轺私记》的作者)便以为，“英人无事不与中国相反……语言文字皆颠倒其先后……‘父亲的花园’则曰‘花园的父亲’……凡书自末一页读起”。照他这样说，咱们现在的书，文字横行，从左往右，在看惯线装书的人眼里，也是皆“自末一页读起”的了。文字有直行的，有横行的，你不能以你的为标准，不能“只有我才是对的”嘛!

我们所有的问题，为什么“大跃进”搞出了大饥荒?为什么“文化大革命”搞出了“四人帮”?为什么把朱正和我这样的人都关到了监狱里?这都是拒绝全球文明，拒绝接受文艺复兴、地理大发现、产业革命以后形成的人类共同追求的价值观的结果。孟德斯鸠、卢梭的思想是全人类的共同财富。孟子说“民为贵，社稷次之，君为轻”，中国古代也有这样民主的思想。王充提出“疾虚妄”“究真实”，主张“无鬼论”，说，你主张有鬼，就捉一个给我看看，这也是实证主义、科学精神。

我决不认为中国的一切都不行。本人是中国人，黑头发黄皮肤，这是变不了的。但是也不能认为只有我们才行，我们的一定是最好的。

□ 当时做这套丛书，遇到了一些怎样的困难?

○ 那还是在上世纪八十年代初啊，困难么，也只能说是旧的工作制度、工作习惯，还有就是人们的认识还不那么一致，这些因素带来的困难吧，我不将其归咎于某个人或某些人。

出版社出书，先得做“选题计划”，那时候非常强调“计划”。我做《走向世界丛书》，开始是在历史编辑室内“古籍小组”里一个人做，“计划”得在小组里提出，编辑室讨论通过，然后送分管(副)社长批准，才得执行。“一年最多出四本，你不可能一个人把选题全占了。”历史编辑室一年可以出三十本书，有六七个编辑，每个人只能出四五本，这是事实。但我认为：丛书像这样零敲碎打地出，根本不会引起读者注意，如果你一年只准我出四本，那我就先暂时不出嘛，我五年以后再出，五年后二十本一起出。幸好不久后主管换了人，书一打响，发稿就容易些了。

《走向世界丛书》每本前面都有叙论，也就是导言，都是我自己写的，一万多两万字一篇。并没有人反对我写文章，只是说，我们从来不主张编辑在出书时“搭车”发表自己的文章。我认为，文言文写的这些书，如今连文科大学生恐怕也看不懂，如果不写一篇叙论，介绍书里讲的是怎么回事，读者面会大大缩小，这个叙论必须写。写叙论既然不能用自己的名字，我就给自己取了些新名字，何守中倒过来念就是锺叔河，谷及世就是古籍室。书面世后，叙论受到欢迎，钱锺书、李一氓都说好，《历史研究》还刊登了最长的(论郭嵩焘)那一篇，“锺叔河”三个字也就可以上书了。

那时候，编辑发稿须过“三审”。对于我来说，就是得送交小组长、编辑室主任、分管(副)社长三次审读。审读并不可怕，我发的书稿，自信错误不会太多。头痛的是太耽搁时间，我希望每个月出一本新书，一位领导审三天，三分之一的时间就没有了。到后来我同意调到岳麓书社去当总编辑，原因之一便是可以摆脱这个“三审”。这看似笑谈，却是事实。

□ 我了解到，您刚进出版社时，身份还是临时工？

○ 对。“改正”是《湖南日报》帮我“改正”的。“改正”了，报社就要安排我的工作，还说是什么“重要的工作”。我觉得很奇怪，说：既然你们觉得我对工作那么重要，原来怎么要把我开除出去？我又是最后一批“改正”的，你觉得我重要，为什么不早一点给我“改正”？我坚决要求调出报社，他们就坚决不把我的档案关系转到出版社来。出版社不能给我开工资，就只能做临时工了，做了差不多一年。

□ 您进出版社半年，就开始出版《走向世界丛书》，为什么那么快，当时有一种紧迫感？

○ 进出版社，就是为了做《走向世界丛书》，当然得抓紧。四十九、五十岁的人了，不抓紧不行啊！

□ 当时编《走向世界丛书》，就是您一个人做？

○ 我就是一个普通编辑，在我上面，编辑室有主任、副主任，还有一位小组长，他们不可能帮我做事，当然只能一个人做啦。三年之后，才给我分来一个大学生，叫杨向群，帮我做了一些事；还有同一小组的杨坚同志，业余也帮我点校过几种书。其实没人帮忙并没什么，怕只怕帮倒忙，这方面闹出过笑话。我在正文旁边加提要，小框框里头最多排八个字。有位审稿者将原来几个字的提要，改成了十多二十个字，框框里头排不下去了。这几十年，我们的问题之一，就是把一些不能做事的人放到某些位置上，让他掌握一定的权力，不停地给做事的人制造麻烦。

□ 您之前没有编书的经历，一接触出版，就做这样的丛书，会不会有人怀疑您的能力？

○ 我的确没有编过书，但这种案头工作是不难学会的。有个原来的女同事在出版社，她编过书，发过书稿。关于图书开本的选择，版式的安排，题目和正文字体字号的确定，以及校样修改的程序和各种校对符号的用法……我发第一本书稿(《环游地球新录》)时，请她坐在身旁指导我一个多小时，也就学会了。难就难在找到人所未见的书，还有就是将找到的书加工成可以付印的书稿，那时没有复印机，线装书、文言文，再加上早期极不规范的译文，抄写很难，而且会错，我就要校改错字，还要加上标点，才能发稿。工厂的校样，来回至少得校对两三次。当然最费心费力的还是找书，长沙是无书可找的，必须去上海、北京。好在书一出来就引起了注意，李一氓帮我打了招呼，到图书馆去没有什么限制，终于找到了不少难得的原刻本、稿本和抄本。

□ 一九八〇年您到北京去见过李锐，和他聊起过《走向世界丛书》没有？

○ 谈过一点，没有多谈。他不是史学专家，虽然对近代史也熟悉，但我并没有和他多谈这个事情。我当时只想找他设法将我的女儿从内蒙古弄回湖南，他办到了。

□ 做《走向世界丛书》，最难做的是什么？

○ 最难的是写叙论。写叙论，需要把为什么要出版这本书的历史意义和现实意义阐释出来。古代中国不是一个"走向世界"的国家，我们这种内向的文化，并不是到现代才有的，是固有的。本土文化本身就有这一面。当然她本身也有很多好的东西，我们的文化史并不是漆黑一团。我们有丰富的古典文学遗产，有丰富的珍贵的人文思想，老子、庄子、孔子、孟子，他们有好的教育思想，好的政治哲学，好的伦理哲学，这些都是很好的。

但我们也有秦始皇焚书坑儒，有汉武帝罢黜百家，"大辟(杀头)四百九条，千八百八十二事"，有明朝的东厂、锦衣卫，有清朝的文字狱。到了"文革"期间，"四人帮"实行的文化专制主义，把传统文化里最不好的一面发扬到极限，把好的、珍贵的东西则贬低到极限，把美好的东西都糟践了。正是在那样的情况下，我才更痛切地感到中国非改革开放不可，不走向世界不行。

□　当时的叙论，为什么没有找别人写？

○　这并不是出版社的“计划”，而是我自己要做的书，我自己的编辑作品啊，自己不写，又有谁写呢？最近岳麓书社又说要出丛书续编，他们说，最大的困难还是找不到人写叙论，还是要我来写。事实就是如此，何况我并不很喜欢和别人“合作”，我自己的事，不喜欢别人插手；如马二先生对蘧公孙说的那样，我从不想沾别人的光，占别人的便宜，也不想傍大款。

我做编辑，也只编我想要编的书。编曾国藩、周作人的书，开头很多人都是反对的。书是别人的书，我怎么编，怎么加工，最后出来，就是我的编辑作品，我通过它来宣传我要宣传的思想，推动我要做的事业。

我在想：中国这个国家怎么办，不是暴风骤雨、群众运动可以改变的，只能慢慢来，在人们中间慢慢地启蒙，改变人的思想。这个好像很慢，实际上很快。写一本书印一万册，可能会有五千个读者，有些人买书并不读的。五千个读者中，可能会有一千人读了后会受到一些影响，还可能有几百人会介绍给别人看。我出的所有的书，曾国藩的也好，周作人的也好，都指向一个方向：中国不能不改变，中国必须改变。“四个现代化”，应该不止于“四个”吧，教育要不要现代化？交通要不要现代化呢？说到底，现代化最重要的是人的思想观念要现代化，社会和政治制度要现代化。要启蒙，就是要启发人们想通这个道理。

□ 《走向世界丛书》出来以后，产生了怎样的影响？

○ 影响很大。首先的影响就是很多人都想看这些书，陈原、范用是出版界的老专家、老同志，都写信来，要看这个书。新华总社的副社长李普，中顾委的常委李一氓，也都最早看了这部书，进行了评论。钱锺书先生说，书的编者如果到北京来，我很愿意见见他。后来他还为我的书写了序，序的原稿还在我这里，有三篇。短短的序，他写了三次。他让我提意见，我只提了一点意见，请将讲我的好话删掉，他接受了。杨绛说，这是钱锺书平生唯一一次主动为人作序。钱先生说，你写的几十篇叙论尤其有意思，希望印成单行本，我来作序，"共襄大业"。这便是给中华书局出版的《走向世界》，已经三版四印了。

□ 听说钱先生不仅写序，还多次写信对这套书提出意见，当时，他提了些什么意见？

○ 主要在译文还原方面纠正了我们的错误。我的外文知识不行。我在后记里引用了一句"我的杯很小，但我用我的杯喝水"，是从周作人引森鸥外文章中转引的，以为是森氏的话。钱先生指出我错了，这是法国诗人缪塞的诗句，他将法文原文写出来寄给了我。

□ 我看过一篇文章说，八十年代初国务院古籍整理出版规划小组第一次开会，作为省级出版社参加这个会议的，你是唯一的一个人。当时在会上有没有谈到《走向世界丛书》?

○ 那时《走向世界丛书》已被一致肯定，列入国家规划了。在会上我力争立项的是新编曾国藩全集。规划原来只打算影印《曾文正公全集》刻本。后来有人说，《曾文正公全集》人所共知，用不着策划，谈不上创意。我也没说过我有什么“创意”，但在当时提出不能影印刻本，应该新编全集，也多少需要一点勇气；如果原规划不改，这书根本不能编，影印也不会交湖南印。至于《走向世界丛书》，会上倒并未多谈，它已经有了影响，法国、英国和日本都有了介绍和译本。正是因为有这套书，很多人才知道有我这个人，李一氓才找我去开会。

□ 您就趁着这个机会提出新编出版曾国藩全集?

○ 是的。那时候我没有提周作人，周作人的书不属于古籍范围，不是会议讨论的内容。不过，在当时尽管有人称赞《走向世界丛书》，实际上其中不少人并未认真地读过，甚至也没读过我写的叙论。中国人就是这样，讲一本书写得好，没有人去认真看；讲一本书不好，也没有人认真去看。但李一氓不是这样，他看过我的书，还对选目提出过意见。将国家规划影印刻本《曾文正公全集》改为由岳麓书社新编《曾国藩全集》，也是他拍的板。

□ 您想过没有，这套丛书为什么在当时会产生这么大的影响?

○ 这个问题要大家来讲。在丛书出版之前，很多人不知道曾经有这些人到过外国，写了这些文字，这本身就是世人感兴趣的事情。由于中国长期封闭，自己的思想长期封闭，一下子对外开放，人们思想上要突破很多东西，突破自己的观念，这时候看看前人是怎么突破，真是十分必要的。

所谓走向世界，就是走向外部世界。从改革开放的意义上看，只要走出去，人的认识就会变，变得比较容易接受改革开放带来的变化。传统文化实际上是一种内向的、保守的文化，这种文化体系是强有力的，要它走向世界是很艰难的。我们就要看看先行者们当时是怎样突破这些难题的，他们突破了没有。也有些人到外国后，仍旧认为中国的政教优于外国，还是反对和外国往来。一个长期封闭的国家，它的开放初期，走向世界的这帮人，认识各有不同，态度并不一致，看到这一点，也是很有意义的。我认为当时走出去的人，总体上比现在的人思想要深刻一些，理想要高远一些。现在“出洋”的中国人，思想普遍是肤浅的，他们不大注意比较研究两种文化和制度的不同，只考虑自己目前和今后的利益，并不忧国忧民，或者有意无意地回避。

□ 丛书原计划出一百种，但是实际只出版了三十六种，这会不会是您在出版工作中比较遗憾的事情？

○ 我是“落选”离开岳麓书社的。当时的省局领导在岳麓书社搞了一次一人一票选社长，我落选了，立马离开，《走向世界丛书》和周作人著作的出版计划便中断了。

出版计划中断当然是遗憾的事情。但一人一票是事实，这说明当时社里和局里的确有很多人不希望我当这个社长。据说有人的动机是怕我闯祸，其实我出书从未受过批评，出周作人(的书)也是拿到了“尚方宝剑”再动手的。

外界有人觉得奇怪，说外国只是一人一票选议员，选州长，没听说过一人一票选社长，选总工程师的。我倒并没有这样想，民主总是越多越好嘛。我一九八二年就是“正高”，工资比局长还高，“落选”对我个人毫无损失嘛。这年我五十八岁，提前几年不必上班，正好“种自留地”，自己写文章。周作人的书，编出来拿到别的出版社去出就是，只可惜《走向世界丛书》没有出齐。

□　后来有人提出继续出完剩下的六十四种?

○　计划出一百种已经出了三十六种，还有六十四种的资料也都齐了，放在这里，总是会有出版者愿意出版的。我今年七十七岁，如果等不及了，我会把原书卖掉。刻本抄本，都是我个人收得的，不是公物。不卖也不行，因为家里人没有搞这个的，他们不需要这些东西。

□　《走向世界丛书》马上就要重印了，有人说很难出现八十年代的红火局面，因为时代环境已经发生了变化，您认为《走向世界丛书》在当下是否还有现实意义?

○　我认为它既有历史意义，也有现实意义。我刚才讲的，中国走向世界，这个过程还远远没有完成，还在起步阶段。经济上好像与外面齐头并进了，甚至还显得很强势，但是我们的政治、哲学以及人文精神，还在现代世界的外面，还没有融入。

三权分立，普遍直接的民选，新闻和出版自由，全世界公认的这些制度、这些做法，我们还没有实行。

丛书是前人走向世界学习西方的记录。毛泽东也说过，十九世纪中国人“向西方国家寻找真理”，是因为“那时的外国只有西方资本主义国家是进步的”。From east to west，并不是说 west 一切都好。现代文明并不全都来自西方，中国古代的选举、议政、监察、弹劾等制度原来比欧洲还先进。李鸿章掌权，和他不同政见的人可以奏请“杀李鸿章以谢天下”，李鸿章不能找他的麻烦。人们可以上书言事，湖南人可以讲广东的事情，可以公开讲，这就是言论自由。那时候的考试制度实际上是一种选举，把人才“选”出来，把官员“举”出来，也是普选。连范进那样贫苦的人都能中举，官宦人家子弟也得考，考不中是不能做官的。鲁迅的祖父帮别人(也捎带上了自己的儿子即鲁迅的父亲)行贿买举人，被检举揭发，被判死缓。而现在开后门却是公开的，花钱买学历买文凭成了普遍现象，这就是现代化前的现象。教育的公平性，政务的公开性，司法的公正性，如今有时候甚至比前清光绪年间还不如了。这说明中国在很多方面还远远没有现代化，还没有真正地走向世界，我们真正还必须认真地努力。

我们这些当编辑记者的人，读书写文章的人，应该努力推动社会文化的进步，促使走向世界的进程加快一点。这样的努力体现在文章中、书中，就或多或少起到了启蒙的作用。启蒙的作用看似很慢，好像缓不济急，其实从长远看，从积累的效果看，它会是相当快的。

发人深省的力量*

（2008.5）

□ 是“文革”中的遭遇促使您来做《走向世界丛书》的吗？

○ 我七十年代坐牢的时候反复思索过一个问题，怎么像我这样的人被关到监狱里来了呢？结论是：“文革”使中国脱离了世界文明的正轨，走上了错路。而其所以如此，所有中国人尤其是中国的知识分子，包括我们自己，这几十年来的作为或不作为，也是有责任的，我们实际上是被自己关起来了。

□ 您进一步反思的结果是什么？

○ 中国的问题，不是哪一个人受屈不受屈，受的待遇公正不公正的问题，归根结蒂是一个要不要走向世界、能不能走向世界的问题。走向世界，不是说我们要过外国人的生活，买奔驰、林肯牌轿车，而是要走向全球文明。我编《走向世界丛书》，是有这么一点理念的，不仅是因为这些书原来少有人

* 原载二〇〇八年五月二十四日《新京报》，原题“我求得发人深省的力量”，记者武云溥。

注意，可以翻出来整理出版，替出版社赚点名声这么功利，这么简单。

□ 您怎么看待东西方文化的差异？

○ 这里首先要弄清楚，是不是一讲全球文明，就是要全盘西化，看不起我们自己的传统呢？中国的确是一个有几千年文明的古国，我从来不看轻古老中国的传统文化。追求文明，追求民主自由，也是先进的中国人（任何时候任何人群中都有先进的人）自古就有的优良传统。一听见讲民主自由就说在搞“西化”，恰恰是不了解、不珍重自己传统文化的表现，是心虚的表现。中国传统文化主流倾向于保守，保守正说明它内涵丰富；赤贫户“三块石头一瓦罐”，便没什么要保守，也不会保守了。这丰富的内涵里，便包含有民主自由的精神，为什么不加以发扬呢？中国的传统，是不赞成钳制言论自由的，有“防民之口，甚于防川”的告诫；也是可以议论政治的，有“天下有道则庶人不议”的说法，有道则庶人不议，那么无道则庶人可议了。

□ 《走向世界丛书》对今天的读者有什么样的意义？

○ 你们《新京报》二〇〇六年一月六日登过一篇文章，叫做《重读〈走向世界丛书〉》，湖南看不到《新京报》，我前几天才知道。作者是陆建德，是中国社科院外国文学研究所副所长。

陆先生说，二十年后他重读一九八六年出版的《走向世界丛书》，感触仍然很多。张德彝光绪六年在英国的日记，记述了伦敦的一个马车夫因为鞭打自己的马过重，被罚款并监禁一月，因而感觉到，英国这个国家很好，法理总是顾及到人情，马尚且不能乱打，何况是人？陆先生说，这件小事，无论在一百二十年前还是在今天，都有发人深省的力量。这就回答了你提出的问题了。

□　但是看的角度会有不同吧？

○　我编的这套书，是十九世纪末的人写的，到现在一百多年了。丛书的最后一本是一九八六年出版的，到现在也已经二十二年了。至今还有人看，说明一百多年前的人对西方世界的观察至今还有意义，一百多年前开始的过程还没有完成。我们说还没有完成，好像是讲缺点，其实不是的。不是我们不爱中国，而是爱得很，爱得很才会希望她快点进步。我们提倡爱国，就首先要努力使中国更文明、更进步，使中国更可爱。

□　为什么没有出齐这套书？

○　本来准备要出版一百种，但是出到三十六种我就因为“落选”离开岳麓书社了。中国的事向来是人亡政息，你在的时候你做，你走了之后就没有人做了。

□　你选书的标准是什么？

○　有内容，讲真话。“务虚”的、空议论的文字我不收，只收实地观察的见闻和以事实为依据的观感。

我编的书，郭嵩焘也好，曾国藩也好，周作人也好，《走向世界丛书》也好，目的都是为了帮助人们了解历史和文化，了解自己的昨天和今天，思考自己的明天。我觉得我们的明天应该是北京奥运会口号所讲的“One World，One Dream”，也就是真正走向世界，共享全球文明。曾国藩是旧时代旧文化的代表，是那个时代里能力最强的人；这样强的人也挽救不了大局，这就说明这个统治和文化确实是要败亡了。他个人可以说是成功的，但整个体制是无可挽回地走向了末路。

我的思想可能有偏颇，也不够深刻，可这是我的思想。我在《走向世界·后记》里写过：“我的杯很小，但我用我的杯喝水。”这是法国诗人缪塞的诗句，是我工作和生活的座右铭。

大河在这里转弯*

（2008.6）

窗，是狭窄的。

而窗外，有着广阔光亮的明天。

有窗，囚犯们，就有希望……

这首一九四八年发表在报纸上表达对自由解放的渴望的小诗《窗》，二十多年后却成了锺叔河与友人朱正牢狱生活的素描。上世纪七十年代初，因言获罪服刑的两个人，不在乎个人命运的走向，而在牢房里津津有味地讨论着国家和民族的未来。

时隔几十年，锺叔河依然记得他在牢房里与朱正的那些讨论。讨论结果之一是：我们古老的、传统的这个国家，脱离了世界文明的正常轨道。

然而，牢房的生活却意外地催生出在改革开放前期的知识界和思想界中产生了巨大而深远影响的一套丛书——三十六种

* 原载二〇〇八年六月十七日《中国青年报》，原有副题“《走向世界丛书》：古老文明嬗变的序幕”，记者洪克非。

共计八百万字的《走向世界丛书》。

评论家李公明回忆，二十世纪七十年代末，大陆出版界面对的是思想资源的贫瘠、知识与学术园地荒芜的状况。刚苏醒过来的中国知识界四顾苍茫。而锺叔河则正在“拨乱反正”的时代风雨中到故纸堆中寻觅“走向世界”的通道，可见其作为出版人的识见和功绩“远在其作为文人之上”。

分数年先后在湖南人民出版社和岳麓书社出版的《走向世界丛书》问世之初，并没有“洛阳纸贵”的效果。丛书大概每本付印为二万册。由于是成套的丛书，囊中羞涩的知识青年许多是在图书馆中感受“那个禁锢封闭时代的一股新鲜之风”。钱锺书、萧乾、陈原等人纷纷来信鼓励。《人民日报》《光明日报》《新华文摘》等发表了书评，称其为“一套学习近代史的好丛书”。时任中央顾问委员会常委、国务院古籍整理规划小组组长的李一氓兴奋地撰文指出：“这确实是我近年来所见到的整理古文献中最富有思想性、科学性和创造性的一套丛书。”

二十多年后，二〇〇六年，中国社会科学院外国文学研究所副所长陆建德在《新京报》上撰文，说他重读《走向世界丛书》中张德彝的欧洲游记，感触仍然很多。

在北美任教的王尔敏教授最近撰文称：“启我茫昧，导以明灯，我相信锺先生是一位有世界眼光的学者，足当称为时代先知。”

于是，我从北京赶赴长沙做了采访。 ——记者

□ 请从个人生活经历的背景，谈谈您当编辑和编出这么多好

书的缘起。

○ 父亲长期教数学，兄长学农。自认为没有什么“文艺细胞”的我，读初中时对植物尤其是树木有浓厚兴趣，高中阶段又萌生了对历史考古的热情，喜好探索求证古人的生活。比如，老子、庄子当年是怎样待客、吃饭、穿衣的，对这些我充满了好奇。

读书时自己心里瞧不起以文墨谋生的人，认为文字是虚的，由实际的力量控制和决定方向，随意性大。科学则不同，有着客观的规律，不可改变。那时我完全没有想要以文字为职业，一生的荣辱全系于此。

一九五七年我被划为右派，当时湖南日报“反右办”编印了一本《继续揭发批判锺叔河的反党反社会主义罪行》的小册子，公布了我的四十八条“右派言论”，其中一条是：“自由、民主和社会主义是没有矛盾的。”

五十一年后回忆这段历史，其实我当时想要的自由，不过是希望能够允许我自己来思想，来读自己想读的书。这样是不是错了呢？反复思来想去，结论是自己没有错。

此后，被开除公职的我申请回家“自谋生活”。开始只能靠拉板车，辛苦一天赚几毛钱。好在身体没有病，适应能力强，拉车回家后全身酸痛，痛个把星期也就不痛了；两三个月后，反而不拉板车就不舒服，小腿胀。加上妻子后来学会了做木模，自己改作绘图、裱糊等事，生活得以维持下来。

没了社会交往，没了政治学习，看书的时间反而多了。我用父亲的借书证从省图书馆借书，绘图做木模挣了钱，还能到旧书店买点书，民国二十五年北平版《查泰莱夫人的情人》便是那时买得的。周作人的书，《走向世界丛书》中黄遵宪、康有为、梁启超等人的书，从前见到过，新印本也是那时买得的。

一九七〇年，我又因“污蔑攻击无产阶级文化大革命”被判刑十年，被送到劳改队，在那里有时仍忍不住要思考国家和文明兴衰的规律。劳改中当然不会想到编书，但总是忍不住要思索，中国怎样才能成为一个现代化的国家？中国人怎样才能享受民主自由？《走向世界丛书》即缘起于此。

□ 《走向世界丛书》在很短的时间内陆续面世并取得成功，的确并不容易。

○ 一九七九年我到湖南人民出版社当了编辑。一到，我就立即建议并着手编纂《走向世界丛书》。

为此，我广泛搜览了前人的出国记述，近代留学、出使、考察、旅游欧美、日本的记载，一共看过两百来种，包括难得一见的手稿和抄本，如张德彝《随使法国记》、周作人藏黄遵宪最后定本《日本杂事诗》、钱单士厘《归潜记》家刻毛本等。

看了这些书就等于对我们民族从封闭社会走向现代世界的历史，做了一番纵横观察。我决定选出其中一百种，编成《走向世界丛书》。

从林则徐、魏源到康有为、严复，近代一百四十年的前七十年历史，在我看来，是一个非常重要的历史阶段。如今我们正在向现代化进军的时候，重温一下昨天和前天的这段历史，是十分有益和有用的。

我将全部精力投注于此。当时没有电脑，要请人誊抄原稿，再逐字校对，逐句标点，加旁批，做索引。考虑到如果分散地、一本本地出，不易给人留下印象，大学生、中学生也不一定都能看懂。所以每篇前都要写很长的导言，介绍作者和他到外国去的背景，还要介绍他眼中的外国，透过记载，看出他的心态和见识。

每一本书的导言(叙论)长的三万多字，少的一万多字。排版以后，又要几次校对。在湖南人民出版社出书时，编辑工作开头完全是一个人在搞。但因为是自己一直想要做的事，不但不以为苦，反而苦中得乐。我自己后来的两部著作《走向世界——中国人考察西方的历史》和《从东方到西方》，也是在这几十篇导言的基础上写成的。

一九八〇年八月，《走向世界丛书》的第一种《环游地球新录》(李圭著)由湖南人民出版社出版。到一九八三年，在该社共出版了二十册(有的几种合为一册)。当时编辑室的出书计划一年才有三十本，我争着要出二十本，但只同意我出四本，就是这最初的四本引起了轰动，也引起了李一氓和钱锺书等人的注意。

钱锺书对《读书》杂志的董秀玉表示，希望和我见面谈谈。一九八四年一月我们就在北京见了面，钱建议我把自己写的叙论结集单行，表示愿为作序。

□ 编书和出书，要不要承担风险？

○ 写书的人，编书的人，还有出版的人，他们的眼睛，应该望着渴望文明进步的读者，望着历史前进的方向。这在出版不太自由的时候，总是要承担一定风险的。

后果和遗憾显然在意料中。在有的时候，有的地方，出书并不容易。《走向世界丛书》计划出一百种，只出了三十六种。出版周作人的书，也被迫中途放弃，并被攻击为“不务正业”“出汉奸的书”。出曾国藩家书，省报上发表大块文章指责《如此家书有何益》。一位老局长认为锺叔河不听招呼，硬要出汉奸的书，把状告到了北京。

有朋友半开玩笑地对我说：“不怕戴卖国主义的帽子吗？”萧乾也担忧地提醒我，不要“自找麻烦”。我在一篇文章中援引了西人的话应答：“中国本身拥有力量，可以在真正完全摆脱迷信的重担和对过去的崇拜时，迅速使自己新生。”只要自己出的书有助于“摆脱迷信的重担和对过去的崇拜”，自己就拥有了力量。

我出曾国藩、周作人的书，和出《走向世界丛书》是一脉相承的。这些书在改革开放之前都是被禁锢的，我就是要突破这种禁锢。出版人有职责，不能让文化留下空白，读书应无禁区。当然，这些书都是“小众书”、非大众悦读的畅销书，出书的目的只在于影响思想者，为改革和进步开路。

二〇〇七年，一名大学生博友以我说的知识分子“才学识三要素”立论，指责当前某些知识分子丧失独立人格，依附利益阶层，在精神上缺钙，一时引起波澜。其实，相当多的知识分子沦为利益阶层的附庸，或者进入利益阶层，是不可避免的，从前的士大夫读书就是为了做官。但是，不追逐个人利益的读书人仍然不绝如缕，如果没有这样的人，这个国家和民族早就没有希望了。渴望文明进步的读者也总不会少，从我不断收到的读者来信可以看出。对这套书籍再版的前景，我看也应该乐观。

一九五七年，我以“自由、民主和社会主义是没有矛盾的”获罪。五十年后，温家宝总理表述“社会主义民主归根结底是让人民当家作主”。今昔对比，发人深省。

古老的中国文化，确实是一条源远流长的大河。自从碰上“三千年未有之变局”，这条大河得要转弯。改革开放三十年来，古老大河的文明终于开始转弯了——现代文明开始被尊崇，自由民主的要求也可以表达了。

美国学者托马斯·弗里德曼的名著《世界是平的》指出：当今的世界是越小越平，各国都牢牢拴在全球化的链条中。这一观点与我在《走向世界丛书·总序》中提出的“今天的世界是一个迅速缩小的世界”相合。

现在已经多了些言论自由，不会再因言获罪了。但“走向世界”的过程仍远远没有完结。走向世界文明正轨的过程很复杂，拐点的出现可能还要再过几年、十几年、几十年。古老文化的遗传性和复制力很强，遗传的病毒使肌体的更新力下降，离开全球文明的正轨也实在太远了一点。

国人对传统文化的特质不了解。改革不仅要克服体制上的障碍，经济上的束缚，还有更多的是人的内心思想上的问题，这一点非常容易被忽视。

一种文化，绝不能靠排斥其他文化而得到真正的发展。有没有容纳外来成分的气魄，能不能吸收和消化新的分子而又不机械搬运、盲目崇洋，正是衡量一种文化有没有生命力的标志。但中国有力量追求进步，现在认知世界的科技手段日新，世界都在一张网上。中国将从这个变化中受益，在文明进步上更加快速地发展。为了这个远大的目标，个人承担点风险，付出点代价，我以为是值得的。

走向世界刚起步*

（2008. 11）

□　作为编者，您选书的标准是什么？

○　讲真话，写真事。务虚的文章我不收，纯粹吹捧外国或者谩骂外国的，我也不收，我只收亲身的见闻和直接的观感。

我编任何一本书，郭嵩焘也好，曾国藩也好，周作人也好，都是用我自己的思想来编，都是为了使中国走向世界。曾国藩是一个旧时代旧文化的代表，他是晚清政界能力最强的人。即使是这样强的人，也挽救不了清朝，这就说明这个统治和文化确实是垂死了。他个人可以说是成功的，但整个体制是无可挽回地走向败亡。

我的思想也许有偏颇，也不深刻，可这是我的思想。我在序言里引“我的杯很小，但我用我的杯喝水”，这是法国诗人缪塞的诗句，也是我写书编书的指针和箴言。我只会编我自己想要出的书，我认为能够促使中国走向世界的书。

* 原载二〇〇八年十一月七日《河北青年报》，原题“一套丛书看世界——中国还在走向世界的起步阶段”，记者赵丽肖。

□ 《走向世界丛书》即将再版，这些书在当时有启蒙的作用，在今天似乎是“老生常谈”了，对于现在的读者来说，它还有什么样的意义？

○ 我认为重印《走向世界丛书》还很有现实意义，因为中国走向世界的过程还远远没有完结，中国还处于走向世界的起步阶段。经济上好像与外面的差距是大大缩小了，甚至还很强势，但是在现代政治和人文精神等方面，情形就很不一样了。

主张传播西学，提倡民主自由，并不等于要“全盘西化”。民主的思想，自由的精神，根源并不全在希腊，中国古时候也有。古时朝廷上也常有政争，不同意见之间常常发生激烈辩论，情形跟“巴力门”颇为类似。清朝光绪年间，要不要办洋务，要不要设海防，大臣和“言官”们各抒所见，《近代史资料》印了好几本。读书人可以上书言事，宋太祖遗诏“不得杀士大夫及上书言事人”。康有为公车上书时，身份只是个应试的举子，言论自由的尺度相当宽。传统文化主流是保守的，但并非铁板一块。不是说过要“取其精华，弃其糟粕”吗？精华就是民主的思想，自由的精神，国家大事人人可以发表意见，几亿人十几亿人不能只有一个“统一的思想”，全国不能“舆论一律”，这并不是什么“右派言论”，先圣昔贤都讲过这些道理。

□ 在您搜罗的书中，有很多是极其珍贵的，搜罗过程中有什么难忘的故事？

○ 故事是很多的。那时候北京图书馆古籍部还在北海，我去那里找资料，年轻馆员不很熟悉，回答不得要领，这时旁边一位老馆员听到我们谈话，他跟我是湖南老乡，就告诉我，要去雍和宫附近的柏林寺，那里有一些珍贵的资料，而且是不对外开放的。

这位老乡给我画地图，教我怎样搭公交车，他随后骑单车到。而我因为急于找到他所说的珍贵资料，就打了“面的”(一种黄色的小面包车)。结果在柏林寺发现了七种张德彝出国见闻录的稿本，那时候复印还是个新东西，图书馆一般不让复印，但我还是设法把这些稿本都借出来复印了。后来才知道，这位老馆员叫张玄浩，是西南联大的毕业生，对我用长沙话讲的内容感兴趣，决定帮助我。于是我们成为了朋友。他早已不幸去世，但他的女儿至今还和我有联系。

□　由于种种原因，您计划出一百种书的愿望没有实现，是不是感到特别遗憾？

○　书没有出齐，我当然不甘心。在我后来写了发表的文章中，又陆续介绍过十多种。其中的《六述奇》涉及“赛金花在柏林”，我觉得很有意思。赛金花当年作为“公使如夫人”随洪钧出使德国，张德彝是使馆工作人员随同前往。张德彝的思想不怎么深刻，文笔也不佳妙，但他的记述特别细致，穿什么衣服戴什么饰物都详细记载，很有价值。我在出散文自选集的时候，还选了这篇《赛金花在柏林》。

人不会永远安于封闭*

（2008. 11）

□ 原计划《走向世界丛书》要出一百种，现在重印的仍只有三十六种，为什么不出齐？

○ 我本来准备出一百种，但是出到三十六种时，省新闻出版局的局长要书社一人一票“选”社长，我落选了；本是从外头调进书社去，讲好了几年后仍旧要“归还建制”的，自然得离开。离开了书社，别的并没什么可惜，只可惜这套书和周作人作品集没能出齐。

□ 重印《走向世界丛书》对历史和现实，对今天的读者有什么样的意义？

○ 《走向世界丛书》是中国人最早关于西方国家的文字记载。中国人走向西方，比起西方人走向中国来，时间上晚了一千七百年。公元一六六年，大秦（罗马帝国）王安敦的使者就到了中

* 原载二〇〇八年十一月二十九日《广州日报》，原总题“近代中国人看现代文明的第一眼”，记者吴波。

国，《后汉书》上有记载。到明朝时，来的已是利玛窦这样的文化人，能学会汉语汉文，和士大夫进行文化交流了。但是中国派使者到外国去，即使从斌椿算起，也是一八六六年的事情。斌椿一点不懂外文，毫无外交常识。瑞典王太后接见他，喜云："中华人从无至此者，今得见华夏大人，同朝甚喜。"他赋诗奉答，却是"西池王母住瀛洲……"，将瑞典王太后比作中国古代神话中"豹尾虎齿而善啸"的"西王母"，实在有点不伦不类。

画出五大洲四大洋的世界地图始见于欧洲，历来都以地中海为画幅的中心，中国、日本居于最东，故称远东。而利玛窦拿了他带到中国来的第一张世界地图给万历皇帝看，皇帝便不能接受，一定要他把中国画在世界的中心。而现在恐怕还有人认为，万历皇帝这是"爱国自尊"的表现。

所有这些不伦不类现象的根源，都是因为拒绝全球文明，将自己囿于一隅，对于普遍的知识不知不信的结果。清初杨光先反对公历的"名言"："宁可使中国无好历法，不可使中国有西洋人。"公历（就是现行以基督诞生纪元的历法）虽然是好历法，但因为它是西洋人创用的就不可采用，这是何等的荒谬，何等的幼稚。

□ 《走向世界丛书》让大家记住了您的名字，最初是怎么萌生要编这套书的想法的？

○ 我坐牢的时候当然不可能想到编书，却一直在想一个问题，就是中国怎样才能改变，怎样才能成为一个现代化国家，才能使人们不会因为思想而受罪。整个世界都进步了，都现代化了，所以我想到我们应该走向世界。

人不会永远安于封闭，行动上如此，思想上更是如此。我几十年来看过些追寻、探索者的记述，觉得这些文字非常有意义、有价值。后来自己可以选题编书了，于是就开始编这套丛书。

□ 您是怎么读书的？您觉得我们年轻人该如何读书？

○ 我们年轻的时候，熟读深思的人也只是少数，真正会读书的人从来都不很多。我小时也不会读书，成绩平平。看课外读物只凭直觉，幸好有机会接触了一些有趣又有益的书，才慢慢养成了读好书的习惯，养成了对自然和历史的兴趣。从兄姊的国文课本里读到了周作人、朱自清……，读到了《夷门歌》和《信陵君列传》，于是又去寻读《史记精华录》，读到了《项脊轩志》，又去寻读张宗子、袁中郎……主要还是凭兴趣。直到被划右派以后，才真正发奋读书。

我们这些快八十岁和八十多岁的人是最没用的一代人，没有什么经验值得学习研究，要研究还是研究前人。我主张你们多读前辈学者和作家的书，更重要的是读中外的经典。读书不能满足于今人的解说，要有独立的思考和判断，要有追根溯源的勇气和毅力。

□ 《走向世界丛书》钱锺书先生给写了序，请介绍一下这事情的经过。

○ 你可能混淆了《走向世界丛书》和《走向世界》。丛书并没有请钱先生写序，他的序是为我本人的著作《走向世界——中国人考察西方的历史》而写的。

《走向世界——中国人考察西方的历史》一九八五年由中华书局出版，至今已三版四印。它和《从东方到西方——〈走向世界丛书〉叙论集》互为表里，却是两本不同的书；前者有钱先生序，后者有李一氓先生序。两位先生关心后学，奖掖后进的盛德，都是我感念不忘的。

□　您编辑的《周作人散文全集》影响也很大，当初为什么要做这个？

○　五十年前的一九六三年，我曾给周作人写信，那时他蛰居京城西北角上的八道湾，我则被划成右派开除公职，正在长沙市上拖板车。为了给周作人写信，我特意到附近小店中买了几张横格材料纸、一小瓶墨汁和一支一角二分钱的毛笔。信发出后，很快收到周的亲笔回信、题赠的书，还有写在条幅上的两首诗。八十高龄的“五四”名宿，居然还看得起我这个板车夫，这一份知己之感，就成了我后来肯花时间力气编辑出版周作人全集的动力。

于是，当我有了选题出书的可能时，便立即编印了一部《知堂书话》。这是新中国成立后出版的第一部署名“周作人著”的新书，接着又决定来印从《自己的园地》《雨天的书》到《乙酉杂文编》《饭后随笔》等周氏自编文集。谁知天有不测风云，《夜读抄》还未印出，湖南出版“三种人”(《查泰莱夫人的情人》《丑陋的中国人》和“周作人”）就受到批判，随后我便“落选”离开出版社了。

钱锺书和我*

（2009. 1）

□ 《走向世界丛书》重版反应热烈，有读者希望先生能和他们谈一点与这套书有关的人和事，比如钱锺书和杨绛。

○ 中国人走向世界，就是从远东走向远西，从东方走向西方。中国人从东方走向西方的起步，比欧洲人从西方走向东方至少晚了一千七百年，这就是双方在走向外部世界上的差距。

《走向世界丛书》是我进入出版界后做的第一件工作。我到出版系统来工作的目的，就是要推出这部书。出版社是朱正介绍我来的。“文化大革命”期间，我和朱正在牢里就谈论过有关的问题，朱正《述往事，思来者》一文中也写到了，这篇文章发表在一九八二年第六期的《人物》杂志上。我那时候常考虑中国的未来，基本问题是如何使中国走向世界。如果中国能够接受现代文明，能够走向世界，中国的问题就会解决。

杨绛（钱锺书先生的夫人）跟我去世的老伴朱纯通过一些

* 原载二〇〇九年一月七日《晨报周刊》，原题“锺叔河回忆钱锺书和《走向世界丛书》”，编者附注云据锺叔河在“红网”访谈时录音整理。

信。杨先生今年九十八岁，是朱纯和我的前辈，朱纯是以仰慕者的心态和她通信的。早几天我又收到了她的一封信，谈到钱先生对《走向世界丛书》的关心，还有他热情为我的书《走向世界——中国人考察西方的历史》作序的故事。

钱锺书先生我原来并不认识，见到他完全是由于《读书》杂志的董秀玉(后来的三联书店总经理)，她在我一九八四年一月到北京去的时候带着我去的。我这个人很怕旅行，北京至今都只去过四次，身在湖南，连湖南第一美景张家界亦从未去过，不是没机会去，机会很多，而是怕坐车。那次是指定我去北京开会，会后到了《读书》杂志，董秀玉跟我说，钱锺书、杨绛跟《读书》的关系很好，经常为《读书》杂志写文章，钱先生说湖南有套《走向世界丛书》，编书的那个人如果到北京来，希望能够见见面。董问我有兴趣去没，我说有兴趣去，她便陪着我坐公共汽车，去了三里河钱家。那时《读书》杂志好像还只是人民出版社的一个编辑室，社里的小汽车还轮不上我这样的客人，虽然范用对我很客气。

那一次我又晕了车，无法聚精会神谈话，临走时连自己的地址都没有留给钱先生。钱先生写信给我，也是寄给董秀玉托她转寄的。信中对《走向世界丛书》还原译名的错误提出了一些中肯的意见。光绪年间译名极不规范，郭嵩焘是湘阴人，就按湘阴话记音；黄遵宪是广东人，就按广东话记音。要想弄清这是什么人、什么地名，相当困难。有个同事杨坚英文比我好，《伦敦与巴黎日记》的译名今释主要是他做的，亦难免有错，但多是我自己的错误。这是钱先生给我的第一封信。

随后我们就通起信来。钱先生在信中说，你写的导言很有意义，最好能在这个基础上写成一本书，我愿为作序。董秀玉他们也表示愿出这本书，沈昌文、秦人路几位还约我座谈过。但当时《走向世界丛书》出书紧张，一个月出一种，薄本子，十几万字，不是现在这样厚厚的十本。每种书都要写导言，导言字数最少的一万二千字，最长的达三万五千字，都得在一个月内写成付印，所以很忙，实在没时间另外写书。拖到三月间发了病，脑出血两立方厘米，侥幸没死，医生和家属迫令我作康复治疗，在疗养院一住就是半年，才将书稿完成。碰巧中华书局李侃到长沙开会，来疗养院把它拿过去了，就是不久前第三次印行的《走向世界——近代中国知识分子考察西方的历史》（按：二〇一〇年第四次重印改名为《走向世界——中国人考察西方的历史》）。书虽然没有在三联出，但是钱先生的序一直印在卷首，这永远是我的光荣。

钱先生的序文有三份手稿在我这里。别人或者会以为钱先生有很大的架子，完全不是这样，他很随便的。他写的序，他说有意见你可以改，我也确实在上面“改”了，“改”掉的是他对我的奖饰之词，他的文章当然不需要改。我“改”过的稿子，他又誊一遍。他自己也喜欢改，在一封写给我的信中幽默地说自己，“文改公之谥，所不敢辞”。哪怕是写一篇这样的小序，他也习惯了一改再改，硬要改到“毫发无遗憾矣”才行。这三个稿子，现在都在我这里。有机会的话，我想介绍一下这三稿，讲一讲钱先生作文认真的态度。

钱先生的信和杨先生给我的信，有很多地方想发表，但我都没有答应，还为此得罪了人。他讲要拿去发表，我讲现在还不好发表，因为两先生名气正在巅峰，此时在媒体上发表他们写给我的信，好像是要借他们的光，我不太喜欢这样做。

谈告密*

（2009. 4）

□ 近日，章诒和继披露黄苗子密告聂绀弩并导致其罹祸之后，又撰文披露了冯亦代在她父亲(章伯钧)身边“卧底”的旧事。一时社会哗然，文化界为之震动。您是如何看待这一事件的?

○ 告密不仅仅在“反右”和“文革”时期有，各项政治运动一开展，第一步总是“深入发动广大群众检举揭发”，这不就是提倡告密吗？从中国历史上看，像雍正王朝的“血滴子”，魏忠贤时期的锦衣卫、东厂，都无不利用鼓励告密这种手段抓人杀人。康熙时的文字狱，庄廷鑨《明史辑略》一案杀人上千，起源就是因贪落职的吴之荣希图“开复”入京告密。及至“文革”时大规模率兽食人，人们善良的根性更加被压抑遭扼杀，恶劣的根性则大大发扬变本加厉，这类行为就暴露得更多，涉及面更广了。德国统一后，解密档案，很多告密行为被披露，

* 原载二〇〇九年四月十一日《湘声报》(同时发言者还有朱正和朱健，只录本人部分)，原题“亲历者眼中的告密”，记者王春花。

人人面目皆非。这说明，无论古今中外，凡是没有民主、专制独裁的政权，都必然会利用告密维持其统治。所以，告密这种恶行发生的根源来自统治者。

在刀俎间充鱼肉的士民，自然也有他们隐忍苟活的办法。统治者“和尚打伞，无法无天”地乱搞，被统治者硬着脖子挨刀固不失为痛快，敷衍应付一下也是“情有可原”的。“文革”时大家心里都明白，很多告密行为是假戏真做，真戏假做。但是不管如何，有的人被抓住弱点，自己主动配合做这样的事情，毕竟是中国人的悲哀。

□ 当时为什么会出现如此普遍的告密现象？而有些告密者是身边最亲近乃至最亲密的人，包括夫妻、父子、师生、朋友、上下级等。

○ 不民主的制度的特质之一，就是不相信人民，总担心人民造反。为了“稳定”，就得提倡和鼓励告密，把“不安定”的因素消灭在萌芽状态。其实不相信人民就是不相信自己，这种制度它本身害怕，不仅仅怕有思想的知识分子，也怕普通老百姓。就像一个人偷盗来一大笔钱，这个钱来路不正，是不合法的，他就会时刻提防被发现，对周围的人总是不放心，警惕性越来越高。隔壁两公婆关了门，也要了解他们在干什么。时时刻刻都得竖起耳朵，擦亮眼睛，告密者就成了他的顺风耳和千里眼。在那种情况下，很多人也都麻木了，不知道自己在做些什么，大家都处在监视之下。一个成年人的私生活，在正常情况下是不会暴露在光天化日之下的，但当时连私生活都暴露了。被告密、被检举揭发成了很正常的现象，墙壁上到处都可见“检举箱”。人性被扭曲了，不正常变成正常，也就习以为常了。

□ 告密是一个人内心里阴暗成分的表现，照中国传统道德来看，是可耻的。“文革”时期为何以“耻”为“荣”，告密成为一种政治荣耀和义务？甚至深受传统道德熏陶的文人也如此呢？

○ 这不全是道德问题，是一种社会文化现象，更多地与政治有关。从古至今，从中到外，越是专制独裁，越是对自己的统治没有信心，对告密的依赖程度就越高。

一般都认为，文人的道德品质高，“文人骨头硬，抵抗力强”，其实并不是这样。文人可能更敏感，更软弱，这对创作来说是优点，但在抵抗统治这方面是弱点。

□ 如今这种突然解密或者揭露，会不会造成社会心理失衡和人际关系恶变？

○ 我觉得解密没有那么大的作用和力量。这种行为，我见得多，经历过。至于章诒和的“解密”，我期望能看到更为全面和完整的材料。

□ 面对历史，文字工作者应该持什么样的态度，是不是有义务和责任将历史的原貌原原本本地告诉公众？

○ 当然有这种义务和责任，只是这个范围太大了。没有真相，没有还原，没有反思，没有忏悔，就没有人敢说告密风行的时日不再来。所以，我们只能顽强地进行叙述，我们必须坚决地拒绝遗忘。

□ 反思历史，关键不在于是不是告密，是谁告密，而是要反思造成人们告密的那个时代背景，谴责“告密文化的传统”，并探讨如何不让悲剧重演。您觉得，反思这样的行为与现象，对当代社会有何意义？

○ 谴责告密者，这是低层次的行为。我们要更深一层思考，为什么政治制度要依靠告密者来维护？怎么才能改变这种制度？当然，如果深刻思考“国民性”这个问题，可以发现我们的国民性格中本来有很多阴暗面。

“反右”斗争中说文化人是“墙头草，风吹两边倒”，为什么只怪草两边倒，不怪狂暴的、乱刮的风呢？当然草有责任，它该能挺在那里不动。但小草的力量再怎么大，也抵不过狂风的力量不是？何况刮的是“十二级台风”。

□ 除了告密这样的行为值得检讨和反省外，还有哪些是我们值得反省和总结的？

○ 我们个人无力改变历史的进程，只能希望那样的日子不要重来。好比我们坐在船上，经历了狂风大浪和触礁之后，就希望不再碰到风浪，不要再触礁。但是作为个人，我们坐在船舱里是无能为力的。坐不坐船，坐什么船，这船多快的速度，走什么航线，坐船的人事先能够选择，自己能够做一点主就好了。

说说我自己*

（2009.6）

“我的杯很小，但我用我的杯喝水。”锺叔河喜欢的这句诗，也可以翻译成他自己的话：“我一直比较喜欢读书，比较喜欢用自己的脑子思想。”

“真能不用别人的杯喝水么？”锺叔河说，“其实也未必尽然，不过有这么一点儿洁癖，就不那么容易去随大流、吃大户罢了。”

我愿意做一些精细的手艺

□（宽大的书桌，高高的书柜，成套的《四部丛刊》《四部备要》《广汉和辞典》《不列颠百科全书》《清实录》《古今图书集成》……阳光充沛的大客厅被改成书房，四十多平方米空间中，引人注意的还有一张台球桌）这间客厅又是书房，很有特点啊。

* 原载二〇〇九年六月一日《南方人物周刊》，原题“锺叔河：我的杯很小，但我用我的杯喝水”，记者李宗陶。

○ 都是朱纯（我故去的老伴，她是二〇〇七年一月二十一日去世的）让这样布置的。她写过一篇《老头挪书房》，可以念几句给你听："我常常笑他'獭祭鱼'，写篇千把字的小文，也要摊开好多书，这里查，那里对，'抄都没有你这样不会抄的'……老头和我商量，要把客厅改成书房，我嘴上没反对，心里却想，'你都七十多岁了，还劳神费力做什么啰。'但转念一想，他的父亲活到九十岁，母亲也八十多，肯定还活得几年十几年，便同意了。"

□ （桌上的纸笔清清爽爽，几个纸屉分门别类写着"材料"等字样，一个手工做成的小纸盒，侧壁一角穿了根细铅丝，弯成圆环，正好插一支短笔，挨着自动血压计和小本子，于是我又问）这些纸屉纸盒是您自己做的？

○ 自己做的。每天要量四次血压，要记下来交医生。做个圆环把笔套住，使笔不会乱倒，才好放血压计和本子。我从小就喜欢自己动手做点小玩意，并没想过要以文字为职业，一心想去学考古或植物学——有个哥哥是学农的。植物分类学是很有味道的，挖掘人类古文明也很有意思。如果学那个，自己觉得多少会有一点点成就，有兴趣嘛。学科学也可以写文章，因为有事业，有职业，自己想写时才写，不想写就可以不写。如果以文字为职业，那就不能自由地写了，尤其是搞报纸，亩产三万斤，要你去写；工厂放卫星，要你去写……我对这类事情本就存疑，对写这些东西没有兴趣。

如果我不走现在这条路，又不能去搞树木研究，搞考古，我会是一个很好的手艺人。（书架）上面那两个刨子是我做的，竹筒也是我在劳改队做的。创造力我不是很强，但我能学会做一些比较精细的手工活，我喜欢做。

当右派时我在旧书店买了本德国人写的《细木工作业》，照书上的图样做了两个细木工刨，在靠手艺吃饭的年月里，这两个刨子帮了大忙。我在“文革”中坐牢的九年里，朱纯也是靠做木模养活了一家大小。

两个人都被打成右派，双方父母都还在，朱纯的哥哥妹妹还是党员负责干部。但我们不愿意连累他们，就租了一个很小的房子，自食其力。我是早恋早婚早育，二十三岁结婚，当年生了一个小孩，四个女儿是一年半一个。被划为右派时朱纯肚子里还有一个，碰上“三年自然灾害”，这个生下来无论如何养不活了，只好送到孤儿院。朱纯在南京的那个姐姐特重手足之情，又带去了一个孩子，自己身边还有两个。

我们俩出去打工，就是干体力活，先拉板车，很快发现那个活是很累的，拉一天车全身都痛，虽然痛十来天也就好了，挣钱却少得很。肚子很饿，没东西吃。不过很快就另外找到了门路，刻油印讲义。那时没有复印机，大学里有老师的讲义要发给学生，就找人刻蜡纸。我的字不是很好，但能发现老师写的错别字，就偷偷改正过来，改了还不能声张，不能当众说穿，最多跟他说一句，“也许这个字应该是……”，悄悄地跟他一个人讲。这样他发现你对他有用处，下次还叫你刻。

慢慢地，又开始做一些教学模型，那两个刨子就是做模型的工具，那是精细活，普通刨子刨不出来的。慢慢地钱挣得多一点了，一九七〇年“一打三反”又把我抓起来判刑十年，朱纯一个人就苦了。为了养活孩子，她还卖过血……

做右派是很苦的，主要不是肉体上的苦，也没人打过我们。最大的苦是时时刻刻都有被斗被抓的可能，没有“免于恐惧的自由”，没有一点儿安全感。原来认识的人都不理你，当面碰见你也不打招呼。所以我到现在还是这样，别人不先打招呼，我也不打，省得自讨没趣。

李锐的表扬

□ （锺叔河是湖南平江人，父亲是教数学的，解放后当了文史馆员。读书人的“格”留给他的印象之一是不能随便接受别人给的吃食。家中本有条件供他念书，但他说自己也有过“思想极左时期”，一九四九年八月报考了新闻干部训练班，立即被调入湖南日报社，那时还未满十八岁）您是一个从小就喜欢看书的孩子。您在文章中写过，有一次，母亲叫您去买油豆腐，您提着两串草绳系着的油豆腐，一边走路一边看，走到一半，想起来忘记找钱，急出一身汗。

○ 抗战期间我在平江老家，同龄的玩伴很少，只好自己看书。兄姊们抗战前的教科书里，有曾国藩的《讨粤匪檄》、袁枚的《费宫人刺虎歌》、郑板桥的《道情十首》，低年级的则收了许多白话文，像叶圣陶的《藕与莼菜》，苏绿漪的《鸽儿的通信》，朱自清的《荷塘月色》，周作人的《故乡的野菜》（节录）和《金鱼、鹦鹉、叭儿狗》……

一开始，这些白话文章对于我都很新鲜，因为老家的藏书全都是文言。朱自清的“燕子去了，有再来的时候；杨柳枯了，有再青的时候……”读起来摇头摆脑，味道十足。但后来觉得，还是周作人的文章最经得看，每次看都有新的感觉。他的文章看起来是平淡的，却有着更深的意思；去解读这个更深的意思，就给了我的好奇心广阔的空间。我后来有一点写作能力，就是从看这些文章得来的。

十五岁时，我用文言写了一卷笔记《蛛窗述闻》，署名“病鹃”；抗战胜利后写小说，写新诗，笔名“杨蕾”。成了公家人之后，“杨蕾”还在做文学梦，一九五〇年小说《季梦千》在《湘江》一发表，立即受到批评；《人民文学》的退稿信说：“思想水平还不很高，没有写出我们的力量与曾经如何战斗。”我只好将“杨蕾”从梦中喊醒。

一九四九年开国大典前几天午饭后，我在报社通联科办公室朗诵何其芳的《预言》，被南下的科长批评：“啥玩意啊，有精神不休息，为啥不多读几遍《评白皮书》。”

在《湖南日报》当记者时，署过的名有：柴荆、龚桥、辛文——谐音我采访报道的内容：财经、工交、新闻。

李锐女儿李南央的《父母昨日书》我有，她在美国送我的。李锐是湖南日报社的老社长，但我在那只待一年多他就调到省委去了。我当时还是小年轻，在他那里不会留下什么印象。我这个人有个很大的毛病，形体上比较疏懒，内心里也不求上进，所以不爱搞社会活动，也不想跟领导挨得很近。说起来李锐本是我的平江同乡，他的姐姐又是我两个姐姐的体育老师，但我跟他只有过一次很小的交道——

刚参加工作第二天我就下乡，去采访一个农民地下党员孔十爹，是一九二六年的老党员，后来当了省农协副主席。有一位年纪比我大的“老记者”带着我下去，他写了一篇“通讯”给我看，我觉得不够好，自己另写了一篇，贴上邮票丢到邮筒里了。那天李锐上晚班——大样原先要省委书记黄克诚看过签字才能开印，后来是周小舟跟李锐两个看，最后才委托李锐看。李锐看了“老记者”的稿子，觉得不很好，但题材又舍不得丢。有人就说，这里还有一篇，那就是我另写的那一篇。李锐一看，说，这个好，就用这篇。

李锐在大样上这篇“通讯”旁边批了一段话，大意是：选稿子要看文章，不要只看作者，老同志的文章未必好，新同志的文章未必不好。批语我没看到，别人告诉我了。这样我就对李锐有了好感，所谓知己之感吧。但李锐这个表扬害了我，否则我可能就不会留在报社，就不会天天晚上开会学习，从猴子变人学起了。

你没经历过那个年代。报社每天晚上组织学习两小时，只星期六晚上不学，星期天晚上都要学！月月要小结，年年要鉴定。从猴子变人学起，还有就是苏联的政治经济学，还要我当学习中心联组的组长。当时我们这几个人并没有怀疑这些理论的正确，没有那个水平，也没有那个胆量，就是觉得太单调枯燥，慢慢地就想看点别的书，包括郁达夫、胡适、周作人的书。

从前长沙的旧书店都在南阳街，后来“改造”得只剩下一家古旧书店，负责人姓戴，我跟他关系搞得很好。“不好的书”都放在店堂的后面，凭证件可以进去看，也可以买，甚至可以拿回来看，想要的买下，不想要的再送回去。我们虽然在报社里挨批评，但走出去还是报社的人，可以看到禁书。

□ （“我们这几个人”即是锺叔河、朱正、张志浩和俞润泉，一九五五年成了湖南日报的“反革命小集团”，一九五七年又成了右派。报社“反右办”印过一本十多万字的书批判锺叔河，其中有他的“四十八条”，如“任何一个国家如果没有高度的民主政治，哪怕经济上再强大，也是没有很大吸引力的”；“强调专政必然会限制民主自由，使人民不能享受更多的权利”——有人告诉锺叔河，哪怕湖南日报社只划一个右派，铁定也是他）这四十八条是不是您的原话？

○ 是的，是我五十多年前一条条写出来的，白纸黑字。所以当右派我并没有被冤枉的感觉，当时没有，现在也没有。

我们四个人怎么会出问题的呢？我们都没有家庭问题、历史问题。朱正的父亲是省级公司的会计，张志浩解放前是个教员，俞润泉是大学生，所谓政治问题是他自己被逼乱讲讲出来的，我们就是看点书、讲点话……

我们到旧书店看几本书，就成为批判对象。中国的知识分子有的很坏，不少人业务搞不好，成天打小报告，这叫做“靠拢组织”；“组织上”把他们“反映”的问题列为“整”的目标，他们则“上纲上线”检举揭发，批判斗争。到一九五七年“反右派”，我的“材料”就多了。对于那些无中生有、夸大歪曲的“材料”，我当然不会认账，但自己确实讲过的话，自己也认为没什么不对的话，我是敢于承认的，就是这四十八条——这都是五十多年前的事了。

如今，长沙的夏天特别闷热，我常常挥汗夜读，若读出好味道，有时也会“夹一筷子”给同好者尝尝，——写点读后感之类小文。看书，前人的笔记和日记是我的最爱，想从中钩稽一点社会和文化的记录。“文章学其短”，写得好不好且不说，能印成“薄薄本子五号字”就满足了。

我自己的大好年华，都用到拖板车和写检讨上去了，外语也没学会一门。但也捡了一个“便宜”：一九五七至一九七九年的二十四年里，我不需要做命题作文，也不需要按模式思想，在劳动之馀，尽可“自由”地考虑中国的过去和未来，也能收集整理一些材料。我前后大概浏览过两百来种民国以前中国人亲历西方的记载，从中选出一百种。一九七九年九月平反，刚到湖南人民出版社，就提议编一套《走向世界丛书》，积累总算用上了。

潘汉年说，相信人民

□ （一九七〇年，锺叔河被判十年徒刑，朱正判了三年。朱正说：“我这三年会坐满，你的十年坐不满。”结果真的没坐满。他在湖南省第三劳改队即洣江茶场待到第五年时，劳改队来了潘汉年和他的妻子董慧。泥木队犯人偷偷散布消息说：“小平房住进一个老头和一个老太婆，看样子是犯了错误的大干部，有不少书，有钱买鱼和蛋，抽的是好香烟。”）您写过劳改队里的潘汉年，我看过您的文章。

○ 以前我只看到过潘汉年的照片，一九七五年在洣江茶场初见时，眼前只是一个身材矮小、面容清癯、头发稀疏而且白的很多，穿一件旧的灰色干部服，手里提个小竹篮的老头，似乎像一个什么人，究竟是谁却完全记不得了。

正如我在文章中所说，很快我就知道了这个小老头的身份，而且同他有过些接触。毕竟是长期做秘密工作的人，潘汉年在劳改队里言行特别谨慎小心。他只跟我讲过两次话，八个字。第一次，我说了自己的情况，他只轻轻地说了四个字："相信人民。"第二次，我说我要申诉，他又只留下轻轻的四个字："你还年轻。"那一年，我四十五岁。

我二十五岁就在"反胡风"运动中跟朱正、张志浩、俞润泉被整成"反革命小集团"，随后改为"反动小集团"，后来又改为"落后小集团"，最后才作结论，"本来并没有什么小集团"，二三十岁的人却都七老八十了。

尽管潘汉年说我"还年轻"，要我"相信人民"，我也相信迟早总会有变化，但却并没有想到自己会到出版社来编书。我本来是报社的右派，后来到社会上，再后来坐牢，坐牢平反出来，按道理要回报社。可是我觉得在地方报社做不出什么事情，也无法去做，每天那么多任务，要搞宣传鼓动，没时间做自己想做的事，就不想回去了。

去出版社是朱正的推荐。开头几年就编了三十六种《走向世界丛书》。当时没有电脑和复印机，要请人抄稿，然后一字一字校对，一句一句标点，还要加旁批，做索引，写至少上万字的导言，付印后还要看几次校样——一个月出一本。因为是一直想要做的事，也不觉得累。

一九八〇年八月，《走向世界丛书》的第一种《环游地球新录》(一八七六年李圭作为中国企业界代表参加美国费城万国博览会的记述)出版。到一九八四年，第一批就出齐了。倒霉的是突然发了病，脑出血。我住疗养院的大半年中，搞了场“机构改革”，硬把我调到岳麓书社去当总编辑，《走向世界丛书》反而耽搁下来了。这套书原本计划出一百种，如今张德彝的《随使德国记》付印稿还搁在书架上。张德彝八次出国，每次都留下一部翔实的见闻录，其中记述赛金花跟大她三十三岁的洪钧在柏林万德海街上中国使馆中近三年生活的记录真是细密。因为细密，历历如在眼前，比许多有思想有文才的人的文章更有价值。

为什么要编这套书？无非是想起到一点帮助打开门窗又防止伤风感冒的作用。后来钱锺书先生建议我将《走向世界丛书》的导言结集出版，他愿写序——他在序言中写道：“差不多四十年前，我用英语写过关于清末我国引进西洋文学的片段，常涉猎叔河同志所论述的游记、旅行记、漫游日录等等，当时这一类书早是稀罕而不名贵的冷门东西了。我的视野很窄，只局限于文学，远不如他眼光普照，察看欧、美以及日本文化在中国的全面影响……”钱先生的过誉愧不敢当，集前人之作的《走向世界丛书》和我自己写作的关于“走向世界”的文字能够被认可，毕竟是一种难得的安慰。

最爱周作人的文章

□ （除了《走向世界丛书》，锺叔河作为一位编辑和出版人的名声，就是出了周作人的书。第一，他出得最早，早在上世纪八十年代，那时要担风险。第二，他编得认真，印得讲究，差错少，口碑好。第三，他是低姿态，只埋头出书，很少惹争议。我问他）周作人的文章好，这个看法您早就有了？

○ 我是小时候从兄姊的初中国文课本里认识周作人的，慢慢才看出一点味道，觉得比别人的文章经看些。一九五〇年又读到一本《鲁迅的故家》，署名周遐寿，里面有节标题《一幅画》，哎，我说这是最好的文章，原来这也是周作人写的。周家三兄弟，周建人之下还有一个夭折的四弟，三岁时死了，母亲叫周作人找人画了一幅小像，又没有照片，不知道什么样子，是凭想象画的，画好后挂在母亲的房里，一直挂了四十五年。后来我又读到一本《希腊的神与英雄》，翻译的人也是周遐寿，里面神的译名，像维纳斯、宙斯、阿波罗这些，译得都跟我以前读到的不同。我就给出版社写了一封信，去问为什么要改变译名。那时候对读者来信很重视的，不像现在。出版社就把这封信转给了周作人，周作人给出版社回了信，出版社又把这封信转给了我。就这样，我知道了周遐寿就是周作人，也知道了他的地址。张志浩比我大十岁，今年八十九了，是他先写信给周作人，周作人给他寄了两本书，还写了字。于是我也给周作人写了一封信，寄到北京新街口八道湾十一号周家。

我在信中写道："……二十馀年来，我在这小城中，不断搜求先生的各种著作，凡是能寻到的，无不用心地读，而且都爱不能释。……我一直以为，先生的文章的真价值，首先在于它们所反映出来的一种态度，乃是上下数千年来中国读书人最难得有的态度，那就是诚实的态度：对自己、对生活、对艺术、对人生，对自己和别人的国家，对人类的今天和未来，都能够诚实地、冷静地，然而又是积极地去看，去讲，去想，去写。……"这就是当时我对他的文章的"真价值"的一点认识。

当时我家连纸笔都没有，我在拉板车，做裱糊工，条件很不好，买不起像样的纸笔，是到附近小店买的一分钱两张的极薄的一面粗一面光、上面印着红色横线的"材料纸"，一支一角二分钱的毛笔和一小瓶墨汁。周作人收到我的信以后，很快回了信，为我写了条幅，还寄了本新出版的《伊索寓言》给我。我写信的时间是一九六三年，二十八年后，周作人的儿子丰一把这封信复印寄给了我，原件是他从鲁迅博物馆索回的。

白话文里，写得最好的，或者说我最喜欢的是周作人。文言文里，我认为写得最好的是一个明朝人，写《陶庵梦忆》和《琅嬛文集》的张岱。

周作人的文章之好，这个用不到我来讲。一九三三年，斯诺书面采访鲁迅，问了三十六个问题，鲁迅是书面回复的，所以绝对可信。斯诺问："中国最好的散文家是谁?"鲁迅讲了五个人："周作人、林语堂、周树人、陈独秀、梁启超。"巴金接受李辉采访时说："周作人文章写得好。人归人，文章还是好文章。”胡适六十年代对唐德刚也讲：“到现在还值得一看的，就只有周作人的东西了。”

那时候我只是一个拉板车的年轻人，周作人也不晓得我后来会编他的书。

“于近人独服曾文正”

□ （在《走向世界丛书》和周作人著作之外，锺叔河策划出书为人所重的，还有一个曾国藩。是他在北京力争将新编曾氏全集列入了国家规划，到岳麓书社任总编后，又重新选定了《曾国藩全集》的责编，并且自己动手编了《曾国藩教子书》）曾国藩的书，新出的全集比旧时的刻本大大充实了。

○ 《曾文正公全集》是解放前湖南读书人家都有的书。一九八三年北京开会讨论制订古籍出版规划，李一氓召我去参加。原来规划只影印刻本《曾文正公全集》，是我三次发言，力陈刻本删节太多，未刊资料丰富，必须新编扩大容量，一氓同志表态支持，才修改规划的。这时候我还没有到岳麓书社去。一九八四年调去当总编辑后，发现原来确定的责编更适宜编文学书，于是重新选定了邓云生（唐浩明）来责编新的《曾国藩全集》。唐君工作努力，不仅做好了责编，还收获了副产品——小说《曾国藩》。

小时候我读过刻本曾氏家书，觉得有可读性，很生动，有时还很诙谐。长大了再读，更觉得这个人很不简单，他有人格魅力。

我对曾国藩感兴趣的是他超凡的能力：判断分析的能力，协调组织的能力，制定方针政策、把一件事做成功的能力。他的学习能力也很强，他的道德观念和伦理哲学自成体系。那么多家书、书信、批牍都是他自己写的，手迹俱在，最多的时候一天给弟弟写过四封信，在围攻金陵战事最紧张的时候。那么紧张那么忙，他还要做编辑工作，编《经史百家杂钞》和《十八家诗钞》。不像今天搞些人一顿乱抄最后署个“主编”的名，而是他一篇一篇自己选出来的。若论个人能力，曾氏应在康有为、梁启超之上。

以前在政治上批判他，说他不该帮满清。在那个体制内，他不帮满清帮谁？说他是汉奸，那么清朝所有的汉人官员都是汉奸。虽然解放后大家都拿着范文澜的文章照本宣科地批判他，毛泽东却好像没有说过他什么坏话。毛自己承认，他“于近人独服曾文正”。

毛泽东和曾国藩的家乡我都去过，我发现他们两个人有不少共同的地方：都出生在离县城最远、最偏僻的乡村，从家里到县城一天不能走到，要在路上住一晚。老家有句谚语：“县到县，一百二；府到府，二百五。”从前没有汽车、摩托车，连脚踏车都没有，除了坐船，就是靠两条腿走路，一天最多走百把里，我走过，抗战胜利后从平江到长沙，就是走来的。

再有，他们都不是士大夫子弟，父亲只稍微读过一点书（曾家读得多一点），却都是家道处在上升阶段的富农。这两家的直线距离也很近。他们两个人离开家乡时，都已经娶妻成年，性格应该不是到外面再“形成”的。我觉得，作为地域文化的一种现象，这很值得研究。

你们要写曾国藩，就得写深一点，把他当作一个人来写。现在拍曾国藩的电视剧，我没有一部满意的，里面欧阳夫人叫自己丈夫道："国藩啊……"

我提出曾国藩全集不能影印刻本，应该新编，那是在一九八三年，"汉奸卖国贼"的帽子还没摘啊，这全仗《走向世界丛书》已经有了点名气。国务院开会讨论古籍出版规划，全国出版社只通知三个人去，北京一个，上海一个，湖南我一个。拍来的电报说，让他本人来，本人不来，就不要派别的人来了。当时北京图书馆冀淑英老太太也参加开会，我就通过她去馆内查资料。那里也没手稿，但有台湾的影印本，我就拿那个东西和刻本作比较，来说服大家。

但湖南还有人反对，报纸也有批评文章。有一部分人确实是从理念上反对出曾国藩、出周作人，人家也应该享有发表意见的自由——扯远点，改革开放什么人最抵触呢？我乱讲啊，也许是不对的，就是解放初期进大学的，特别是学文科的，都是一个模子里翻出来的，不太愿意接受新事物。但还有一部分人，他其实不是反对出曾国藩、周作人，他们的书他可能看也没看过，而是反对主张出这些书的锺叔河，望着不顺眼。打起架来抄在手里就是棍子，曾国藩、周作人的书就是这种人的棍子。这类小人小事，值不得多谈，更不必跟他们纠缠，否则什么事情都干不成。

一九七九至一九八九年的十年间，我编辑出版的书数量不算少，但遗憾还多。《走向世界丛书》直到二〇〇八年才重印，售价已从最初单本几元钱涨到全套一千二百元。这跟我当年“(让读者)花最少的钱，买最好的书”的出版理念相距有点远。

难过和自责

□ (锺叔河至今只去过四次北京，他却有宽广的视野，也还有公道、平和的心态，从他的说话、作文、做人中透出来。他在平反后终于找到了自己十九岁的女儿，她被孤儿院送到了内蒙古，并在那里结婚生子，丈夫是一个农村青年。“我们不好叫她甩掉那个人，她自己也不愿意。”在李锐的帮助下，小女儿一家终于回到长沙。现在第三代留英留美，真出现了“走向世界”的局面。于是最后我问他)能谈谈自己的家人和生活吗?

○ 我的四个女儿，一个在美国，三个在长沙。她们每个人又各给我生了一个外孙女。一个跟她父母在美国，是南加州大学的博士；一个是英国纽卡斯尔大学的硕士，已回国，在深圳做事；一个在法国凡尔赛考上了巴黎景观设计师的国家执照；一个在美国读博士。可是做外祖母的朱纯却已经离我们而去了。

朱纯死去两年多了，到现在想起来还很难过。我判刑十年，关了九年才放出来。她带着三个小孩，还送了我母亲的终。我年轻时常闯祸，不顾家，不是一个好丈夫。坐牢出来倒是好些了，但还是不管家务，拖累了她。她为我付出的太多。对她不起的事情也有过，所以自责得很厉害。这两年我老得很快，我估计自己也活不太久了。

走向世界路正长*

（2009.6）

很多人知道锺叔河都是因为他主编的《走向世界丛书》，这套二十多年前出版的丛书在国内引起了轰动性效应。直到今天，很多中年人对于《走向世界丛书》仍然记忆犹新。二〇〇八年底，岳麓书社再次印行精装版《走向世界丛书》，这套丛书再次成为爱书人津津乐道的话题。

这次的再版，相隔近三十年，整个中国社会发生了巨大的变化，对于编者锺叔河来说，不知道是不是有一种恍如隔世的感觉。本报记者采访了锺叔河，请他聊《走向世界丛书》出版前后的故事，谈三十年后这套丛书仍然存在的意义。

狱中聊出的话题

□ 先生二十多岁时在报社，一九五七年被错划为右派，“文

* 原载二〇〇九年六月二十二日《深圳商报》，原题“走向世界是一个长远的过程——锺叔河谈《走向世界丛书》”，记者刘琨亚。

革”中身陷囹圄长达九年，一九七九年落实政策以后才到湖南人民出版社从事编辑工作，《走向世界丛书》是不是先生编辑的第一套图书？

○ 平反以后，我之所以没有选择回报社而到出版社，就是因为出版社的自由度比报社大一些，能够出一点自己想要出的书，首先是这套《走向世界丛书》。

从“反右”被开除，到“文革”被投进监狱，我一直在读书中不断探究国家、文明兴亡的规律。中国怎样才能成为一个现代化的国家，中国人怎样才能享受民主自由，是我一直思考的问题。思考的结论是：“反右”和“文革”使中国脱离了世界文明的正轨。

原来在报社也是做编辑，但毕竟离岗二十多年了。我重新来做编辑的时候，中国刚刚从闭关锁国状态中苏醒过来。这套丛书以比较宽广的视角，全面介绍了中国士大夫对西方文明最初的直接接触和了解，作者全是最早前往欧美日本的人，内容则多是游记和日记。

出版界的壮举

□ 媒体对《走向世界丛书》虽有不少报道，但读者仍然想听先生介绍一下您的编辑思想和编辑工作。

○ 中国是个文明古国，有着很深厚的文化传统和民族习俗，这种传统使得国家很有凝聚力，同时也就是很有保守性。这里说的“保守”不是一个贬义词，而是一个中性词，有两面性。

传统的保守性一方面保守了我们的文化，但也使我们的文化带有根深蒂固的内向和自负，使我们这个古老的民族从来都不是一个外向的民族。而到清朝灭亡的一九一一年，世界已经进入了全球文明的时代，已经不再是过去那样划分为不同地区的世界了。

一八四〇年以后，中国才慢慢有读书人走出国门，他们记录了在西方社会的见闻，也记录了自己对西方的看法。我的编辑工作，就是把他们的见闻和看法展示在当代人的面前。这些书等于对我们民族从封闭社会走向现代世界的历史，做了一番纵横观察。

编辑之初，我已经设定了框架：在我看来，从林则徐、魏源、容闳到康有为、严复、孙中山，一八四〇至一九一一年历史的曲折和起伏，是非常重要的过程。

编辑工作开始时没有电脑，要请人誊抄原稿，然后逐字校对，逐句标点，加旁批，做索引。考虑到如果分散地、一本本地出，不易给人留下印象，而且不一定什么人都能看懂。所以每本书前都要写很长的导言，介绍作者和他到外国去的背景，还要介绍其眼中的外国，透过记载，看出其心态和见识。每一本书的导言长的三万多字，少的也有一万多字。付印以后，又要几次校样。在湖南人民出版社开头时，编辑工作完全是一个人在搞。后来才找别人做了些点校工作，也只限于标点和校对，旁批和索引还得自己做。接着分来个大学生杨向群，肯做事，又勤快，能帮着看校样，做索引，又结婚去广州了。一九八五年调来了鄢琨，也是个肯做事的。还有个王杰成帮忙校对。这时自己当了总编辑，不能只编这一部丛书了，但仍得集中力量写导言，作批注，仍然相当累。因为是自己一直想要做的事，再累也不觉得苦。我后来的两部著作《从东方到西方》和《走向世界——中国人考察西方的历史》，前者就是叙论的合集，后者也是在这几十篇导言的基础上写成的。

“走向世界”远未过时

□ 一九八〇年八月《走向世界丛书》的第一本《环游地球新录》由湖南人民出版社出版，立即在社会上引起了强烈的反响。钱锺书、萧乾、陈原等人作了高度评价，《人民日报》《光明日报》《新华文摘》也都发表书评，称其为“一套学习近代史的好丛书”。作为编辑和出版人，先生的努力应该说是获得成功了。

○ 三十年过去了，中国的改革开放取得了巨大成就，经济发展取得了长足的发展，开放程度也有了很大的提高，但“走向世界”的大目标我看仍未达到，丛书一百种的出版计划也未完成，哪里谈得到成功。

还有人质疑，一百多年前初出国门的人用文言文写成的这些书，如今再度拿出来印，是不是还有意义。我认为，这套书的现实意义，和三十年前并没有什么不同。“走向世界”是一个很长的过程，在中国还没有完成，前面的路还很长。

不错，这三十年中国确实发生了翻天覆地的变化，手机数量全球第一，上网人数仅次于美国，家用汽车越来越普及，出国也比过去容易了，走出国门的人越来越多，但这并不说明我们已经走向了世界。我们应该问一问自己，在物质上我们走向了世界，在内心是否走向了世界呢？我们是否融入了全球文明，是否接受了自由民主？

过去不让说“自由民主”，一说就是“崇洋媚外”。其实，自由民主并不专属于西方，接受自由民主并不等于全盘接受西方的价值观念。现代文明也包含了东方文明(汉字文化)孕育产生的精华。过去常说，要取其精华，弃其糟粕，可见精华和糟粕都是客观存在的，既是精华，就当然属于人类共同追求的价值观。

既然莱布尼茨可以公开承认：“在实践哲学方面，欧洲人实不如中国人。”伏尔泰可以公开承认：欧洲对于中国文化，“应该赞美，惭愧，尤其是应该模仿”。他们能够看出中国的自然哲学和道德观念的东方文明，予以高度肯定。同为世界公民的我们，又怎么不该实事求是地说，西方确实有很多值得我们学习的东西。

学习外国，不仅仅是学工业，学农业，学国防，学科学技术，也要学文化，学观念，学经济，学政治。

三十年对于一个人来说是一段很长的岁月，但在历史的长河中却只是一瞬。我认为，中国走向世界的过程还在继续，这套丛书的现实意义仍然存在。

□　请介绍《走向世界丛书》出书的情形和书目。

○　这要分成两段来谈，一九八三年以前在湖南人民出版社出版的有二十册(二十六种)。

现在我以年为序，将丛书各种出版的时间介绍如下：

一九八〇年十至十二月三册：

《环游地球新录》（李圭）

《欧洲十一国游记》（康有为）

《欧游杂录》（徐建寅）

※

一九八一年十二册：

《航海述奇》（张德彝）

《欧美环游记》（张德彝）

《英轺私记》（刘锡鸿）

《日本杂事诗广注》（黄遵宪）

《西洋杂志》（黎庶昌）

《癸卯旅行记》《归潜记》（钱单士厘）

《新大陆游记》（梁启超）

《乘槎笔记》（斌椿）附《海录》（谢清高）

《出使四国日记》（薛福成）

《使西日记》（曾纪泽）附《使德日记》（李凤苞）

《初使泰西记》（志刚）

《西学东渐记》（容闳）

※

一九八二年四册：

《漫游随录》《扶桑游记》（王韬）

《李鸿章历聘欧美记》（蔡尔康等）

《出使九国日记》（戴鸿慈）

《随使法国记》(张德彝)

※

一九八三年一册：

《早期日本游记五种》(罗森等)

※

需要说明的是，“一月一书”未能持续的原因，一是本人突然重病（脑出血 $2cm^3$），二是治疗两年恢复上班后即被调往岳麓书社，因此丛书延至一九八五年起，始转在岳麓书社出版了十卷三十六种(其中重印湖南人民出版社的各种不再在括弧中具作者名，初印扩编的和新编的各种仍然具名)。

※

一九八五年八卷：

《西海纪游草》(林鍼)、《乘槎笔记》、《初使泰西记》、《航海述奇》、《欧美环游记》五种合一卷

《西学东渐记》、《游美洲日记》(祁兆熙)、《随使法国记》、《苏格兰游学指南》(林汝耀等)四种合一卷

《日本日记》(罗森)、《甲午以前日本游记五种》(何如璋等)、《扶桑游记》、《日本杂事诗广注》八种合一卷

《伦敦与巴黎日记》(郭嵩焘)一卷

《出使英法俄国日记》(曾纪泽)一卷

《漫游随录》《环游地球新录》《西洋杂志》《欧游杂录》四种合一卷

《出使英法义比四国日记》(薛福成)一卷

《欧洲十一国游记二种》(康有为)、《新大陆游记及其他》(梁

启超)、《癸卯旅行记》、《归潜记》五种合一卷

※

一九八六年二卷:

《英轺私记》、《随使英俄记》(张德彝)二种合一卷

《李鸿章历聘欧美记》、《出使九国日记》、《考察政治日记》(载泽)三种合一卷

生活简单，思想复杂*

（2009. 7）

《新京报》二〇〇八年五月推出的“三十年阅读史”系列专题，以锺叔河主编、一九八〇年初版的《走向世界丛书》开篇。

时隔近三十年，装帧精美的岳麓书社再版《走向世界丛书》再次摆在了爱书人面前。锺叔河在《再版序言》中说：“愿《走向世界丛书》能够引起更多读者的兴趣和思考，能够在中国‘走向世界’的过程中起到更好的作用。”

锺叔河先生家的客厅很大，两边都是摆放文史图籍的书架。他的书桌位于窗边，收拾得很干净。客厅中央有一个台球桌，锻炼不多的他，偶尔会挥杆打打台球。锺先生的夫人朱纯和他相濡以沫几十年，前不久去世了。不知道是不是因为这样的原因，他把自己的时间排得满满的，手头好几部书稿在整理之中……

* 原载二〇〇九年七月二日《新京报》，原题“老出版人回忆半个多世纪的文化、思想历程　锺叔河：我这个人，生活简单，思想复杂”，记者张弘。

□　我们的访谈可以慢慢地谈，谈谈您七十多年的岁月，谈谈一个老出版人的求索。

被划右派：错就错在要思想

○　我这个人，生活经历很简单，思想经历很复杂。我是一九三一年出生的，除了抗战八年、坐牢九年外，其余时间都在长沙。

我高中还没有毕业就“参干”，一九四九年八月，通过地下党介绍，参加了新华社和《新湖南报》(后改名《湖南日报》)办的新闻干部训练班。训练班在新解放的长沙城中招收了一百五十多个大学生和高中生，也有个别初中生和研究生(还是浙大竺可桢带毕业的研究生)。上世纪即已全国闻名的朱正、刘硕良也在其中，但我们当时互不认识。朱正、刘硕良受完训后，一个分配到郴州，一个分配到广西，我却在九月开班前便到报社上了班。

参加工作之初，应该说是充满了热情。李锐和我的关系就是在那时候建立的，他那时候是《新湖南报》的社长。

我在报社的头两三年很顺利，写东西比较快，发表也较多。后来就在记者组当编辑，外地记者发回的稿子我先看一下，如果觉得好就可以发，文字上可以改一改，修饰修饰。但是我并不签名，也没有资格审稿，那是总编室主任和值班编委的权限。我改是可以改的，就是在改稿中结识了朱纯，她那时是驻衡阳的记者。

李锐、朱九思调走后，报纸越办越乏味，群众也越来越不喜欢看了，说报纸是布告牌、留声机。我有次去常德，见常德人休息时喜欢坐茶馆，写了一篇《常德的茶馆》，结果不让发。这时地主早就被镇压了，戴上了帽子，不敢去坐茶馆，坐茶馆的都是劳动人民，下了班，休息了，去坐一下，为什么写了不能发表呢？又见沈从文、周作人在《人民日报》上发表了文章（周署名"长年"），建议报社请他们写文章，也不行。

后来"反右"开始了，我作为"极右分子"被开除公职送劳动教养。反右的负责人对我说，你的错误比别人都严重，有的人成为右派，是因为在个人问题上或办报问题上对党不满；你不是的，你没有涉及个人的问题，也很少涉及具体工作问题，你的意见讲的都是"不民主""不自由"……这些都是根本问题，所以你的问题特别严重。用他的原话说，"你错就错在要思想，要胡思乱想"。"反右办公室"编印了一本十多万字的《继续揭发批判锺叔河的反党反社会主义罪行》，最重要的内容便是我自己写出来的四十八条。

我最初想不通：解放前我是个反对国民党专制独裁的民主青年，我并不"反党反社会主义"啊！这四十八条也不是特别"鸣放"出来"向党进攻"的，而是几年来平素发言和闲谈中流露的观点，自己觉得并不那么错，所以信口而出，想不到"运动"一来，全成了同志们检举揭发的材料。唉！恐怕真像他说的那样，"错就错在要思想"吧！其实他说可能是"有思想"，"有思想"不敢当，"要思想"倒是确实的，那就认了吧。

抱着弄清楚一些问题的目的，在被开除离开报社以后，我在做工糊口之馀用心读书，主要读史，政治史、思想史、文化史……我认为今天是昨天的继续，希望从历史中找到现实的答案，并希望将自己思考的结果与人交流。结果，又有人检举、揭发我反对“文化大革命”的言论，又引来了九年牢狱之灾。

一九七〇年我被判刑十年。幸亏在谋生时学过几天机械制图，到劳改队后，这里正缺绘图技术人员，便把我分到机械厂的绘图室了。绘图室一位青年工人帮我从职工图书室陆续借来图书，我一有空就读。我深信，把无罪的人当作“反革命”的悲剧总有一天要结束。但是，我早已人到中年，身体被折磨得虚弱不堪，脊椎骨折、腰劳损、气管炎……在劳改队，偶然得见的潘汉年曾对四十五岁的我说，“你还年轻”。这话给被关在黑暗牢房里的我增强了几分信心和力量。

投身出版：力主新编《曾国藩全集》

○　一九七九年三月，我被“提前释放”出狱，九月正式平反。我不想回报社，到湖南人民出版社后，做的第一件事就是编辑《走向世界丛书》。著名学者、国务院古籍整理出版规划小组组长李一氓说，“这确是我近年来所见到的最富有思想性、科学性和创造性的一套丛书”，钱锺书先生说，这套丛书“眼光普照，察看欧、美以及日本文化在中国的全面影响……”钱先生要董秀玉领我去他家见面，建议我将丛书叙论的材料写成一部书，主动为之作序。

解放前，我看过曾国藩的家书，也看过他的文章。我并不认为曾国藩能够解决今日中国的问题，因为他属于过去了的时代。但他是旧文化的最后一个集大成者，他的个人能力是出色的，在决策方面、组织协调方面，以及学术文化方面，他都是第一流的人才。他做实际工作时间不长，却做出了这么大的成绩，这是很了不起的一个人物。研究人才学，他是一个标本。另外，他在培养教育人、发现人才方面有独到之处。他的文笔也好，可读。

曾国藩不单纯是一个军事政治人物，他还是一个学者，有很高的文化，他深入研究了中国的传统文化，而且做了大量的编辑整理工作。中国的旧体制在当时走到了穷途末路，面对“三千年未有之变局”，要么赶快实现现代化，跟上世界潮流，要么就是被世界潮流抛弃。在这个关键的时候，曾国藩作为传统文化的总代表，是值得深入研究的。把曾国藩的书列为禁书，是没有一点道理的。就是反对曾国藩，也得研究他的书，研究他的全部著作。周作人也是的，要批判周作人，就得看他的书，不看他的书怎么批判他呢，也批判不到点子上呀。而且，越是研究曾国藩，就越是可以发觉，连曾国藩这样有作为、有能力的人物都无法挽救旧体制的崩溃，那只能说这个旧体制的确到了不能不崩溃的时候，这能够更深刻地说明旧中国必须改变。

一九八三年，李一氓因为《走向世界丛书》的缘故，让我去北京开会。在京西宾馆的会上，我做了发言，《走向世界丛书》这时无须讲了，我就讲曾国藩的全集必须要新编出版。国家规划原来只允许影印刻本《曾文正公全集》，我说那不行，原来删掉和漏掉了大量的书信和批牍，还有不少其他集外文，都必须收集编印，把曾国藩的所有资料编成一部“大全集”。我跑到北京图书馆去，把旧的刻本和新发现的材料同时搬到会场上，一篇一篇、一条一条指出旧版本为什么不完善，不能简单地影印。就这样，新编《曾国藩全集》才列入了规划。

一九八四年，我调到岳麓书社当了总编辑，此时，书社已经将《曾国藩全集》列入了选题，分配了一位学中文的潘君做责任编辑。我去了以后，发现潘君更适合编文学书，便决定改由邓云生(唐浩明)来当责任编辑。邓学过工程，我觉得这正好是他的一个优点，因为学工的人经过科学技术的训练，工作方法比较周密。我对他说，你搞《曾国藩全集》正好，学过工科是你的优势，何况你后来还是文科研究生呢。于是便调整分工，让唐浩明来做《曾国藩全集》的责任编辑。

出版理念：站在提供资料的立场

○ 为了出《曾国藩全集》，我承受了很大压力。唐浩明后来因为写小说《曾国藩》出名了，但当时还没有出名。我却已经搞了《走向世界丛书》，在全国有了一点影响。在湖南，我在一九五七年是个大右派，报纸上登头条，大家都知道，岳麓书社的总编辑又是我，所以最初这个压力主要只能由我来承受。

《曾国藩全集》付印的头一本《家书》出版后，《湖南日报》发了一篇大文章《如此家书有何益?》，反对出这个书。还有人向省委告状，说曾国藩是汉奸刽子手，岳麓书社为何如此热心出他的全集，“不出我们的学术成果”。我对社里同志们说，沉住气，我们不必和个人去争论，这种争论一开展起来，就会没完没了。只要在国际上，至少在全国范围内造成了正面的影响，只要大家都觉得这个书出得好，反对的声音自然就被压下去了。

很快，内地、香港、美国的报纸都发表了评论，把湖南新编《曾国藩全集》比成“爆炸了一颗文化上的原子弹”，都说出版曾国藩的书是大好事。省里面做官的人和负责审读的人，他们其实并不在乎事情本身的是非，只在乎“上头”和全国舆论界是肯定还是否定这个事情。“上头”和舆论界肯定了这个事情，他就不会多说多管了。

有人后来却说：“策划新编曾国藩的书没什么值得提的，《曾文正公全集》光绪年间就刻印了，民国时期到处印，列入规划算什么呀！”现在来看，印曾国藩的书当然不算什么，但上世纪八十年代初的情况又是怎样的呢，讨论出版规划的会说这话的人也没有去呀！当然，他说他的，那没有关系，我也并不认为提议、策划出一部书有什么“值得提的”。现在是你来问我，叫我说，我才说嘛。我说，做这件事情，开始是出于我的本心，后来是我当总编辑的责任；选派适当的人当责编，也是我分内应该做的。如果这部书还有缺点，作为总编辑，首先也是我的责任。

我从来不认为别人发表文章批评反对是什么了不起的事情。今天还有人不赞成出曾国藩的书，出周作人的书，也没有关系。提倡自由，不能只意味着我要自由，别人也要自由，也有他说话的自由。曾国藩的书和周作人的书，一万年以后还会存在的；对曾国藩和周作人的评价各有不同，会发生争论，也是一万年以后还会存在的。我认为，评价曾国藩和周作人是一回事，提供完整的资料又是一回事。我一般不去读评论曾国藩或者周作人的文章，更不去参加争论，那样反而会妨碍书的编辑出版。我总是站在提供资料的立场，这样就立于不败之地了。我只说，要肯定他，要批评他，都得看他的书，不看他的书，讲的很多话就没有常识。这样立论最站得住脚。虽然我一直在出书，在出书方面我却没有受过来自北京的任何批评，没有被抓过辫子。

我认为，在出版政策上，如果觉得这个人“倾向好”，他的东西就发表，就尽量多给他出版；那个人的“倾向不好”，就不准出他的书，有价值的东西也不出，这本身便是一种反文化的态度。

和周作人的结缘和缘分

○　我从小就喜欢看周作人的书，从抗战前《初中国文读本》上的文章看起，这是我哥哥姐姐的读本，里面收有很多人的文章。别人的文章初读很有味，像朱自清的《匆匆》《背影》《荷塘月色》都很好读，但多读几遍就没有很多味了。周作人的文章和别人的不同，他的文章初看不怎么样，甚至还有些看不懂，但是越看越懂得多了些就越有味，越看越觉得有意思。

上世纪五十年代初，我和张志浩在报社，到旧书店翻旧书，见了周作人的书就买。看了他翻译希腊诸神的名字不用通常的译名，写信去问，他回答说他是按古希腊文对音的，名从主人，别人翻译都是从英文翻译的，它是希腊神，应该按希腊文读音用我们的汉字直译。他这个主张，当然也有人不同意，因为学英文的是大多数，很多人翻译都是从英文转译。此后我就和他直接通信，和他联系，并没说我是右派，但说过我生活困难，没有办法购置比较像样的纸笔：也没讲我是板车夫，只说我以劳动维生，没有很多时间和力量买书。他给我回信，寄书给我，我不可能不对他心怀感激。因为他毕竟是“五四”老作家，而我只是一个拉板车的。

当自己从事出版时，我就想把周作人的书都印出来，我认为印出来会有人看的。周作人的确跟日本人合作过，这个事情的详情我不很了解，有的人说有地下工作者的支持，他也做过一些有益的工作，这个可能有，也可能没有。但他跟陈独秀、李大钊有交情是真的，李大钊的子女他掩护过也是真的，更不必说当初毛泽东、周恩来都去八道湾他家里看过他，向他请教过的事了。其实这些事也不重要，我感兴趣的是他的文章有文学价值，有文化价值。我把周作人定位为文化学者，他的纯文学作品并不是很多。他谈科学，谈自然，谈妇女儿童，谈历史问题，各种问题都谈，他对人生、对文化的观点，我认为比较深刻。

于是当我有可能选题出书时，便立即编印了一部《知堂书话》，这是新中国成立后出版的第一部署名“周作人著”的新书。接着，我又策划重印《自己的园地》《雨天的书》等他的原著。

出这些书的阻力就更大了。湖南很多人反对，告状、告密，说我出了曾国藩又出周作人，偏爱汉奸，却不出革命回忆录，不出老同志的书。事实也确实如此，岳麓书社是古籍出版社，我只出死人的东西。为此，我还得罪了省委的组织部部长H，他拿他的一本诗稿让我看，希望我帮他出版。我说我不懂旧诗，你的诗写得好我也没办法给你出版，因为岳麓书社只出古人的东西，李锐同志的诗我也没有出。这样就把他得罪了，他就写文章说我“左”，说我看不起旧体诗，说我偏爱周作人，说周作人也不是古人。周作人确实不算古人，但他现在也不是大活人呀。所以我不管，坚持出周作人，不出不值得出的东西。我这个人就是这样，从不看“官”们的脸色，从不拍“官”们的马屁，顶多不当这个总编辑就是了嘛，这实在是无足轻重的。

于是我这个总编辑终于干不下去了。这倒不一定是H的意思，也不完全是出周作人书的问题。而是省新闻出版局安排的选举，一人一票来选社长，我落选了，自然得离开。

当时讲湖南出了“三种人”：《查泰莱夫人的情人》《丑陋的中国人》，加上周作人。后来我才知道，幸亏有胡乔木看重周作人的文章，我才没有出更大的麻烦。

“三种人”中两种与我有关。《查泰莱夫人的情人》是我提供的本子，湖南人民出版社印的，害了朱正。因为岳麓书社不能印译文，不然我就自己印了。现在，这个事情已经变成笑料。《查泰莱夫人的情人》是世界名著，出这样的书有什么问题？作者认同现代文明，提倡人类过正常的生活，跟贵族家庭、虚伪的旧道德决裂。查泰莱夫人的丈夫是个废人，她找一个男人是合情合理的，但旧体制不能接受，找同阶级的贵族做情人没问题，找个照料花园的工人就是不能接受，这个问题是有社会意义的。劳伦斯是伟大的作家，他写性有思想。性是人们现实生活的一部分，为什么写不得？当然你可以作道德说教，男女之事尽管可以干，最好不要写，这也是一家之言。但是，你用行政命令来处分出版者，那就是完全错误的。

作为“被告密者”谈告密

○ “文化大革命”中，我被告密最多。平时在一起聊聊天，扯扯谈，“运动”一来，他就把我告出去了。有个姓谢的右派，他被别人当成猎物追，他就告诉猎人，另一个目标比他更重要，他想减轻自己的问题。其实这是错误理解了当时的政策“坦白从宽”，说你多交代，多检举，可以从宽。其实完全没有这么回事。你交代的越多，你的罪越重。你检举别人，“他会跟你谈这些东西，你当时为什么没有报告？”但是姓谢的没有这样清醒的头脑。我说“‘文化大革命’是自己反自己”，“《红楼梦》《史记》都烧掉以后难得再印”，这样的话他都检举交代了，结果我判十年，他判十五年。

体制不改变，这种检举、揭发也就是告密是经常会有的。现在它叫举报，举报贪污，很好。思想意识方面的问题，文化方面的问题也这样搞，那问题就大了。上面需要这样的材料，下面就会有炮制和提供这些材料的人。这类人有几种，一种是出于本能："这是周作人的，大逆不道啊，怎么能出呢？"这还可以原谅，他有他的自由，有他发表意见的权利。另外还有一种人，他恨的不是周作人，而是锺叔河——"锺叔河看不起我，骂了我，现在锺要出周作人，我就要举报。"其实他并不了解周作人，他甚至完全没有看过周作人，不过是拿这个事情当棍子。为什么会不断出现这样的小人呢？很值得人们深思。

圆了一个梦*

（2009. 7）

□ 《周作人散文全集》的出版，是文学界的一件大事，《文学报》不能不来访问您，请您谈谈。

○ 这是件我一直想要做的事，最终总算做成了，圆了自己一个多年的梦。

《全集》凡十五卷，六百馀万字，以编年体形式辑录了周作人一八九八至一九六六年六十八年间的全部散文作品及部分可以视为散文作品的日记、诗歌、序跋和译文，集外文和未刊稿超过了三分之一。

编散文全集的目的是存文，因为我喜欢周作人的文章，觉得这样的文章值得存。从十来岁初读《金鱼、鹦鹉、叭儿狗》(后来才知道是从《看云集·金鱼》摘录收入初中国文读本中的)时“一见钟情”，到而立之年与八道湾十一号八十老翁鱼雁往还，“平反改正”后又举半生之力编辑他的作品，对知堂散文的喜

* 原载二〇〇九年七月二日《文学报》，原题“《周作人散文全集》让我圆梦”，记者乔亮。

爱我几十年一以贯之。

周作人散文的价值不仅仅在文学上，他的文章写得好自不必说，但更重要的则是它的文化价值。我最看重的不是他的抒情描写，而是他的社会人类学的考察，他的中外文化比较研究，还有他对传统文化遗产和“债务”的分析。

《周作人散文全集》的一大亮点是六十馀万字的索引卷，这件事是鄢琨做的，所以只署了鄢琨的名。周作人文章同题异文、同文异题的很多。他的文风又是大量“抄书”，引用的西文和日文书籍很多并无中文译本，所引中文书籍亦多为常人所罕见，没有索引不便阅读。索引卷分为全集篇目索引、主题分类索引、人名索引、书名索引等，为读者及研究者提供了便利与帮助。

在编辑知堂作品的几十年中，遇到过很多困难，从上到下的都有，告密揭发，查问限制，发了稿一压好几年。然而，不服输的性格让我终于一偿夙愿，浩繁的编订工作带来的劳累也就不算什么了。

要体会知堂散文中的苦味，的确需要一点人生阅历。个人的辛苦不算什么，民族的辛苦多少总该懂一点。我也不特别倡导青年读周作人，能读就读，不能读不必勉强。

谈谈周作人*

（2009. 7）

□ 《周作人散文全集》出版以后，不少读者想了解周作人，也想了解您。请您跟大家谈谈周作人，也谈谈您和周作人的事情吧。

文章有深意，也不乏幽默

○ 我和周作人有点缘分。十来岁时对他的文章“一见钟情”，三十来岁时曾经和他通过信，五十来岁又开始编印他的书。

七十年前看兄姊的“国文读本”，便喜欢上了周作人。同时也看到了冰心、叶圣陶、朱自清等人的文章，一开头它们比周作人的更容易吸引我的注意，《故乡的野菜》还不如《匆匆》好懂，也不容易上口。抗战时期平江乡下最缺乏的是新书，所以一本书我看了好几年，读过不知多少遍，读久了，慢慢才领略

* 原载二〇〇九年七月八日《河北青年报》，原作“周氏兄弟很多观点是一致的——锺叔河谈《周作人散文全集》”，记者赵丽肖。

到周作人文章之美，实在超过了其他的人。周作人的散文越读越有味，有深意，也不缺乏幽默，每次读都有不同的体会。

二十世纪五十年代末，我在长沙街道上当板车工人，白天流大汗，晚上在暗淡的十五支光的电灯下，用红格子“材料纸”给八道湾十一号(周作人)写信，意外地很快便得到回信，还收到了题赠的书和写在宣纸上的诗：“半生写文字，计数近千万。……饲虎恐未能，遇狼亦已惯。出入新潮中，意思终一贯。只恨欠精进，回顾增感叹。”这让我激动不已。我把这首诗看成是前辈文人的一份厚赠，八十老翁何所求，从“五四”新潮中走过来的老者，居然认为我这个三十来岁的板车夫还能懂得他的文章。

想“有模有样”地出书不容易

○ 从初识周作人到开始为周作人出书，时间过去了四十多年。二十世纪八十年代，我到出版社工作后不久，便动手选编了一部《知堂书话》，这是中国大陆一九四九年后第一部署名“周作人著”的新书。接着，又着手重印《自己的园地》《雨天的书》等“周作人自编文集”。我在北京报纸上登了一条“重印周作人著作”的广告，词云：

“人归人，文归文。周作人其人的是非功过是另一问题，其文之主要内容是对传统文化和国民性进行反思，对中西和中日的文化历史作比较研究，今之读者却不妨一读。”

即使说过了“人归人，文归文”，重印周作人作品的事情仍然进行得并不顺利，及至一九八九年，我在岳麓书社落选下了台，这件工作就完全中断了，广告过的三十五种“自编文集”终于未能出齐。

我一直都有这个心愿，就是要使周作人的作品首先是散文作品像模像样地印出来。离休之后，我不用再受约束，编书成了个人的事，想编什么就编什么。但真要认真地编书出书也不容易，到一九九四年才将周氏的大部分散文作品编成十卷，以《周作人文类编》的书名交给湖南文艺出版社，又一直拖到一九九八年出版社拿到新闻出版总署的批复以后，才得付印出版，因为有个老局长一直在大声疾呼“不该出汉奸的书”。

把搜集到的作品全编进来

○ 我想做，愿做，认为应该做的事，是不怕有人反对的。因为他反对得没有道理，所以他越是反对，我越是坚持要做，而且要做得越好。湖南的出版社“积威之下”难作为，《分类文编》是“顶风而上”的产品，是框框里头的产品，又不是作为全集而编的，还有好几十万字的文章没有编进去。于是，我只好继续努力，决定重新编出一部自己比较满意的周作人散文全集来。

编全集就是要把能够搜集到的周作人全部散文作品都编进来，并加以校订。它的目的是存文，至于因文而论人，或不论文而论人，则超过了我的能力，也不是我的本心。所以我自己不写周作人，也不参加关于周作人的讨论，一心一意就只编书。“散文全集”的编辑工作历时五年，所有文字都据不同版本和手稿认真校订，改正了上千处“手民之误”和上百处作者的笔误，一一出注，以示负责。

这部全集收录了周作人全部散文作品及有关的日记、诗歌、书信、序跋和译文，涵盖了《周作人文类编》和《周作人自编文集》的全部内容，并有超过三分之一的集外文和未刊稿为首次编年面世。

我自己不会写文章，但有时也写一写，却从来不写关于周氏的文章，因为写了别人就会认为我出书是因为个人的好恶，认为我“有倾向”。现在气氛已经有了变化，出周作人的书没有什么压力了，我却没有精力再来写了，我把希望寄托在比我年轻的人身上。止庵也编过不少周氏兄弟的书，他有思想，有能力，以后的事就要等他们来做了。后来居上，我虽居下流，心里也是高兴的。

文章的主旨全是文化批判

○　我认为，鲁迅和周作人两兄弟的历史观、社会观和文学观，有很多都是一致的。他们是最深刻地批判旧文化中消极东西的两个人，其深刻性现在也没人能够超越。在周作人的文章里，找不到反人文、反社会主义的话，全是对文化专制和思想统治的批判，对蔑视自由的意识形态的深恶痛绝。在这方面，周作人绝不逊于鲁迅。

据斯诺夫人海伦提供的原始采访记录，斯诺于一九三三年二月二十一日以书面形式向鲁迅提出了三十六个问题，鲁迅一一作了回答。斯诺问鲁迅新文化运动以来中国出现的最好的散文作家是谁，鲁迅答道：“周作人、林语堂、周树人(鲁迅)、陈独秀、梁启超。”将周作人列在所有人包括他自己之前。

巴金也曾表达过对周作人文章的喜爱。在李辉的《与巴金谈沈从文》中，记有巴金谈到周作人文章的两句话，一句是“周作人的文章写得好”，还有一句是“人归人，文章还是好文章”。在我写“文归文，人归人”的广告词时，李辉还未曾采访巴金。所以我开玩笑说：“鄙人所见，盖与巴老略同。”

编书和写书*

（2009. 7）

一九七〇年，已被打成“右派”的锺叔河，因为“污蔑攻击伟大的无产阶级文化大革命”，又被判了十年徒刑，他的狱友之一是朱正。据朱正说，就在监牢中，“中国走向世界”的思路，已经在锺叔河的脑子中逐渐成形。出狱后一年，锺叔河编辑的《走向世界丛书》第一本就面世了。

二〇〇九年，被称为“目前出版的周作人最全的集子”的锺编《周作人散文全集》在广西师大出版社出版，这离他第一次和周作人通信，已相距四十多年。四十多年的时间也许并不算太长，因为在锺叔河看来，“曾国藩的书和周作人的书，千百年以后也会存在的”。

锺叔河从不说周作人没有问题，他认为周作人问题的根源也是他的软弱性——旧文人的劣根性。他也认为，曾国藩只能救清朝于一时，根本不可能使中国走上现代化的道路；不过在

* 原载二〇〇九年七月十五日《晨报周刊》，原题“光靠‘走向世界’的这些人是走不向世界的”，记者袁复生。

旧的体制和文化走到穷途末路时，面对现代化这么一个起死回生的重要转变关头，曾国藩作为旧体制和旧文化的总代表，确实具有极为重要的个案价值。

走向世界丛书

□ 您曾经说过，在您被打成“右派”以后，在“文化大革命”的监牢里，编《走向世界丛书》的理念在慢慢形成，同朱正也聊到过。你们是怎么聊的？

○ 我们为什么会坐牢呢，我们既没有乱搞男女关系，也没有贪污受贿打群架，没有闹事也没有反社会，就是“思想有问题”。“反右”的负责人说我“错就错在要思想”，他们就是不允许人思想，专制独裁就怕人们思想。我们聊到过：只要有三分之一的人像我们这样，“四人帮”一套就行不通。也不必怎么跟他对着干，只要他说的我不听就是了。叫我早请示晚汇报高声喊万岁，我不喊，绝大部分人都不喊，他就没有办法了。

在街道上当右派也不能不说话，坐在牢里也不能不说话，犯人们说得最多的是吃，再一个是性。我和朱正是读书人，不会专门谈食色，有些话题只能我俩谈。我们的苦恼，就是中国脱离了人类文明进步的大道，脱离了世界历史发展的正轨。世界进步了，我们却停滞了。我们在一九四九年以前看过不少报纸，解放后自己办报，办得比一九四九年以前的还没有味，于是一九五七年才宁愿丢掉党报的铁饭碗。其实党报的工作条件还是很好的，我的级别也不很低，苦恼的并不是个人待遇不好，而是思想不自由，不能不屈从“舆论一律”的限制和环境。如果中国能够改变这种禁锢的政策，改变一味压制的政策，走向全球文明，我们的问题就解决了。我们所要求的无非就是这样，就是和全人类一起走在同一条大道上。

□ 您这个判断对我的启发很大，之前我们谈了大量的湖湘文化的传承，觉得朱熹那会怎么怎么，宋明理学怎么怎么。但实际上，真正湖南人有作为，只能从魏源算起，才开创中国走向世界的关键时期。我们是否可以这样说，理解湖湘文化的关键，应该看湖南人在“中国如何走向世界”的进程中的思想和成就？

○ 历史上的湖南是个很封闭很偏僻的地方，清朝雍正年间才设省。湖南虽不是政治意义上的边疆，却是汉文化的边缘，所以沈从文才将湘西叫做“边城”。走向世界的思潮却为什么很早出现在湖南人身上呢？因为洋人是从广东进来的，从澳门、广州那些地方来的。湖南紧挨着广东，洋人进来首当其冲，原来又是非常封闭保守的，那反差就特别明显，反差特别明显的地方冲突就特别强烈。我父亲曾告诉过我，他在进时务学堂之前，在很年轻的时候，就曾到湘江边朝洋船扔石头。有很多保守的人像我父亲早年那样的，逢“洋”必反。先知先觉的先进分子如魏源、郭嵩焘者，正是在这种充满矛盾冲突的地方才会冒尖出来，“相克相生，相反相成”，人才作育的道理正是这样的，我在《论郭嵩焘》文中有详细论述，这里就不多说了。

研究文化史，不能只研究文人的著作。文化是社会人群精神生活和物质生活的总和，应该注意研究普通百姓的生活状况和意识形态。文人和普通百姓是两码事，老子、庄子的哲学思想现在的大学生都难于领会，先秦时的老百姓跟他们更是相差十万八千里，他们并不能代表当时楚国和宋国的普通人，他们远远超过了那时的众人。研究地域文化对于中国这么一个大国来说是有意义的，但“走向世界”绝不是湖湘一地的问题。魏源在全国来说都是最早主张走向世界的人，走向世界是全中国的问题，把他归属于“湖湘文化”是贬低了魏源。

□ 在当时的精英层里，走得最远的是哪个？

○ 思想水平最高的是郭嵩焘，他的思想言论远远超出同时代的人，因此不能够被理解。左宗棠做的事比郭嵩焘多，但在我看来，百年以后，郭嵩焘的历史地位要比左宗棠高。这里我要指出很重要的一点，光靠著书立说宣传应该“走向世界”，是无法走向世界的。即使是郭嵩焘，他也有局限，局限很大。他们中有些人，走向世界是被动的，很多是被派出去的，很少是主动的。当然不管怎么样出去，出去了就会发生作用。起决定作用的还是全民素质的提高，要使人们脱离阿 Q 和小 D 的精神状态，就得努力做启蒙的工作；还要有七十年代末八十年代初的邓小平那样的人来倡导改革，贯彻实行“改革开放”的方针。

□ 现在呢，您觉得我们已经走向世界了吗？

○ 我认为走向世界的前景肯定是光明的，但中国要完全走向世界却是很难的。走向世界是一个长远的过程，是一个历史阶段。中国要走向世界，可能比非洲有些国家还难。那些国家没有这么深厚的传统。传统文化是一把双刃剑，它确实源远流长，但保守性也很强。“皇汉医学”（请允许我借用日本名词）确实比其他民族的原始医药有效，保证汉族成了全球人种中最大的种群。汉人的繁殖力也特强，我就生了四个女儿，如果不当右派，肯定还会生。这也是汉文化保守、传承、再生能力强之一证，我是受了益的。我绝不是一个反传统文化的人。正因为传统文化确实有优点，有长处，它才能够保守，没“本钱”的人不会保守。保守也不是贬义词，能够保守住自己继承的遗产，不做败家子，这当然好。但继承得来的不仅是遗产，同时还有债务。祖宗遗留下来的债务，阿Q、小D、赵高、李斯、秦始皇……他们欠下的“来生账”重得很。尤其是习惯依附于权力的读书人，很难接受独立自由的价值观。像我和朱正这样的人，在这种“主流”中始终会被视为“异类”。

□　那在您看来，究竟怎样才算是走向世界了呢？

○　走向世界这个过程本身很漫长，要到中国完全融入全球文明了，才是真的走向世界了。所谓走向世界，就是走向外部世界。走向世界的一个标志，就是价值观和世界趋同。

周作人散文全集

□　我听您说过几次，编完《周作人散文全集》以后，就不会再编别的书了。

○ 其实现在出这个散文全集，远没有八十年代在岳麓书社开始出周作人的书那么有意义，那就是《知堂书话》，一九四九年以后出的第一本署名周作人的书。我出周作人的书是付出了代价的。不能在岳麓书社搞下去了，那是原因之一。湖南出版界批判“三种人”，其中的周作人只和我有关。局里和社里都有人反对出周作人。反对出周作人，就是为了不让我再当这个总编辑；不让我当社长总编辑，就是怕我在出书上“闯大祸”。

□ 一九九八年终于能够出版《周作人文类编》，是不是因为胡乔木帮了忙？

○ 出《知堂书话》是一九八五年我到岳麓书社第二年的事，当时本想出更多的周作人的书，广告都在《光明日报》上打出来了。但湖南出版局有位离休老局长想争“韬奋奖”，为了表现自己“一直坚持正确的出版方向”，四处宣称应制止锺某人“偏爱汉奸，大出周作人”，把省出版系统有的人吓住了。他们说出书“必须慎之又慎”，除非先报告北京批准。那时北京的主管部门还是文化部出版局，当然最高领导是中宣部。《知堂书话》和《自己的园地》等刚面世时，我在文化部出版局偶遇中宣部的一位副部长，彼此并不相识，不知怎的他却将我叫住，大声地说：“锺叔河！你出周作人，要适可而止啊！”这使我意识到，这件事已经在中宣部“挂了号”，似乎并不看好。那么，为什么后来又批准了呢，黄裳告诉我，是胡乔木力排众议，不顾别人反对，才批准的，省里才拿到了批文。

头一个批文还带了框框，说锺某人是一个认真负责的编辑（大意），如果由他来编，周作人的书是可以出一点的，但是不能够出全集、文集，只有抗战前和解放后的文章可以出。《分类文编》虽然“突破”了一点框框，仍不能完全不受约束，所以编得并不理想。

□ 胡乔木为什么会支持呢？

○ 胡乔木读过周作人，他读得懂。他也知道毛泽东对周作人的态度。建党之前，在北大图书馆做管理员时的毛泽东到过八道湾，他到那里去是去看周作人，而不是看鲁迅，是去请周作人介绍日本的“新村”，准备在岳麓山下蔡和森租住的地方（今新民学会纪念馆）也建个“新村”。那时候周作人是宣传“新村”，宣传社会主义的，他去过日本“新村”，写过文章。

出了《知堂书话》后，本来我想接着出周氏自编的各种文集，也就是二十年后河北教育出版社印的那三十多本书。但那位副部长的话不能不使我顾虑，个人触霉头没啥，弄出个禁令来，事情就搞不成了。钱锺书先生告诉我，胡乔木和他在清华同学时，也是个周作人迷。于是我就寄了本我做的《周作人儿童杂事诗笺释》（是文化部属下的“文化艺术出版社”出版的）给胡乔木，附上一页信说，我想编一部《知堂文化论集》（也就是《周作人文类编》），不知道行不行。很快他就回了一封信，说是“谢谢你寄书，祝你的《知堂文化论集》获得成功”。我想这就是北京终于解禁，并且在批文中提到锺某人的原因。

□　后来您又编《周作人散文全集》，将日本占领北平时期的文章也收录进来了，这些文章的思想倾向和抗战前解放后的文章有什么不同吗？

○　没什么不同。周作人和日本人合作过是事实，当然“教育督办”这样的事他是不应该做的，可是他却做了，这说明他身上同样有旧文人的劣根性，他不是一种能坚强抗拒的人。但这并不影响他的文章之美，并不影响他批判旧文化的深刻性，我以为。

解放以后，共产党对周作人其实是照顾的。他解放后的文章总体上还是“一以贯之”，但也有一些迎合和附会，有几篇骂“蒋二秃子”，解放后骂蒋是毫无危险了，但因此也就毫无意义了，就像现在骂周作人一样。他还骂“傅大胖子”，无非是抗战胜利后俞平伯等人联名保他，胡适、蒋梦麟也为他作证，只有傅斯年不肯签字，而且还劝胡适不要签。记这种恨，为文泄恨，这就有点像鲁迅，像绍兴师爷了。

周作人的气量比鲁迅大得多，但多少也有点绍兴师爷的习性。日本占领时期，他生沈启无的气，宣布对沈“破门”，也是师爷气的表现。这些文字我并不喜欢，编全集却不能不收。

现代中国的政治，主要是国共两党的斗争，周作人对国民党从来不抱好感。从辛亥前后开始，他对章太炎、陶成章的态度，就好过对孙文、陈其美、蒋介石。对北洋政府和后来的国民政府，他并不认同，更无论国民党的职业党棍了。倒是在早期的共产党人中，他却有一些朋友，陈独秀给他的信有好多封，李大钊死后的事也是他料理的，让李葆华躲在他家，并且让其去日本留学(避难)。沦陷时期李大钊的女儿去延安，也是他给路条路费。

许广平说周作人很自私，一天到晚坐在屋子里读自己的书写自己的文章，连院子里花开花落都不知道。这算是什么缺点错误呢？对一个读书人来说，恐怕正是一种修养、一种风度。

学其短

□ 您现在手头修订的是自己的《学其短》书稿吧，为什么要写这么一部书呢？

○ 开始是为了给外孙女儿看，她在长沙一中读高中时，我想帮助她读一点古文。我在看中英、中俄对照的书时发现，汉语比外国文字简短得多，古汉语又比现代汉语简短得多。文言文是老祖宗留下的一宗遗产，值得学，学它的简练。报刊编辑见到了，要拿去发表，于是写一篇发表一篇，发表了再拿给她看。我选文标准是，第一，必须是一篇完整的文章；第二，要短在一百字以内；第三，是我喜欢的文章。

□ 除了这些短文的今译，您还写下了很多个人的所感和所思吧？

○ “就题发挥，借题发挥”，这是我写这些东西的“八字诀”。不借题光“发挥”的文章很可能发表不出来，报刊编者怕“触电”。分散在这一大本书里，用这种形式，就可以印出来了。

□ 《学其短》的文章很多是应用文，它们怎么表达情感？

○ 古文的感情表达很含蓄。五代十国时有个吴越国王，他给妻子写过一封信，“陌上花开，可缓缓归矣”。如今年轻人发手机短信谈情说爱，恐怕很难写出如此短又如此动人的文字。

我以前写过一篇文章《千年谁与再招魂》，借用周作人诗句为题，介绍敦煌出土的一枚汉简，只有十四个字：“奉谨以琅玕一致问春君幸毋相忘”，这是两千多年前的一封信，可称“千古情书”。它的原件现藏台湾“中研院”历史语言研究所，即傅斯年创建的史语研究中心，很有学术水平。它的照片登在一本叫《流沙坠简》的书上，这书比我们出的很多图册好。我曾开玩笑：都说“惟楚有材”，才人应该是浪漫的，应该写得出“幸毋相忘”这样的简牍；可是我所见湖南出土的简牍，却绝无像《致春君》这样表现才情的，湖南人的心思都用在记账和向上司问好上面了。

书评和书话*

（2009. 11）

□　请介绍两本今年的新书，并请对时下的书评谈点看法。

○　今年出版的新书我看得不多，印象较好的有苏州王稼句的随笔新作《听橹小集》（中华书局）。其中有几篇文章令我印象很深，比如《话说蛙戏》写古代艺人训练青蛙表演。作者读了很多古人的笔记，说明“蛙戏”不只偶见于一时一地，并不是捏造的“天方夜谭”，这就有了民俗文化和动物行为学的研究价值。另外还有上海出的一套大书《金性尧全集》（百家出版社）。金性尧的文笔好，和张爱玲同时出道，周作人为他写过序。

我极少写书评，自己水平低，评不了。我觉得，书评最重要的一点，就是不能熟人之间互相吹捧。现在好像是没有宗派了，但还有圈子。一个圈子里头有哪几个人，围在圈子外边又有哪些人，常看文章的人都是心知肚明的。兴味相投，声气相通，偶尔互相吹捧一下也是人情之常，过多地形诸笔墨就有点讨嫌了。这一边是吹捧，那一边就不免要攻讦。书评却最好不

* 原载二〇〇九年十一月七日《新京报》，书面答问。

要攻讦，尤其是不要带个人意气，不要沦为鲁迅最喜欢打的那种“笔墨官司”。我甚至希望，书评版能够少发一些意气之争的“书评”，多发一些娓娓而谈、益人心智的书话。

谈“时务学堂”*

（2010.4）

□ 近有消息说，中山西路时务学堂旧址有可能恢复。如果恢复时务学堂，将会给我们的城市带来怎样的影响?

○ 谈到时务学堂，我总不能忘情。记得五六岁时有次父亲“躲生日”出门，带着我坐在黄包车上，曾指着中山西路北边的一处建筑，告诉我:“你快要进学堂了，进了学堂要好好读书。这里是我进学堂的地方，蔡锷便是从这里读书读出来的。”

后来才知道，父亲所指的地方，便曾经是他在清朝末年读过的时务学堂的所在地。清光绪二十三年丁酉(一八九七)，先父昌言公(字佩箴)考入时务学堂，为第二班外课生，入学后听过梁启超的课。教他数学的许奎元，教他地理的邹代钧，都是著名学者。可惜好景不长，第二年“戊戌政变”后，学堂被改为“求实书院”(随后又改为“湖南大学堂”)，维新派人士散去，父亲就只得埋头学他的数学了。

* 原载二〇一〇年四月三十日《长沙晚报》，原题“重建时务学堂可大大提高长沙知名度”，记者任大猛。

很多年前，我曾在《长沙晚报》上撰文呼吁，“时务学堂”是中国现代化历史上有纪念碑意义的一处故址，希望有谁能拿出修三皇五帝陵墓的百分之一、千分之一的钱，将梁启超的题记刻石嵌在中山西路三贵街口的墙壁上，再在附近广场上（正好地名也叫“老照壁”）建一座照壁式的浮雕，为梁启超、谭嗣同、黄遵宪和陈宝箴、三立父子诸人造像，陈三立背后可以站着陈衡恪（师曾，时年二十来岁，已可助父工作），手里可以牵着陈寅恪（生于距三贵街不远的周达武故宅，时年七岁）。学生则可以蔡锷、范源濂、杨树达作为代表（章士钊一贯依附权势，鄙其为人，就不列了）。将这些历史文化名人的姓名，分别刻在各人身边，光凭这点，便可以大大提高湖南和长沙的知名度。这实在比花大价钱造“杜甫江阁”之类假古董好得多。杜甫当时流落长沙，靠摆地摊、卖草药糊口，哪能造如此富丽堂皇的“江阁”？他诗中的所谓“江阁”，应该是暂时栖身的破旧城楼。

不伤知音稀*

（2010.6）

□ 在这两年的出版界，可能没有哪一个人比您的风头更健——虽然您已经离休在家多年。《走向世界丛书》的重印、《周作人散文全集》的出版、《念楼学短合集》的成书，让人们对您的认识不再局限于“出版家”这个头衔。

○ 《念楼学短合集》五本，包含了我先后在《文汇报》《新京报》《新闻出版报》《出版广角》等报刊上发表的专栏文五百三十篇。这些本是当年为了教孙辈学会写文章而作的。我挑选了一些短篇的古文（学其短），加上自己的释读（念楼读）和发挥（念楼曰），这是构成每一篇文字的三个部分。学其短，说短也真短，只有四篇原文超过了一百字（一百零一字和一百零二字的各两篇）。一九九一年九月间，《新闻出版报》有人看到了我的手稿，建议发表。我当时同意发表，主要是因为纸笔写的稿子难得保存。报纸上登出来，四个外孙女一人一份，自己保存也方便些。

* 原载二〇一〇年六月二十日《深圳晚报》，原题“不惜歌者苦，但伤知音稀”，记者刘琨亚。

这次出书最让我高兴的是，近百岁高龄的杨绛先生专门为《合集》撰写了序言。当年我的《走向世界》一书有钱锺书先生作序，双序珠玉交辉，正是人间佳话。杨先生说过，《走向世界》的序言，是钱先生平生主动为人作序的“唯一”。她看过我的《学其短》专栏，也曾来信鼓励，这样我才敢向她求序，她便写了。钱先生和杨先生都是我的前辈，他们对我的工作的许可，我十分感谢。

谈到《念楼学短》的文字，我并没有采取人们熟悉的“古文今译”的方式，事实上我对教师教学生的那种“今译”并无兴趣，我只是拿了我所喜欢的古文来读，将我的读法与人同享，再将其当作酒浆，来浇自己胸间的块垒。“反右”和“文革”批斗我时，常用的一条罪名“借古讽今——借题发挥”，就是这么一回事。

周作人民国七年(一九一八)写过一篇文章，题云“古诗今译”，介绍一首他自己用口语来译的两千年前的希腊古诗，有警句云：“真要译得好，只有不译。”我的“古文今译”，恐怕也是如此。我总认为，古文直译很难表现原文的意趣，因为过去和现在的语词、语义和语境都不同了。语言是不断变化的东西，古今名词、动词、语法都不同，意译也许还较能表达原文的意思，直译(鲁迅提倡的硬译)是不行的。

古代的经史子集，是不是都要今译，译成白话文，这样才能学习传统文化呢？我看也未必吧。诸子群经本不必工农兵都来读，要研究文史哲，那是一世的工夫，费点力先学懂文言文，正如医学生得先学懂拉丁文一样，正是必由之道，此外不会有什么其他的捷径。

从文体发展的角度历史地来看，“五四”以后的白话文运动当然是一种进步，但文言文自有它的优点，文字简练，而且比较定型。自从隋唐以后，历经宋、元、明、清，直到民国初年的王闿运和林(纾)、严(复)，文体基本上和韩、柳、欧、苏时没有什么变化，读书人都能看懂。白话则发展变化很快，方言复杂分歧，时间久远，意思反而会不大好懂。元朝的诏书尤其是记录蒙古皇帝口语的上谕，到现在最难看得懂。

我不是语文教员，不想教别人作文，选“学其短”的初衷是给自己的外孙女学习，后来要发表，才以“念楼读”“念楼曰”表达一点自己的所思所感。如果人们能够认真去读，应该多多少少会从中得到一些东西。怕就怕没有人能思我之所思，感我之所感。比如我说苏东坡被下放，他便说下放是党锻炼干部的措施，贬谪是封建帝王惩治臣子的手段，“二者不是一回事”，以他之察察，对我的叨叨，那就是我最大的悲哀了。“不惜歌者苦，但伤知音稀”，这两句古诗很能形容我当时的心情；但这种隔膜总会慢慢减少的吧，我想。

□　再谈谈《走向世界丛书》，好吗？

○　作为编辑，平反以后我最想做的事情有两件：一件是编一套《走向世界丛书》，一件是编一套《周作人散文全集》。现在这两件事情都已经做了，虽然做得不够好，但我觉得对自己也有个交代了。

平反以后，我之所以不肯回报社，而是到了出版社，是因为出版社做事的空间大些，自由度比报社大些，能够出一点自己想出的书，首先就是《走向世界丛书》。

《走向世界丛书》的想法，应该说也是逐渐形成的。我是一个喜欢交朋友的人，有的朋友好谈诗词文字，有的朋友讲究生活趣味，也有朋友较多思想上的交流，共同探讨过国家和文明兴亡的规律。我们认为“文革”使中国脱离了世界文明进步的正常轨道，使得一些先进理念被摒弃。中国是个古国，有着深厚的文化传统和民族习性，但精华和糟粕共存，一方面很有凝聚力，另一方面又故步自封，非常保守。所以，中国要改变，要进步，就不能不走向世界。

顺便说一句，我们汉人从来就不是一个走向世界的外向的民族，汉伐北漠，唐征西域，那是被匈奴、突厥逼出来的，尽管争胜于一时，大部分时间还是闭关自守的。至于拔都的远征欧洲，弘历的“十全武功”，那都是汉人做了亡国奴以后的事。如今有的外国人害怕中国崛起会对外侵略，称霸世界，实在是杞人忧天，太没有历史知识了。历史上汉人开疆殖民算得上成功的，除了河北石家庄(真定)人“蛮夷大长老夫臣(赵)佗”和郑芝龙父子之外，实在难得再找出几个。

到了十九世纪，世界早已经进入全球文明时期，不再像过去那样，存在着互相孤立的不同地区了。从一八四〇年开始，中国人开始走向世界，他们记录下在西方的见闻，也记录了自己对西方的看法，我做的工作就是把这些见闻和看法展示在人们的面前。这些书等于对我们民族从封闭社会走向现代世界的历史，做了一番纵横观察。

在当时做这样一件事情，的确是有一些意义的。我为每本书都写了叙论，另外还写了两部专著:《走向世界——中国人考察西方的历史》和《从东方到西方》，用历史事实阐明我自己这方面的观点。

从早期“走向世界”的人们的书中能够看出，办洋务，搞维新，也就是争取现代化，这不仅仅是办现代工业、办现代农业、搞现代国防、搞现代科学技术的问题，而是改革整个经济政治、改变思想意识形态的大问题。这个问题还远未得到解决，中国走向世界的过程还在继续。

□ 周作人的书和您的故事，也是读者们十分感兴趣的。

○ 编辑《周作人散文全集》的心愿，既源于我不止一次说过的我对他文章的爱好，亦源于我落难时他对我所表示的一点交情。读《希腊的神与英雄》时因为希腊诸神的译名弄不明白向出版社写信请教，收到他的回信，才知道署名“周遐寿”的译者就是周作人。他告诉我们(我和张志浩)，人名都是照希腊原音翻译过来的，他认为这样比按英文读音译更合理。

于是我就直接给他写信，我没有说我是右派，只说我生活困难，没有办法购买比较像样的纸笔；也没有说我是板车夫，只说我以劳动维生，没有很多的时间和力量求书。他就给我回信、寄书，在当时那种情况下，我不可能不对他怀有感激之情。如今来编印他的全集，也算是一点回报吧。

《走向世界丛书》只出了三十六种，是很多人都感到遗憾的一件事情。其实其他六十四种的资料是齐备的，有的书还已经标点好，只要付印就行了。最好有出版社能找到真能沉下心来继续做这件事的人，来完成这套丛书。如果没有，我会考虑将这批资料另行妥善处理，毕竟当时都是自己花时间花精力收集起来的。

我现在老了，不可能再编书了，也不想再写文章。我还想做的事情是写一本自传，为自己的一生作一个交代，给同时代也许还有下一代的读者一个交代，希望他们之中能够有更多的知音。

从鸦片战争说起*

（2010.7）

文化特质：保守——不全是贬义

□ 自明末利玛窦到晚清马礼逊，基督教文明一直在敲中国的门，但真正“西学东渐”的大潮，还是在一八四〇年之后才汹涌澎湃。在您看来，鸦片战争之前，满清帝国的对外文化交流情况是怎样的？

○ 这个世界上所有的国家和民族，其现代化的历史，都是“走向世界”的历史。从各自起源、互相隔绝的古老文明走向全球文明，全世界所有的国家无不“率由此道”，不过起步有早有迟，进度有快有慢罢了。中国的传统文化太强势、太悠久，太“足乎己无待于外”，所以“走向世界”起步晚，进度也慢些。

* 原载二〇一〇年七月一日《新京报》，原题“从鸦片战争艰难走向世界”，记者武云溥。

□ 不是今天很多人还常常讲传统文化优越性吗？

○ 是的，有优越性是肯定的，但有太多的优越感就不好了。中国的确是文明古国，但古老的文明都有一个特点，就是保守性强。

□ 您强调中国文化的“保守性”，那么“保守”是一个贬义词吗？

○ 不是的，“保守”是一个中性词，能保守也是一种优越性。如果我们不能保守，怎么能保持四千年不中断的文明传统呢？正因为我们有很强的保守意识，所以我们这个有四千年文明历史的汉民族没有被征服，没有被迫迁徙，也没有被分化瓦解。但保守性也带来了很多毛病，它是一把双刃剑。

□ 于是导致了从明代延续到清朝的“闭关锁国”，您觉得这时期的中国真的是铁板一块吗？

○ 不能说是铁板一块，“闭关锁国”乃是国家政策层面的说法。明洪武年间严禁“民人造大船下海往外国买卖，正犯比照谋叛已行律处斩，仍枭首示众，全家发边卫充军”，就是闭关锁国的政策措施。但是你不准去，不等于他不会来，所以对外的接触和联系始终不会完全等于零。比方说，日本就经常有人来，唐诗人王维、李白和贾岛都有写给来华日本人的诗作，日本官方曾大规模派出“遣唐使”，公开表示要全面地学习中国，可是中国总觉得没有必要学习日本。实际上，日本第一次突飞猛进，就由于汉化；其第二次突飞猛进，则由于西化。

□ 说到“外向”与保守，您觉得这是不同的民族特质吗？

○ 中世纪以前大多数的国家都是保守的。欧洲中世纪黑暗时代的文明程度远逊于东方。欧洲也好，日本也好，都不是一开始就很外向的，但他们没有中国这么强大的凝聚力和保守性。日本在一八五四年以前对英美也是实行“锁国”的，“锁国”就是一个日文名词。

历史误会：世界的中心在哪里

□ 有资料显示，自一八一一年马礼逊在中国出版西方图书的第一部中译本，到一九一一年清王朝崩溃，一百年间中国翻译出版的西学书籍达二千二百馀种，且其中一千五百馀种出自最近十年间，超过了前九十年总数的两倍。那么，就翻译出版领域而言，鸦片战争给中国带来了怎样的变化？

○ 欧洲人到中国来传播西方文化，同时又将中国文化传播到西方去，最早最出名的是明万历年间来华的意大利天主教士利玛窦，他和艾儒略、金尼阁等人携来欧洲图书七千部以上，向达先生以为“比之玄奘求经西竺，盖不多让”。他带来了并未将中国画在世界中心而是画在远东的《坤舆全图》，引起了传统士大夫的猛烈抨击。有个叫魏濬的人写了篇《利（玛窦）说荒唐惑世》云：“中国当居正中，而图置稍西（按西当作东），……焉得谓中国如此蕞尔，而居于图之近北，其肆谈无忌若此！”可见七千多部西文图书虽然辛辛苦苦地运来了，这些书有没有人看，看不看得懂，却并不一定。

鸦片战争前后，欧洲人把一些中国古书翻译到外国去，发现很多数学知识中国古代就知道，比如“勾三股四弦五”；但三角学、几何学仍然是在西方建立的，我们只知其然而不知其所以然。中国人的心理是，外国人说他们有什么，那么我们就一定要说中国古已有之——有些事物也的确古已有之，但一没有普及，二没有上升为理论，“古已有之”又怎么样呢？

□ 说起来还是文化传统的问题。

○ 中国历史上有不少这样的事情，但没有人敢质疑，因为你一开始质疑，马上就会有强大的反对声音来淹没你。利玛窦带来的世界地图，将中国置于远东(魏濬说“稍西”是错的，说“近北”也许不错，总之他缺少读图的基本常识)，很多人就反对，中国要居天下之中嘛。本来“航海大发现”者是欧洲人，航程从大西洋出发，印度洋、太平洋是后来才发现的，所以最初航海者绘的世界以大西洋为中心，这跟子午线以格林尼治为基准，历法从基督出生起纪元一样，不过是一种“约定俗成”，根本不涉及文化本位和国家尊严。既然世界地图将大西洋画在中心位置，那么称土耳其为“近东”，阿拉伯为“中东”，中国、日本为“远东”，乃是自然之理，并不是什么“荒唐”，更谈不到“惑世”。至今美国和欧洲所有的地图还是以大西洋为中心的。我看过利玛窦后来改画了献给万历皇帝的地图的照片，他很聪明，迎合皇帝老子的心理，把太平洋画在当中，中国就好像是“世界中心”了。其实这样画海洋占去了当中一大块，欧洲几十国挤在西北一隅，布局并不十分合理。

□　您是觉得，鸦片战争前后的文化交流并未真正改变中国？

○　改变不大，我认为没有起根本变化。中国的思想传到西洋，就影响了西洋思想家，卢梭说给他最大影响的是中国人。西洋人肯承认我们的优越性，而我们呢？顺治皇帝的一个小儿子死了，在“钦天监”当差的德国人汤若望选日子下葬，选出的日期犯了中国风水的“六忌七煞”，论罪竟要凌迟处死。幸好汤若望按公历推算的日食时间准确，反对汤若望历法的杨光先（杨的名言是“宁可使中国无好历法，不可使中国有西洋人”）推算的时间不准确，谁对谁错，众目昭彰，这才留下他一条命。皇帝想知道哪天有日食，中国的老历法预告不出，才想要利用西洋的“技法”，这就是所谓的“西学为用”。后来的“坚船利炮”论，只喊“工业救国”“农业救国”“科技救国”，就是不讲“民主救国”，都是一脉相承的。

留学浪潮：走出去的突破与遗憾

□　在您看来，鸦片战争之后，西方教会学校在中国的大量兴办，以及清末派遣出国的相当多留学生，对中外文化交流及此后中国各个行业顶尖人才的培养，有着怎样的经验启示？

○　中国第一批“去西天取经”（借用毛泽东的话）的人，在思想认识上大有收获的，第一个要数郭嵩焘。古希腊先贤的思想，欧洲文艺复兴时期培根、笛卡儿等人的学说，在他的《伦敦与巴黎日记》中，都有很准确的介绍。郭嵩焘并不懂外文，英文他就找严复帮忙，法文就找马建忠。严复和马建忠的确是出洋留学造就的不可多得的人才，严复是从马尾船政学堂到英国去学海军的，不到一年时间，他就可以向郭嵩焘介绍亚当·斯密的国富论，介绍培根的学理了。

□ 在当时向西方学习的浪潮中，中国留学生有怎样的特点？

○ 研究严复和郭嵩焘在欧洲的这段历史，就可以发现一个问题：日本留学欧洲的有二百多人，中国只有十几个人，这十几个人全都是学海军的(严复的人文科学知识全是课外自学得来的)，而日本留学生“学兵法者甚少”，大部分都是学政治、经济、法律。郭嵩焘对此感慨不已，他认为，学习坚船利炮只是务“末”，只能算抓住枝节，学习“政教”(政治和教育)才是务“本”——抓住了根本。

□ 这在当时是很难得的见识。

○ 对。郭嵩焘还说过：“西洋君德”比不上中国“三代令主”，但是他们的“国政一公之臣民，其君不以为私”，“巴力门(Parliament，议会)有维持国是之义，买阿尔(Mayor，民选市长)有顺从民愿之情”，比尧舜禹汤的人治更加靠得住些。他的认识水平远远超过了同时代人的水平。

□ 但是变革的酝酿，面临着强大的阻碍。

○ 鸦片战争打开了中国的大门，后来我们也看到了很多人办洋务，搞维新，喊变法。如果把中国的情况和日本作比较，日本原先比中国还要封闭得厉害，日本幕府将军的统治比中国更严苛。美国人打开日本的门户，比英国人打开中国迟了十三年。中国人最早翻译了欧几里得几何学，日本人最早翻译的是荷兰人的解剖学，在译书这方面，日本比中国又迟了一百六十八年。日本幕府时期的将军，曾经多次拒绝外国通商的要求，最后也是被迫开放的。事实说明，日本的开放并不比中国早。但是日本一旦开放起来，就开始大量翻译外国的政治、经济、法律著作，大批地派人出去学政治、学经济、学法律，学成回国就用这些人来主持国政，没过十几二十年，就弄得中国要从日文来转译欧美的书了。

古今之辨：我们的问题是思想现代化

□　回顾鸦片战争以来一百七十年的历史，中国在现代化的道路上走了多远？

○　我们现在的生活肯定是现代化了。好比说我家的保姆，她用的手机比我的手机还新。我的女儿和女婿在美国生活了很多年，他们却并不用手机，因为不需要。问题是物质生活现代化了，头脑却没有现代化。

□　很多固有观念的扭转需要很长时期，甚至几代人的努力，西学与传统文化的纷争也从未停息。

○　是的。咱们经常抱怨别人有“西化”我们的心思，唉，别人西化你，你也可以“东化”他们嘛。利玛窦当年就把中国的书翻译到欧洲，理雅各译的七大本《中国经典》至今还为西方汉学家所必读，这种“东化”对他们并没有构成什么危险，对世界文明是有益的嘛！

□ 欧洲人在和中国的文化交流中发现了什么，使他们感觉到受益？

○ 伏尔泰那一代欧洲文艺复兴时期的启蒙思想家，他们就认为，中国人可以来欧洲教授礼仪，以及怎样对待自然。伏尔泰的说法可能有点偏，但是并不错，中国文化确实有很多优越的东西，优秀的传统，比如庄子和老子的哲学，讲究人与自然的调和，但是后来中国人自己却认为道家思想是消极的。

□ 现代化的进程总是伴随着苦痛挣扎，这可能也是必经的过程吧。

○ 问题在于，现在人们讲的现代化，只是产业的现代化、物质的现代化，而不是思想的现代化、社会组织形态的现代化。三驾马车，两边的马使劲跑，中间那匹跛了脚，或是脚发软跑不动，迟早会出问题。

□ 那么对于这种问题，解决的路子在哪里？或者说在您长久以来的观察中，有无改观和进步？

○ 我觉得现在还是有些变化的，并且仍然在变化发展的过程中。三十多年前我还在劳改，不可能像现在这样坐下来和你谈论问题，也不可能编辑和介绍中国人走向世界的记述。物质现代化当然好，但是问题也很多。你看富士康这个大工厂很先进吧，跳楼的工人那么多，这能够称为现代化的企业、现代化的社会吗?

出版也要有理想*

（2010. 9）

□ 请介绍一下您早年的阅读和写作。

○ 我是一九三一年出生的，除了抗战八年、坐牢九年外，其馀时间都生活在长沙。抗战八年在平江老家，那时候新书很难到平江去，我就只能看家里的古旧书。古书没有很多适合儿童看的，不懂的书也拿来看，《史记》《左传》很难懂，最后找到一本《阅微草堂笔记》，开头也看不太懂，很多字不认识，看多了，慢慢就认识了。我现在有时读字读错音，就因为我是自己“认识”这些字的。不认识的字慢慢看懂了，就自己给它一个音，读错的音就是这样来的。比识字更难的是通词义，《阅微草堂笔记》中常见有“承尘”两个字，书生夜读，忽听得承尘上有响动，抬头一看，美丽女子的纤纤小脚，接着整个人儿就下降寒斋了。这个“承尘”是什么意思呢？到后来才明白它就是天花板，而抗战时的平江，没有一间房子有天花板，抬头看到的就是瓦。

* 原载二〇一〇年九月二十五日《新京报》，记者方绪晓。

我也看过几本大姐寒暑假带回乡的新书，像“西风社”编的《天才梦》，是以张爱玲的篇名为书名的，为我读张之始，还有一本《创痕》。等到抗战胜利到长沙读高中，便开始如饥似渴地读了大量的翻译文学名著。应该说，民国以来用白话文翻译的外国小说，陀思妥耶夫斯基、巴尔扎克、狄更斯……在这两三年中基本上都看完了。我看书看得比较快，长篇小说一般总能在一天之内看完，那时候看了就记得。

后来兴趣慢慢转到了社科书，克鲁泡特金的《我的自传》和《互助论》给我的印象很深。生存竞争当然是生物进化的动力，但作者认为，生物在竞争的同时也在互助，从低等生物到高等生物都有互助的本能，如果不互助，不依靠群体的力量，个体便无法生存。他讲蚂蚁的互助，蜜蜂的互助，类人猿的互助，原始人的互助，我看得很有兴趣。

阅读对我的写作和出版生涯有直接的影响。从前没有更多信息传播渠道，阅读是通向外部世界的唯一窗口。因为阅读的影响，除了学校的作文以外，我比较早就开始了个人的写作。最早是十三四岁时用文言文写的一部笔记叫《蛛窗述闻》，文字当然幼稚，但大体还算通顺。旧体诗也学着写过一些，成绩还不如散文。新诗则于一九四八年起在长沙的报纸上发表过几首，也很幼稚。

阅读在我的生活中占有很重的分量。尽管现在信息渠道多，电脑上可以阅读，但是，读书还是不可替代的，不止于读，有时还不禁掩卷深思。只有开卷细读，才能掩卷深思。

□ 对当前的书刊出版可否谈一点看法。

○ 我的理想，简单点说，就是能够在一个自由的环境里读书和写作。没有自由，就没有文化，也少有可读的书刊。现在的自由度，比起“反右”和“文化大革命”时来，已经大得多了。我们办报刊、搞出版的人，只要能够充分利用国家政策法令允许的“自由度”和“自由空间”，还是做得不少事情的。

我希望做出版的人能够有一点理想，有一点追求。

□ 您愿意向读者推荐一本书吗？

○ 我推荐杨绛的《洗澡》，它写上世纪五十年代的知识分子改造，挺有意思。这本书写的是知识分子第一次经受的“思想改造运动”——当时泛称“三反”，又称“脱裤子，割尾巴”，知识分子听不惯这种粗鄙的说法，宁愿称之为“洗澡”。《洗澡》中的人物和钱锺书《围城》中的人物，现在还活在我们周围，不过讲话的词儿和语气已经“与时俱进”，和六七十年以前自然是不同了。

不很适应时下的风气*

（2010.10）

□　您拥有好些头衔：“长沙出版界四骑士”，《走向世界丛书》主编，韬奋出版奖获得者……

○　都不值一提。什么“四骑士”，那是萧乾乱写的，我当时就不承认。《走向世界丛书》上也没署什么“主编”，我从不喜欢当“主编”，自己挂个名，事叫别人做。小时候读书，青年时挨整，甚至在朱正介绍我到出版社来时，还有人说我骄傲，不希望我来。其实我没什么值得骄傲的，编几本书有什么可骄傲呢？我没有读过多少书，中学都没毕业就做编辑——幸好没毕业，不然的话，那就赶不上“离休”了。（大笑）

每天花在阅读写作上的时间，与退休前一样多

□　您家的客厅与其说是客厅，不如说是书房，这么多书。看

* 原载二〇一〇年十月二十九日《潇湘晨报》，原题“我不是很适合现在的社会”，记者陈琳。

得出来，生活在书中的您，是一个平易近人的智慧老人，喜欢和我们这样的年轻人聊天。

○ 我不是一个很聪明的人，如果按鲁迅《聪明人、傻子和奴才》三种人来划两根线，我大概刚好在区分傻子和聪明人的这根线上。因为刚好在线上，所以算不上聪明，还有一些傻气，如果不傻，一九五七年就不会当右派，一九七〇年也不会去坐牢了。

我没有太多的爱好，就是看看书，想写又写得出时写点文章。有些老人喜爱的打麻将、唱歌、跳舞等活动从不沾边。阅读和写作就是我如今生活的全部内容，花的时间大体和离休以前相当。其实写也写得不多，写不出不能硬写嘛。但书总是看不完的，因为不断有人寄书寄报刊来。新书亦未必本本都看，那就看自己的旧书，旧书不厌百回读嘛。坐在楼上不想走动，主要是懒，朱纯死了，自己也一年比一年老了，又正好作为懒的借口。以前我一个月下楼一趟，去理发店，现在叫女婿来家里帮我剪，连这个都省下了。外面的理发店收费越来越贵，剪得却越来越差。

所谓“出版界四骑士”，那是萧乾文章中写的

□ 萧乾写文章，将您列为“长沙出版界四骑士”之首，为什么说他是乱写呢？

○ 萧乾写文章当然出于好意，他写的四个人，有的学贯中西，有的年长于我，怎能将我“为首”，这就很不妥。“骑士”

用在这里也不伦不类，我早熟早衰，当时即已是个糟老头，还“骑士”呢，岂不怕人笑掉大牙。所以我一见到文章就说，这完全不对头嘛，萧乾他这样写，我管不了，但我不承认，好像还有一两位也不承认，那就付之一笑算了吧。

如今，我给自己的定位是：一个不合时宜的老人。我不是很适合时下的社会风气，对很多事情、很多活动，都可以说有些格格不入。在“离休老干部”群中，也可以说是一个异类。有的“老领导”写了文章，我会直说“你文章不行”；当然，如果他写得好，我也会说他写得好。对于年轻人，我也只喜欢能干（“能”做事，“干”得好)的人，不喜欢只有一副聪明的面相和嘴巴，太会活动，太喜欢拍马屁的人。

出版事业还是值得做的，但我想说的是，做出版传媒能取得多大的成功，最终取决于产品的质量以及它们在国际国内市场上的影响力。我们应该继续多出书，出好书，出十年、二十年甚至更久以后还能重印的书，出在文化人中可以产生影响力的书，不能老鼠缘秤钩——自称自，专靠宣传作秀花架子。

直到现在，仍坚持认为自己“入错了行”

□ 您在自撰的简历中说：“我有个很大的毛病，形体上比较疏懒，内心里也不求上进。我从没想过以文字为职业。我本该去做一个手艺人。”这是怎么回事呢？

○ 直到现在，我仍然认为我当时是做了错误的选择，入错了行。其实我不是不喜欢写作，在我们读书的时候，发表文章比现在容易，长沙有上十家大报小报，随便发一篇短文也至少会有一块银圆的稿费，可以拿来买书或者请同学喝咖啡。一九四九年八月进到报社，完全是因为有个女孩子去报考新闻干部训练班，我跟着一起去考，那时十八岁还不到，完全是头脑发热。考后一两天就通知我去，说是报社马上要人做事，你不必受训，直接来上班好了。时过境迁，我至今仍然后悔当时的轻率。我喜欢文字，看重文字，却不想以文字谋生。

是的，如果时间能倒转，我可能会是一个手艺人，手艺人也有挣大钱的啊(大笑)。我是个很能够做手艺的人，你现在看到的，我书架上的这些装饰品，大都是我亲手做的。我做模型，绘图，都做得不坏，和朱纯一起，靠手艺养活了一家五口人，而且活得也不是太坏。

目标就是One World*　（2011.3）

我的脑袋不是很聪明，但我用我的脑袋思考

□　“我的杯很小，但我用我的杯喝水。”先生将法国诗人缪塞的这句诗印在自己书的封面上，这话有什么特别的意思呢？

○　我不过是想说：我的脑袋不是很聪明，但我愿意用我自己的脑袋思考。

□　《万象》杂志曾经刊登过一篇先生的小文《角先生及其他》，人们知道“角先生”是一种古代女子自慰的器具，可见先生有时也写写趣味性的文章。

○　周作人、潘光旦的文章都不讳言性事。古代中国文人科学精神缺乏，信古书信传说胜过了信观察信实验。潘光旦译注霭理士《性心理学研究》，引前人笔记提到的士大夫们讳言却又确

* 原载二〇一一年三月二日《潇湘晨报》，原题“要尊重共同价值”，记者陈勇、王欢。

实存在的“角先生”之类“伪器”，慨叹翔实的记录太少。我读明人谢在杭《五杂组》塞上无夫之妇利用肉苁蓉植株自淫的记述，觉得对于想要了解古代社会风俗和妇女生活的后人而言，其贡献实在远胜于做八股写颂圣诗文，于是写了这篇文章。

中国读书人的遗传病一是软骨病，天生的依附于权力和权威，缺乏独立的精神和人格；二是视力障碍，无法凭自己的观察看清事物，养成了只能按指示行动的劣根性，很多观念都不是通过自己的经验和教训得来的，而是从先圣昔贤领袖导师的教育和著作中看来的。比如我们的成语，腐草为萤、囊萤映雪，都是不符合逻辑的，也不符合常识。

我自己十三四岁的时候，曾经试着在大月亮的晚上站在雪地里看小说，结果却只能看清几个独立的字，想读完一页根本不行。萤火虫呢？明朝的“浮白主人”就质问过：“你大白天花时间去捉萤火虫，怎么不用这些时间读书？”

古希腊和欧洲的学者注重观察和实验，中国则多遵循教导，相信权威。从小我们就被教导，你要听话，听话就是好孩子。有没有思想，愿不愿思想，能不能思想，没人关心。

出“汉奸书”引起轰动，证明并未做错

□ 一九七九年出狱之后，先生到出版社编辑出版了《走向世界丛书》，接着又规划出版曾国藩和周作人的书，在当时都是突破禁区的惊人之举，引起的震动都是很大的。

○ 一九八三年，李一氓看了《走向世界丛书》后，通知我去北

京开会。在京西宾馆的会上，我提出湖南有大量曾国藩的未刊稿，曾国藩的书必须要扩大规模，重新编辑出版。国家规划本只准备将原来的《曾文正公全集》影印出版，我不赞成。为了说服大家，我跑到北京图书馆去，把刻本《曾文正公全集》和影印资料搬到会场上，一篇一篇、一条一条对照，指出旧版本不完善，不能简单地影印。就这样，新编《曾国藩全集》才列入了规划。有人说，曾国藩谁不知道，列入选题有什么稀奇？我也觉得并不稀奇，稀奇的是说这话的人他为什么不早些将它列入选题，早些动手来做。

《曾国藩全集·家书》出版后，有人在《湖南日报》上发表文章《如此家书有何益？》——反对出这个书，并向省委告状，说曾国藩是汉奸刽子手。对此我不予置理。我从不和个人论战，如果这样，这种论战就变成了一种个人之争。我说，我们只要把书出好，只要在国际上、在全国范围内造成正面的影响，只要大家觉得这个书出得好，反对的声音自然就被压下去了。果然很快正面的评论就出来了，美国中文《北美日报》，把湖南新编《曾国藩全集》比成爆炸了一颗文化上的原子弹。

出周作人的书，更经历了不少波折。说我偏爱汉奸，说我“一再出汉奸的书”。说岳麓社是古籍出版社，出曾国藩犹有可说，出周作人就“违反了专业分工，更没道理”。一位老局长亲自披挂上阵，四处奔走呼号，终于使周作人成为“反自由化”时“湖南出版三种人”之一。所幸时代毕竟不同了，总算没有被戴上帽子。

跟国际接轨，简单地说就是 One World

□ 近现代的著作者，先生最佩服的人是谁？

○ 曾国藩和周作人。曾国藩是个很有能力和智慧的人。当然他是过去时代的人，不属于现代。周作人则完全是一个现代知识分子，他的著作和思想具有现代启蒙的意义。在讨论分析中国文化方面，周作人的水平绝不逊于他的哥哥，在内容的深度和广度上还超过了他，因为比他多活了三十年，三十年要多读好多书，多做好多事呀！

□ 为什么要坚持出版曾、周他们的书？

○ 曾国藩不只是一个政治人物，他是一个学者，有很高的水平，深入研究了中国的传统文化，而且做了大量编辑整理的工作。中国的旧文化在当时走到了穷途末路，面对现代化这么一个关头，要么本身实现现代化，跟上世界潮流，要么就是被世界潮流抛弃。在这个关键的时候，曾国藩作为中国文化的一个总代表人物，是不能不充分加以研究的。就是反对曾国藩，也得研究他的书，研究他的全部著作。周作人也是如此，而且他更具有现代的、现实的意义。

□ 上世纪五十年代，先生您有过一个“四十八条”，因此被划右派。这四十八条主要讲什么？

○ 讲要自由民主。第一条说的就是什么叫自由，自由就是由自己，这是胡适的话。自由民主这个东西，不是什么理论，而是生活的要求。我最看重周作人的，就是始终追求思想自由，而且说，这不是什么高深的道理，只是人情。人的本性要自由，这便是人情。人不能按指挥棒来生活，来讲话，来写文章。生活要多样性，要有选择的自由，这是人的内在要求，专制则是违反人性的。

□ 现在最关注什么？

○ 也看电视，也看报纸。这个世界上发生了什么，我不能漠不关心，总该知道一点。中国曾经有过倒退，因为她偏离了她该走的轨道，走偏了。怎么才能一直进步，就是要跟国际接轨，跟世界潮流保持一致，你要认识到你自己跟别国的人并没有多少不同。你应该尊重一切值得尊重的东西，说得通俗点就是共同价值，也可以说就是“One World”，“一个世界”，奥运会的口号，而不是什么“两个阵营”“三个世界”。我争取的就是 One World，目标就是 One World。

续与之言

“错就错在要思想”*

（2012. 1）

□ 最近读到了你写你父亲的文章，就从你父亲谈起罢。

○ 我这一辈子，似乎只见我父亲哭过一回。那是一九四九年六月，我在长沙文艺中学读高二，是公认的“左倾青年”。本来该放暑假了，地下党要求学生“留校护校”，因为知道快要解放，要保护校产。但毕业班（有三青团背景）坚持如期放假，就打起了架。你看现在我的右眼眶这里还是凹下去的，眉毛这块的骨头是当时被打折的。

到了医院，别人喊我父亲来，我在病床上看到他，他的双眼都是眼泪。我这一辈子，似乎只见我父亲哭过这一次。

父亲确实是个书呆子。一九五八年，我被打成“右派骨干分子”，受到最严重的处分，要么劳教，要么回家自谋生路。我找父亲商量，他却说：“我看去劳教也没什么不好，就当作是出门去留几年洋好了。”解放前有条件的人家的子弟，总是结婚生孩子后，才送出国去留洋。我那时也结了婚，生了小

* 原载二〇一二年一月《名牌》杂志，记者袁复生。

孩。他以为去劳教和留洋差不多，都是离家几年再回来。我被他弄得哭笑不得。

父亲对我做得最好的一件事，就是小时候他不怎么管我。我与他有代沟，宽得很，几乎相差两代人。他五十多岁才老年得子，生了我，从年龄上讲，是我的爷爷辈儿。所以他对我管得不严，我不爱做功课，只爱看小说，他都可以。他是时务学堂的学生，后来学了数学，教数学，我的数学偏偏不好。他老年读《庄子》，读佛经，我也不读，读不懂。

有一次例外，那件事我现在想起来，才知道父亲对我其实还是关心的。那年我差不多十岁，在平江老家，父亲从长沙回来，看到我正在读《金瓶梅》，那种有插图的绣像本。那是一位堂叔逗我看的，我并看不懂。父亲抓起一根竹竿子就追着堂叔打，却并没有打我。现在想起来，老家真是很腐朽的，但父亲早就走出了那个老家了。

□ 你由左倾学生成为右派分子，也是很有意思的。

○ 我想我没有变，而是时代变了。我年轻时候思想左倾，后来又成了右派。为什么呢？年轻时觉得国民党太腐败黑暗了，感到不民主不自由，要反对它，就左倾了。把我划右派的理由，也是说我想要民主，想要自由。

当时报社主持“反右”的一个人当时对我说的原话：“你错就错在要思想，要胡思乱想。”接着还有一句：“家庭和个人出身虽不算反革命，但思想极端反动，也差不多了。”我后来常常对人说，划我做右派其实不冤枉。当然，我并不是说我现在还是那些观点，看法有变化，但追求民主自由的大方向并没有变。

因为“民主的基础是个人，强调个人服从集中的意见，民主便削弱了”这些言论，我合上了“情节严重态度恶劣者送劳动教养，其中情节特别严重、态度特别恶劣者，并开除其公职”，成了被开除公职送劳动教养的一个。一九七〇年，又以“污蔑攻击伟大的无产阶级文化大革命”的罪名，判了十年徒刑，去茶陵洣江茶场劳改。

□　很想知道一些你劳改的情形。

○　因为开除后为了谋生学会了机械制图，我主要是在绘图室里劳改。每年总还有几次，劳改队里搞“宣传教育”，我和朱正、俞润泉几个人能会合在一起，作一些交谈。犯人之间的谈话，谈得最多的是吃，再一个是性。但我们之间不会只谈这些，还会谈一点只能在我们之间谈的话。我们的苦恼，就是中国脱离了人类进步的正常道路，我们脱离了世界进步的正轨。世界进步了，而我们停滞在后面。我们是知道一点世界的历史和现状的，知道世界本来是一个什么样子，应该是什么样子。比如说办报纸吧，报纸本该是 newspaper，可是一九五七年我不想办报，就是因为这个报纸根本就不是 newspaper 了，越办越没有味，我才会宁愿脱离《新湖南报》。尽管党报的工作条件很好，我的级别也不很低。

我们交谈的时候也讨论过当时中国的出路在哪里。如果中国能够打破禁锢的政策，改革开放，走向世界，走向全球文明，我们的问题就解决了。我们所要求的无非就是和全人类一起走在发展进步的大道上。《走向世界丛书》里我写的叙论中，很多观点也是在这时候谈出来的，这一点朱正一九八二年就在《述往事，思来者》一文中说到过了。

□ 恢复工作后你编辑出版了不少好书，有一本《林屋山民送米图卷子》，能否谈一谈？

○ 我特别偏爱这本“小书”，因为《卷子》上前清有吴大澂、吴昌硕、俞曲园，民国有胡适、张大千、徐悲鸿等人的诗文书画，这些本身就可以传世。“小书”里面的主角暴方子，他是清朝一个很小的官，从九品的巡检，等于现在一个镇长，因为“傲上”被免职，但并没有得罪百姓。撤了职他没米过年了，老百姓就给他送米，送钱送肉，有几千人送。

我觉得这件事很有意思，实际上是人民对政府乱作为的一种抗议。这说明在清朝，那时的老百姓虽然谈不到什么民主观念，但至少还是可以表示一点是非和正义感的。你看现在撤了一个镇长或者县长，有没有老百姓给他去送米？不会有。

我对这类资料总是感兴趣的。我写的每一篇文章，像《念楼学短》和《学其短》，虽然是谈古文，也总会有一些发挥，有一些看法的。我就是要让人觉得，不民主不自由是不好的，政治生活和社会生活如果还不完美，还不是一种理想状态，人民就有权利有义务来使之改变。我要努力使读者尽量慢慢认识到这一点。这种努力的力量当然很微薄，但努力做总比不做好。

□ 《走向世界丛书》里面，思想上走得最远的是哪个？

○ 思想水平最高的是郭嵩焘，他的很多言论超出了同时代人，因此也不能被理解。左宗棠做事比郭嵩焘多，但千年以后，郭嵩焘的历史地位要比左宗棠高。然而，光靠思想先进的这些人是走不向世界的，这些人有局限，局限还很大。历史进步的意义，在于走向世界这件事本身。人们走向世界大都是被动的，很多人是派出去的，很少是主动的。但是不管怎么样，走出去了就有作用。

□ 你觉得我们已经走向世界了吗？

○ 我认为走向世界的前途肯定是光明的，但是过程会很曲折，很艰难。我们现在还远没有完全走向世界。走向世界是一个历史过程，是一个历史阶段。中国要完全走向世界，恐怕比非洲那些国家还难。因为中国的体量大、历史悠久、传统深厚；非洲没有这么深的传统文化。传统文化是一把双刃剑，中国文化源远流长，有很强大的优越性，优越性也就是保守性。中国的医药比其他民族的医药有效，中国人的繁殖力也特别强，保证我们成为了最大的种群，这些我都引以自傲。我绝对不是一个反传统文化的人，正因为中国传统文化确实有东西，它才能够保守。"保守"也不是个贬义词，它能够保住已有的东西。所以中国人很难接受别的价值观，像郭嵩焘和我这样的人，在这种传统的主流里常常会被认为是异端和叛逆者。

□ 作为《周作人全集》的编撰者，你个人如何评价他？

○ 周作人也是一个人，人的弱点和缺点他都会有。他留在北京，继续教书，犹有可说，出任教育督办去和日本人合作，就不能不说是他的问题了，本来这些事他是可以不做的。他身上也有知识分子的软弱性，他不是一种能抗拒强势的人。解放以后，他也随风倒地骂美国，骂蒋介石，骂傅斯年。骂傅斯年还现出了他也有“绍兴气”。那时候胡适等人联名保周作人，傅斯年就是不肯签字，而且劝胡适不要介入，到这时周作人的绍兴师爷脾气就表现出来了，虽然在这方面他比鲁迅还是要好得多。在待人接物上，在私生活上，他也比较好。许广平批评周作人不关心世事，只管自己，一天到晚坐在屋子里读书写文章，院子里花开花落都不知道。我倒觉得这是他的一个优点。

何必自居于妾妇呢？*　　（2012.9）

屈原的这一点我喜欢不起来

□　上世纪八十年代你编《走向世界丛书》，让中国人再次张开眼睛打量世界，现在看来，改变中国要靠什么？

○　改变中国首先还是得靠启蒙，让大家懂道理，大家都懂道理就好一些。十年前，美国的两栋楼被炸掉了，周围一片叫好声，这就是不懂事不懂道理的缘故。如果明天人家来炸你呢？即使美帝国主义该打倒，和平时期用恐怖手段杀人，怎能为之叫好呢？

□　一提爱国，首先想到的就是诗人屈原。

○　屈原我并不喜欢。首先我就不同意定位屈原为爱国诗人，他也并没有所谓的爱国观念，只忠于君王，忠于楚怀王。君王不要你了，你就把自己想象成一个被君王遗弃的女性，如何如

*　原载二〇一二年九月二十日《深圳商报》，记者杨青。

何地哀怨啊，没必要，很扭曲。这还影响了后世的读书人，总是把自己女性化，把自己和君王的关系定位为妾妇和男主人的关系。屈原的这一点我真是喜欢不起来。一个大男人，何必自居于妾妇呢？

编的书大部分都已重印

□ 现在工作是怎么安排的？读书写作？

○ 整天坐着，看看校样。我现在基本上退出社会生活了。我现在不用钱了，衣裳不穿新的了，家具也不需要买了。我今年八十二岁了，我估计今后一两年时间还可能像这样正常交谈和看书，但是也不可能太长久，即使人还存在，也不可能思维完全不老化，这是正常规律。

□ 今年重印的书有哪些？

○ 我自己署名编辑的书，大部分都已经重印。有人要重印，我就给他重印一次，现在都重印了。《唐诗百家全集》和《唐宋词百家全集》岳麓书社还没有付印，责编做得很慢。另外还有四卷本的《周作人文选》，因为装帧很差，现在想找个出版社重印一下。我以为要研究周作人得买全集。一般欣赏他的文章之美，看这个四卷本就够了。我还有个一卷本在香港印的，叫做《周作人美文》，香港明报社印了一版，国内没有出过。假如一般的欣赏，看这个一卷本也可以了。

□ 我在香港书展买过你编的《曾国藩教子书》。

○ 那是本好书，我写了前言，很薄的。以前岳麓书社也印过，印得不理想，所以就把它重印一下。原来文中有错的还在流传，毕竟重印便有一个改正错误的机会。今年我想把它结束（指正在看的校样）。

杨绛越活越精神

□ 你和杨绛还有联系吗？

○ 一直有联系。我去信，她就回信。现在老太太都一百零二岁了，她最近还给我写信来，字写得非常好。她的状态非常好。她的打击就是女儿死了，这个打击比钱锺书死去还大。夫妻两个再好，也不可能同时走，除非自杀，一个先一个后应该想得通。可女儿应该是送自己的人，后人先死是最大的痛苦。但她也挺过来了，而且越活越精神。她的《我们仨》写得很好。她的长篇小说《洗澡》好像要出手稿本。有人说，杨绛的《洗澡》可以认为是钱锺书《围城》的续篇。

她挺有意思的。活过了一百岁，这个人就成神仙了，作为生物的人也成仙了，哪个人能活到一百岁？人活得久就胜利了，活得最久就胜利了，谁笑到最后谁笑得最好嘛！

几千年的影响，几十年变不了*（2012. 10）

□ 你为什么对周作人这么感兴趣?

○ 我喜欢他的文章。很小就看他的文章，在一九四五年以前，那时只能从我哥哥战前的国文读本上看，抗战以后周作人的文章就不选了。抗战开始，父亲把我一个人送回湘北老家，老家的书都是线装书，白话文的书就是我哥哥的初中国文读本，我就这样接受周作人。那时候，我连哥哥的历史读本、地理读本、生物读本都读。抗战胜利后我读高中，语文程度也提高了一些。那时候也不再新印周作人的书了，但是他的书在旧书店还有买，发现了就买来读，慢慢喜欢上他的文章。我认为他的文章除了美以外，还有真和善。真就是知识，关于人生和大自然的知识。善就是能启发你去追求知识。像《故乡的野菜》，作为散文，似乎还没有叶圣陶那么轻灵，但是它能引起你思索，所以我觉得他的作品经得看，它有思想高度，有文化

* 原载二〇一二年十月十二日《时代周报》，记者李怀宇。曾收入《左右左》集中，题为“谈周作人及其他”，但有删节。

内涵，能够满足我的求知欲，我的要求读书明理的期望。我喜欢周作人，最直接的原因也是最本质的原因就是这一点。

严格来说，周作人的大部分文章都不是如今一般人所说的文学散文，而是一种文化随笔，包含了很多社会文化史、科学史、文明史的内容，能够使人对人生、对世界有一个比较健康的看法。他很重视这一点。另外，他还很重视写文章要合乎情理，合乎常识。他说，世界上很多反文化的东西、反民主的东西，往往都是违背科学、违背常识的，也是不合情理的。旧中国是一个专制的中国，鲁迅和周作人都对它采取不调和的批判的态度。对于旧的文化，他们是最彻底的批判者，这一点鲁迅和周作人没有什么两样。所以周作人和我的思想是合拍的，我认同他对中国文化、中国历史的观点。我认为，前一代人在认识的深度上来讲，很少有人能超过周氏兄弟。当代的学者有些新的观念，会些新的名词，讲的很多话可能比周作人新一些，但实际上没有达到他的认识水平。因为后来人对于旧中国和旧文化的认识并不深刻，所以他们的批判不可能到位，隔靴搔痒，说不到点子上。

□　你怎么看一九三七年周作人留在北平的这种行为？

○　那时日本侵占中国，国民党也好，共产党也好，都是被动挨打的。周作人没有跟国民党退到西南大后方去，这是一个历史的事实。很多人劝他南下，他却没有南下，这应该与他当时的处境有关系。鲁迅死后，“左联”一派的人不依不饶地批评他。不仅批评他，也批评所有的“京派”文人，就是非“左联”的人。左翼的文艺青年对周作人采取敌视的态度，他也对这些人十分反感。当然，左派的文人并不完全等于重庆政府，但对于重庆政府、对于国民党，周作人也从来没有好感。在北洋军阀统治时期，周作人在北京应该是属于进步的一方面，他在《晨报副刊》上写的文章，他在北大“出入《新潮》中”，对当时的北洋军阀统治者如张作霖、段祺瑞以及他们的御用文人章士钊之流，一直都采取批判、不认同的态度。开始周氏兄弟没有闹翻，两兄弟闹翻以后，还是在一条战线上。

北洋军阀杀掉李大钊，那时候周作人完全站在同情李大钊的立场上。左联周扬来管文艺以后，鲁迅对他也是有意见的，而左联对周作人则更加不依不饶。周作人也看不起这些人。这些人要来“领导”文艺，他们自己的“文艺”却根本不行。左联批判梁实秋、沈从文，梁沈他们倒还有文学作品，至今仍然存在，他们也从不说周作人不好，包括冰心和巴金都是承认周作人的。所以，那时候周作人不愿意跑到蒋介石的统治之下去，也不可能到延安去。再加上他的家累负担比较重，老婆是日本人，周建人遗弃的那个日本老婆就是周作人老婆的妹妹，也住在他家，要他养着。鲁迅的前妻朱安和母亲住在一起，虽然鲁迅是寄钱回去养家的，但是母亲需要人照料啊，不光是钱就解决问题的。抗战开始时鲁迅已经死了，许广平不到北京去，住在上海租界里，老太太和嫂子还是要周作人管。一家子人，老人、小孩、妇女，只有周作人一个成年男人，不容易逃难，也是实情。

再说逃难，开头大家也不知道抗战只有八年，不会知道八年以后就会回来。在沦陷区要不要办教育呢？政府走了，军队走了，人民还在，北平有几百万市民。举个例子，如果我是一个剃头匠，在北平剃头，或者我是一个开店子的人，靠做面条或者蒸馒头为生，我的房子就是我的生产资料，我能够到重庆去吗？我去那里，谁给我房子呢？剃头匠在北平，反正谁来了还得剃头。如果我这个剃头匠有一个儿子，他要不要进小学呢？小学生能够到延安或者到重庆去进学校吗？还是只能就近上小学。那么还是要有人办教育，读了小学读中学，读了中学读大学。所以，我认为抗战时期，留在北平、南京办教育的人，教书的人，俞平伯、钱仲联他们，是没有多大罪过的。有很多重要领导人，当时不也是在沦陷区读的中学、大学吗？张爱玲当时也是个学生，不也留在上海，写文章发表文章吗？她的成就不也是中国文学的成就吗？关于周作人，蒋梦麟讲过：当时他乃是北大指定的留平四教授之一，这四个教授是学校委任他们留在北平管理学校的校产，蒋梦麟后来给他证明了。但周作人自己不愿意走是一个事实，并不是他要走，蒋梦麟强要他在这里坚持。但蒋梦麟毕竟也认可了学校要留人照料。当然，后来周作人当督办，就不是一般地办教育了，那是做官了，而且是大官。他自己的解释就在他写给周恩来的那封信里面，这与他在文章中一贯表述的观点是一致的。他认为，他是个读书人，他能够做的事情就是努力读懂并且诠释中国的历史文化，作为一个文化学者，他能够做的就是尽可能地以自己的认识来影响周围的人，努力推动社会和文化的进步。只要他在那里做这些事情，他就觉得对得起中国，对民族和人民尽了责任。我相信他的这个说辞，我并不认为周作人是为了做官而去跟日本人合作的。

另外，当时周作人也很可能认为蒋介石会打不赢日本人，但是中国好几亿人，日本人不可能亡中国的种。北魏也好，辽金也好，元朝也好，清朝也好，都是异族统治，汉文化还是在继承发展。中国文化的再生力和保守性是很强的。我经常说“保守”这个词有两面性，不完全是贬义。它能够保守，说明它能够保持自己的本位文化，金朝、元朝、清朝都是汉族人做亡国奴的时代，但是金朝、元朝，尤其是清朝，汉文化还是大大地发展了。相反的，金、元还融化在汉文化里面。东亚文化还是以汉字文化为中心。周作人认为政权并不完全等于国家，国家也并不完全等于人民，更不完全等于种族。周作人可能会以为：中华民国的政权可以亡，中国文化则不能亡，也不会亡。

中国人论历史人物，凡是这个人主张对外打仗、不妥协的就是好人，主张对外和平妥协的，就是卖国，就是不好。比如李鸿章，就是汉奸的代名词。但如果李鸿章不办外交，由支持义和团的人去办外交，会是什么结果呢？没有李鸿章，不订和约，中国只有吃更大的亏，结果只能是割更多的地、赔更多的款。在一个世界上不能只讲打，列宁为什么要订《布列斯特和约》呢？苏联和日本也订了《日苏中立条约》，日本承认外蒙古，苏联承认满洲国。王造时他们当时向斯大林写了抗议信，这就是王造时后来被划为右派的重要原因。

过去一直说蒋介石卖国，其实蒋不仅抗日，他对美国也是坚持独立性的。蒋介石在美国人比如说史迪威面前，他不要还是不要的：你把史迪威调走，我不要这个参谋长，你不要来干涉我中国的事。蒋介石在美国人面前的独立性，比汪精卫在日本人面前的独立性要大，比王明、博古在苏联人面前的独立性也要大。

□ 现在对曾国藩的评价也跟以前完全两样了。

○ 到现在慢慢地有了另外一种偏向，完全肯定并美化曾国藩，我认为这是完全没有必要的。曾国藩毕竟不能够使我们现代化。曾国藩的政治经验，特别是对传统政治里面的谋略和权术的运用，确实是一种遗产。他有很高明的处世哲学，怎么样教育儿子，怎么样练字、读书，这些经验都是可取的。但曾国藩毕竟是过去了的人物，他的时代已经过去了。周作人却是个现代知识分子，他也是最早在中国传播社会主义思想的人之一，毛泽东去拜访他，就是想了解他到日本去考察新村的经验，想拿到长沙河西新民学会来实行。

□ 曾国藩是不是对毛泽东和蒋介石都产生过影响？

○ 可以这么说。毛泽东和蒋介石都承认曾国藩是自己的老师。毛泽东亲笔写道“愚于近人，独服曾文正”，承认他自己年轻时于近代人物中，只崇拜一个曾国藩。他把曾国藩和孙中山、袁世凯、章太炎都做了比较。蒋介石也是这样，崇拜曾国藩。

□ 为什么有一种说法是：“做官要学曾国藩，经商要学胡雪岩？”

○ 这是“文化大革命”以后才一度出现的一种说法，而且很快便沉寂了。当官就要看《曾国藩》，经商就要看《胡雪岩》，看这两本小说。这种说法充分暴露了投机小政客和暴发投机商文化之低，甚至比晚清时的官场和商场还低，低到了不可以道里计的程度。

曾国藩是集中了中国专制时期的为官之道，他对于官场的政治权术了解得很透。我有个比方，马基雅维利不是写了本书叫做《君主论》嘛，我觉得曾国藩写的可以叫《将相篇》。马基雅维利讲的是君主的统治之道，曾国藩讲的是将相的驾驭之术。曾国藩跟他弟弟写的那些信尤其是赤裸裸的，跟弟弟讲话不需要什么避讳，讲得露骨，属于私房话。研究旧时代中国的官僚文化和政治哲学，这些很有价值。曾国藩是传统中国崩坏前的“最后的巨人”，却绝不能成为中国走向现代化的思想领袖。中国要现代化，用不着读曾国藩；要了解中国的历史文化，却非要看曾国藩的书不可。

□ 你对中国走向现代化的这个问题一直都是感兴趣的？

○ 我如果不感兴趣，就不会有《走向世界丛书》。但我虽感兴趣，对现代化问题的钻研仍然是有限的。我的职业是一个编辑，你知道编辑也好，记者也好，是没有办法很“专”的。比如你今天来做一个专题，你要写湖南的曾国藩和毛泽东，你明天可能又要搞另外一个专题，你不能一辈子研究毛泽东，研究曾国藩。我编完曾国藩又要编周作人，这是两个不同的课题。我不可能像学者专门研究曾国藩，搞他一辈子，不可能那么专。所以我的学识和我的成就都是非常有限的，最怕别人来吹嘘，来捧。

□　中国在晚清以来，特别是一九一九年以后，很多知识分子都提出中国得走向世界，走向现代化，不管是向欧美学习还是向苏联学习。但深入到社会里观察，为什么国人的传统思想还是根深蒂固？

○　这有两个原因。第一个，传统中国几千年的影响深入骨髓，遗传因子不易改变。即使是对传统持批判态度的人，即使是我，骨子里流的也是祖父的血，中国人的血。我们从小看的小说、读的诗词、看的戏剧都是旧的东西。这几千年的影响几十年是消除不了的。第二个原因就是我们后来又搞了一个“以俄为师”，这是孙中山的一个错误，因为沙俄本是东方专制主义和拜占庭宗教神秘主义的杂种，列宁斯大林也并不真信西方来的马克思，马克思主义到列宁、斯大林手里已经东方化、刀把子化了。文艺复兴、航海大发现、产业革命以后，世界文明进步的重心到了西欧，马克思、恩格斯也产生在西欧。孙中山被军阀整得没有办法，病急乱投医，被苏联野心家利用了。孙中山也想利用他们，他原来是靠日本(任何革命都要靠外援的)，后来又想靠苏联，与虎谋皮有什么好结果呢，集体农庄、人民公社，“苏联的今天就是我们的明天”，社会文化、人民生活，完全和现代化背道而驰，不仅没有进天堂，反而变本加厉地将专制时代里面落后的、反动的一面发扬到极致，将传统文化好的东西大加摧残。中国的传统文化也包含有自由民主的成分，虽然不是主流，有还是有的，弄到后来则一点也没有了。民主自由这些名词也是翻译来的，最初将民选的总统翻译为“民主”，它是相对于“君主”而言的，后来才翻译为总统。原来的“总统”是明朝给武官的一个职别，“自由”一词则古已有之，有个皇帝特爱搞女人，天天要换新鲜，皇后想管一管，他勃然大怒，曰：“朕贵为天子，不得自由?”这意思和现在的意思不同，但事实上中国过去也是有过政治自由和文化自由的。古代文人相当自由，除了异族统治的康雍乾三朝，写什么文章，是没有人来找你麻烦的，写小说是不会因为政治原因被查禁的，《聊斋志异》《儒林外史》都有讽刺的成分。先秦时期就有“防民之口甚于防川”和“民为贵，社稷次之，君为轻”的思想；秦汉时期有廷议，李斯可以建议焚书，淳于越也可以建议“师古”。一直到清朝，慈禧太后也是允许发表不同政见的，李鸿章主张要签和约，你可以反对，甚至可以公开请朝廷“斩李鸿章之头以谢天下”，不负法律责任，而平时宣扬杀人是要负法律责任的。你宣扬杀人，雇一个杀手去杀人要负法律责任；请杀李鸿章以谢天下可以不负法律责任，因为那是政治上的主张。康有为公车上书，他提出来中国要变法，要学日本变法，快变还可以重振，慢变则可以缓亡，不变就必然灭亡，“陛下求为长安布衣而不可得矣”。他可以危言耸听，可以上书皇帝，这就是言论自由，这就是政治民主。

□　胡适晚年在美国用英文作演讲，就指出中国的传统里面也有自由、民主这些观念。

○　胡适和康有为都是伟大的思想者，却都没能成为成功的政治家，这是中国的不幸。我们远没有康有为那样的气魄，更没有胡适那样的学养，但总还希望能有人继起，引导大家多思索一些中国的今天和明天。

要认真地、深层次地解决中国的问题，的确要很好地清理中国的昨天和前天，尤其是“反右”“大跃进”“文革”的历史。要很好地回忆总结，前事不忘后事之师，接受经验教训，才可以不再重犯错误。比如“文革”打死了人，都应该追究，使其负法律责任，该判刑的判刑，该判死刑的判死刑，以后才会少几个杀人凶手。如今很多事情即使纠正了也还是暗箱操作，其实如果公开报道，道听途说自然就收敛了。比如这个物体，我看到是这一面，你看到是那一面，必须是多视角，才能看到这个物体的全貌，如果只一方面解读，一个人发言，那怎么行呢？要允许大家公开地发表意见，公开地竞争。任何东西公开了、透明了，就不会出大问题了。最好的办法就是公开化。

总算可以自由讲话了*

（2012. 10）

□ 锺老先生，很高兴见到您。您看起来不像一个八十开外的老人，我看你气色很好，精神也很好呵……

○ 也谈不上好了。我是一个急性子的人，有什么话就开门见山地说。我们这栋大楼里老头子很多，我发现讲话快、做事急的人，存活的能力比那些慢性子的人、讲话细声细气的人要差一些，活不了那么久。人就是一个动物，你消耗得快，完得也就快。就像火一样，你烧得越旺，熄得也就越快。

□ 您这间客厅还摆放着这么大的一个台球桌，这很少见。

○ 这是我过去跟老伴一起打的。她走了，我也就没有再打了。

□ 她打得好，还是您打得好？

* 原载二〇一二年十月二十二日《深圳特区报》，记者王绍培。小标题系入集时加。

○ 都打得不好，主要是她想要我动一动。

□ 听说您现在一个月也下不了一次楼？

○ 很少下去，下面也没有适合散步的地方，虽然离公园很近，但去要过马路，这是长沙车流量最大的一条路。在车水马龙当中，过马路也不方便，空气也特别不好。

从《小西门集》说起

□ 我要跟您说明一下来意。我所在的《深圳特区报》今年增设了一个栏目，就是专门找一些年事已高的学者、文人、作家采访，有点抢救记忆的用意。像您在出版界是一个非常有影响力的人物，那么早就策划、编辑出版了《走向世界丛书》，还出版了周作人的书，所以就找到您了。我们知道，像您这一代人，有非常丰富的人生阅历、工作经验和思想意识，值得记录下来，传诸后人。我最近一些天，一直在读您这本《与之言集》，这是您历年接受全国各地记者采访的汇编，几乎什么都谈到了，所以，我今天来跟您聊是有点难度，因为我想听您讲点没有跟别人说过的事情……

○ 我并不是什么名人。别人知道我，不过是因为我比较早地编辑了《走向世界丛书》，比较早地出版了周作人的文集，承担了一点风险，个人也付出了一定的代价。但是这个事，我不做，别人也会做，迟早的事情，不值得谈。我自己写的文章，也都是业余的水平，业余的数量，业余的质量。我又是一个想谈就谈的人，也没有什么话是没有说过的。我不知道你有没有看过我的一本书《小西门集》……

□ 没有看过。这本《与之言集》倒是读过了。

○ 《小西门集》是我的一本自选集，以前所出的十几本集子，有些文章不值得保存，有些文章交叉重复，有些是别人编的，只有这本《小西门集》我自己比较认可，但也都是发表过的文章，也没有多大看头，不过书里有一个附录，就是《一九五七年的四十八条》。

□ 我知道，这是您当年的“罪证”。

○ 当时我是省委机关报的一个编辑，一个二十多岁的右派，不可能有什么深刻的思想和见解。其实当时自己的主导思想还是迎合这个社会制度的，也没有胆量说什么惊世骇俗的话。但是从一九四九年参加工作后不久，就有人把我说过的一些话汇报给“组织”了。到反右派时，七八年的“老账”全被大家揭发整理出来了，就是这“四十八条”。我为什么说这些呢？这证明我从来就是一个好讲话的人，从来不隐瞒自己的观点，总希望自由、民主多一点好。我并不是在一九五七年突然想出什么风头。别人检举出来的远不止四十八条，四百八十条都有，有些我并不承认，我说我不是那样讲的。“那你是怎么讲的呢?”我这才把自己的原话写出来。在“反右”斗争中，任何一个人都不会愿意出风头去充英雄好汉，只会希望自己的“材料”少一点。别人检举出来了，我自己不得不去澄清。有些可以抵赖的，说实话，我会抵赖。大庭广众讲的话，无法抵赖的，那就不得不承认。于是我自己写下了这四十八条。他们说，有一条就够划你的右派了。

□ 您当时被打成右派，处分是比较严重的。

○ 是的。别人打成右派，有的是跟家庭有关系，说领导不应该另眼看待我；有的是认为报纸不能这么办，搞得像布告牌似的没有意思；有的是觉得来稿去调查作者的政治面貌没有必要；如此等等。“别人都是对个人待遇对报纸工作有意见，你完全不涉及这些。你家里没有人被‘杀关管’，你父亲还是省里的民主人士，你本人也没有被打入另册，你还对党不满……”其实也谈不上有什么不满，只讲了些“周作人、郁达夫的文章可以看嘛”；再就是“胡风的文字我并不喜欢，但他只是文艺思想问题，不能算反革命，反革命怎么会公开提意见呢”；再就是“自由总是越多越好，怎么会越少越好”；“民主就是民作主，怎么一切都要领导作主”；再就是“苏联过去说南斯拉夫是杀人犯，如今又称铁托同志，到底哪一个对？我看恐怕还是要由历史来说话”……这些就成为我的“极严重的右派罪行”了。

“打小报告”的政治文化

□ 打小报告的人，从一九四九年起就一直在收集您的材料吗？

○ 那倒未必是。改革开放前，机关单位里，无论何时何处，总会有这样一种人，跟你扯谈的时候，他谈得比你还多；运动一来，他就把你讲过的话交出去，把你交出去。还有一种人，一件很小的事情你把他得罪了，他就开始打你的小报告。这种人改革开放后还有，好比我出周作人的书，一个人把我告到中央去了，说我出版汉奸的书。其实他对周作人的书可能并不反感，甚至他自己也喜欢周作人的文章，他反对的不是周作人，他反对的是锺叔河。因为锺叔河得罪了我，看不起我，所以，我要拿周作人这根棍子打他。

打小报告的人多，当然是国民素质问题，但也是政治文化问题。五十年代、六十年代，一直到七十年代，每个单位，甚至每个楼层，都挂着“检举箱”，搞运动的“坦白检举阶段”，积极分子得常“靠拢组织”，都是用得着它的，正所谓“上有好者，下必甚焉”也。

□ 是不是也有一些自身的问题，比如人际关系问题，不大会做人，不讨人喜欢，所以挨了整？

○ 可能有这个情况。就说我买《查泰莱夫人的情人》这本书的事吧。我当右派拉板车的时候，在旧书店看见一本《查泰莱夫人的情人》，我知道有这本书，看过郁达夫写的介绍文章，很想看。但书在别人的手里，看起来他也想要买下这本书。我一下就从他手里抢了过来。他怒问：你干什么？当然，要打架他打我不赢，他长得瘦小，我是拉板车的，力气大一点，所以我才敢抢，要是对方是一个运动员，我也不敢。我说，我不是要抢书，只想问一件事情。他一下子没有反应过来，我已经走到了收款台了。我跟营业员问，你们收购旧书有什么规定？营业员说，你看这里写了的，工人卖旧书凭工作证，居民卖旧书凭户口本，学生卖旧书凭学生证。我就说，这一条根本就不对，学生有什么旧书可卖？又不能来卖课本，只能偷家里的书，这本书就是我的孩子偷出来卖的，他卖了好几次了。其实我并没有能卖书的孩子，是瞎编的。书店里的人说，这个事情我们不管，你要教育你儿子，有意见可以向我们的领导提。他以为我要把书拿走。我却说，你这本书标价一元，我现在出一元钱买回去，作为没有教育好儿子的惩罚好了。那个小个子不同意，但营业员站在我这边了，他怕我跟店里闹，就对那个人说，你还是让他买，这本书本来就是他的，只能卖给他。

□ 您就把这本书买到手了。

○ 当时我很得意，因为我的目的不过是想要争买一本旧书，而且是照价付款买到的。于是我常常会自鸣得意地跟别人说，一直说到八十年代到出版局以后。有一个人就写了一个材料，寄到省委去了，他的标题是：《如此专家，如此巧取豪夺的总编辑》。材料最后到了我手里，我觉得很好笑。我当时是一个街道工厂拉板车的，并不是什么总编辑，什么专家；至于说巧取豪夺，巧取自然是巧取，豪夺则根本谈不上，右派分子怎么敢豪夺呢？这个写材料的也是位同事，老同志，大学生，我不知道怎么得罪了他。他可能觉得我对他不够尊重，语言中可能有点不敬，所以他就写这个东西，其实听我显摆此事时他也是哈哈大笑的。有的人就是这样的，看你不顺眼，他就会写材料，说你什么什么。如果还搞运动，我这个人的材料可能又是最多的。我喜欢讲话，像买书这个事，我完全可以不做声，就没人知道了。

□ 您这样的人，可能因为有才气，聪明，容易遭人嫉恨……

○ 聪明谈不上。真正聪明的人不会像我这样有话就说。我挨整得厉害，就是因为喜欢讲话。一九五七年因为讲话多被打成右派了，去拉板车了。聪明的人就会埋头多读书。那种时候，你讲这些干什么呢？只能说，我这个人喜欢交流，性格外向，多少还有浅薄的成分，不会“深沉”，不太喜欢讲跟别人一样的话，其实这是一种低级、幼稚的表现，才会讲那么多话。大智若愚，不会是我这个情况。

□ 您当时被打成右派，有没有感到特别后悔？

○ 后悔没有用，也没有后悔。我还是有一些承受能力的，“反右”前夫妻两个工资都不低，忽然被打成右派开除公职，一下子收入为零……

□ 你们两口子当时月工资加起来有一百七十元，可算是高收入阶层了。

○ 确实并不低。我俩一九五二年都定为十八级，后来我升为十七级。新干班有中学生，有大学生，还有研究生，我只是高二学生。本来可以读大学，家里也希望我读大学，本来想学植物学，觉得植物很有意思。后来又想学历史、考古。因为恋爱，有个女孩子去考新干班，我跟着去考，考取也没让我受训，就叫我到报社上班，拿八十多元、九十多元了。十八级是省政府的一级科员，县政府的科长。那时省政府厅下面就是科，没设处的。

没有想过靠文字吃饭

□ 为什么不感到后悔呢？

○ 我小时候从来没有想过靠文字吃饭。我也曾喜欢文学，也有过文学青年的阶段，看过大量的文学作品。我读书快，长篇小说一天就读完，而且是在课馀、工馀，而且也记得住。中国抗战前的小说，读初中时基本都读完了，外国小说凡是有中译本的，进高中后基本也读完了。后来读书的兴趣，转向社科方面、人文方面，不在文学方面了。我认为好的文学都是让人伤感的。让人产生快感的文学，不可能是好的文学。这个看法比较武断，但直到今天我还是这个看法。我之所以不是特别后悔，不是预见到后来总有一天会"改正"。我对于那时的宣传工作、文字工作已经厌倦，不太怕改行，觉得我自己还年轻，可以重新学一门手艺，靠自己的本领来生存。我一直是一个喜欢动手的人，喜欢做手工。

□ 所以不怕。

○ 当时长沙至少有四十万人，领五十元以上工资的总不到四万，领九十元以上高工资的则不到四千吧。别人能够靠双手维持生活，我为什么不能？

□　据说本来是要送去劳动教养的？

○　给我的处分是“开除公职，劳动教养”，因为我父亲是民主人士，知道政策，我就用他的名义给省委写信，说我的儿子要回家，儿媳妇顶替保姆，我八十多岁了，养不活孙子。其实我并没有想去连累父母，这不是因为我多么高尚，而是无此可能。父亲是很爱我的，他老年得子。但是母亲比父亲年轻，他们生活不协调，她就把气撒在我身上，从来就不怎么喜欢我，这与我的反叛性格很有关系。所以，我被开除回到家里，只在家里住了一天，便在街道上去寻找出租房了。

□　夫妻双双被打成右派，您妻子有没有抱怨呢？

○　女人们一般来说，比男人的气量要小一些，管男人管得严。我的老伴不算很能干，但是她不小气，不怎么管我。我们过去那么多钱，都爱买书，都爱请人吃饭，都花掉了。她被打成右派，跟我也有关系，也是受了我的影响。我们住到了街道上，身上一分钱都没有，开头我只能去推板车、拉板车，她只能去搞装订、糊纸盒，也没有互相埋怨，更没有拿小孩出气。

□　当时您已经有了三四个孩子了。

○　当板车夫根本就养不活他们。后来发现描图社需要人描图，我从小就喜欢做精细的事，就去当了描图员。现在我还保留了一些当时描的图。后来又学会了设计制图，画教学挂图，做教学模型，挣的钱多起来了。

□ 这样生活就又开始改善了？

○ 是啊。我成了右派，家里还是经常高朋满座，所以后来才会再一次判刑。来的主要是右派朋友。有的长期在我家吃饭，比如说曾水帆，《澧水船夫曲》的作曲者。到“过苦日子”时，当然不能留人吃饭了，但这样的时候也只有两三年，后来有钱又可以买到粮食了。要就自己也没有饭吃，有饭吃就不怕多几个人吃。要就赚不到钱，赚得到钱就不会活不下去，而且还可以活得稍微好一点。那时街道工厂最高的工资不能超过六十四元，我是一个右派，“定级”也可以拿到五十六元，再加一点加班工资，多时也可以拿到六十多甚至七十元了。

□ 您给周作人写信，就是在这个时候……

○ 给周作人写信还是在拉板车的时候。信写好就寄出去了，自己并没有留底。这封信被周作人保存下来，“文革”抄家抄去了，八十年代又发还周家。这时周作人已去世，他儿子周丰一发现了它，将其复印寄给了我。如果没有这份复印件，有人可能难以相信，我在拉板车时还给周作人写信，他不仅回了信，还寄来了他的书，还给我题了诗，写了条幅。

□ 后来怎么又坐牢了呢？

○ 家里不是经常人来人往吗？我不是还喜欢讲话吗？我说过，“不是我们不要共产党，是共产党不要我们，所以我们要

‘懂味’一点”。还说过，“党报是要害部门，下一辈子也不要去要害部门了，因为那里是要害你的”。这些话又被告发了。一个姓谢的右派学生，以为检举我就可以立功了，没有想到越检举别人自己的罪越重，结果他判了十八年。当然，他后来也“改正”了，但改正后我也不跟他往来了。

□　到了监狱要劳动改造吧？

○　去茶园里种茶，我也只干了十几天。因为茶场有一个机械厂，需要人绘图，我就去绘图了。后来，他们也需要人搞宣传，我又兼搞宣传(所谓“宣传”，即是对犯人的时事教育和文化教育)。我是一九七〇年入狱的，前面几年，监狱里面很乱。但是后来，里面也比较规范了。比如，没有读过小学的，要让他们读到小学毕业；没有读初中的，要读完初中；没有读高中的，如果犯人当中有人可以教，也可以给他们补习高中的功课。这样做的目的，除了“人道主义”之外，也是为了让犯人有事干，劳动之馀也不要让犯人闲着。除了学毛主席著作之外，还要学时事，学文化。所以，后来我就兼了当老师，教历史。

□　那您又有机会读书了？

○　虽然说是教犯人读书，但还有任务给监狱的干部子弟补课，恢复高考了嘛。我教得比较好。有个干部子弟后来考上了政法大学，当了副监狱长，他至今还跟我有联系。

□ 您是一九七九年出来的？

○ 刚出来时，并不说平反，只说“虽有错误言论，但不构成刑事犯罪，免予刑事处分”。我不服，上告。几经周折，到一九八〇年才撤销原判，接着右派也改正了。既然是错案，搞错了，那应该认错吧？我又上告，一直告到彻底平反，赔偿。我可能是湖南第一个得到国家赔偿的人，赔了我几千元。赔偿金额不是按我在报社的工资算的，只按我被捕时在街道工厂“定级”的工资算。

□ 您坐牢，老伴就很艰难了。她是哪年去世的？

○ 她是二〇〇七年去世的，提起她我非常难过。划右派以前我常给她惹麻烦，当右派到了社会上，我又不是一个很好的丈夫。我一直不喜欢干家务，干家务太琐碎，太简单重复，我宁愿去做一件不能够变钱的东西，一件手工制品。我本可以成为一个很好的工匠。我没有艺术天赋，交响乐我听不懂，不懂也不会装着好像很欣赏的样子。劳改九年，一直靠我老伴维持这个家。连并不喜欢我的母亲后来也很喜欢她，因为她肯帮忙干活。母亲的丧事也是她操办的，我还在劳改队，当然得到噩耗后我还是哭了的，做了一首五律，前四句是：“母骨早已寒，儿泪早已干。倚门无白发，守墓只青山……”

□ 您是一九七九年三月从茶陵劳改队回到长沙的。为什么平反之后不回报社，去了出版社呢？

○ 我原来是在《湖南日报》社划的右派，改正后本该回原单位。但我不愿意回报社，我本来就不喜欢办报纸。那时候办地方报纸，没有什么空间给编辑、记者个人，我对编副刊改稿子也没什么兴趣。

总算可以自由地讲话了

□ 所以就去了出版社？

○ 是朱正推荐我去的。当时有好些报社的“改正右派”到了出版社，原来当领导的现在又当了领导，朱正却是“老同事”中愿意我去一起工作的唯一。如果他也和别人那样怕我“不好共事”，他就不会推荐我。其实他也是唯一能和我站在同一条起跑线起跑的人，他却没有丝毫妒嫉之心，视人如己。所以我也一直视朱正为知己，一直承认他在很多方面优于我，胜于我，至今仍然如此。

□ 为什么一到出版社就想到要编辑《走向世界丛书》？

○ 这个事情，朱正写过一篇文章《述往事，思来者》，发表在一九八二年的《人物》杂志第六期上。朱正跟我一样被判了刑，他判了三年，我判了十年。他说，我这个三年的牢是一定会坐满的，你这个十年一定坐不满。在牢房里，朱正和我反倒比在外面谈话更加无所顾忌，因为反正已经在牢房里了。我和朱正共同思考和讨论过一些问题，我们都认为中国的根本问题就是在于中国的封闭。中国的文化有独特的性质，保守能力非常强，几千年以来，一直顽固地拒绝外来的文化，盲目地认为中国优于外国。其实文明是人类共同的财富，应该要承认和学习别人的长处。日本人开始全盘汉化，自己没有文字，拿汉字的偏旁去创造了文字，但也没有变成中国殖民地；后来全盘西化，也没有成为英美的殖民地……我们都觉得，只要有可能，我们便应该努力来改变这种情况。到出版社，出《走向世界丛书》，都是在努力。

□ 现在回过头去看，这样一套丛书出版，跟个人的思想意识和执行过程中的坚持很有关系。

○ 一个人想要认真做好一件事情，总是会遇到各种各样的人来说三道四的。比如有人说，不要出得太多啊，一年出四本够了。我在每种《走向世界丛书》的前面都写了叙论，又有人说，我们是向来不主张编辑在出书时搭车发表自己文章的。但是一般大学生还难看懂文言文，如果不写一篇叙论进行指导，读者面会大大缩小，实际不少读者都是看了叙论才买书的。书虽然是前人的书，我来编，来写叙论，它就成了我的编辑作品，我就是要通过这些作品来宣传我要宣传的思想，推动我要做的事业。中国的事该怎么办，我认为就是要努力启蒙，努力改变人们的思想。

□ 您的眼光看来是很了不起的。否则的话，钱锺书先生也不会主动为您写序。

○ 杨绛先生对我说过，钱先生是从来不给别人写序的，只有我的书是他主动提出来写序，那确实是给了我很大的鼓励。这也可以看出来，有些基本的东西，基本的看法，我跟钱先生是一致的。钱先生说得好，走向世界，其实是我们的自我实现，因为我们本就是世界的一部分。我也常常跟别人讲，民主、自由本也是我们自己的东西，在中国的历史上，也提倡过“询群臣，询万民”，不同政见也可以自由发表的。李鸿章主和，我可以主战，还可以请斩李鸿章的头。民主、自由，西方有西方的表现形态，我们中国有中国的表现形态。民主自由既是西方的，也是中国的，是全世界的，为什么要回避排斥它呢？

□　您这一辈子，因言获罪，也因言获名。您最大的感受是什么呢？

○　我这辈子从来没有什么太多的要求，太大的希冀。我并不想多问政治，只是喜欢思考，愿意跟人交流，乐于同有共同语言的朋友聊聊天，说说自己的见解。一辈子跟文字打交道，也不是自己的本愿，也可以说是阴错阳差吧。我最大的要求，就是能够自由地思想，自由地讲话，用不着怕谁，这大概可算是想要一点免于恐惧的自由吧。这其实只是一个很低的要求，很卑微的要求。我为它付出过代价，我并不后悔，因为那是值得的。现在总算可以比较自由的说话了，不然我怎么能和你这样畅谈呢？总算能够免于恐惧了，这就好啊！

走向世界的挑战　（2013.9）

为什么参加革命?

□　您一九四九年参加革命工作，年仅十八岁。当时像您这样的青年知识分子有一大批，原来都参加到反对国民党政府的学生运动中去，但是解放后他们大多遭遇坎坷，有些人甚至含冤而死。回首风雨人生，您一定感慨良多。那么，当年是什么力量促使您参加学生运动呢?

○　八年抗战，人民受难。我家也不例外，生活水平大大下降，而且颠沛流离。抗战胜利了，人们以为生活要好转，但实际上比抗战期间还不如。政府腐败，经济搞得一塌糊涂，发行金圆券引起通货膨胀，物价一天几变、十几变。学生连交学费都为难，于是对现实产生了强烈的不满。

在政治上，国民党搞一党专政，白色恐怖。知识分子觉得

* 原载二〇一三年九月二日《财经》杂志，记者马国川。曾收入《左右左》集中，题作“答客问”，有删节。

不公平，还没有在全国当家的共产党大力宣传民主自由，吸引了我们这些青年学生，我们唱的歌也是要自由、要民主、反专制、反独裁。我在长沙参加示威游行，高喊“反内战、反饥饿”的口号，有一次还被打破了头，住进了医院。

□ 作为一个中学生，当时您对于政治有什么认识？

○ 我在解放以前就参加了地下党的外围组织，阅读了毛泽东的《论联合政府》《新民主主义论》，它们宣传要反对一党独裁，实行孙中山的三民主义。我接受了这些宣传。

我的父亲解放前早已退休，但家庭条件还可以，我是能够升学念书的，却放弃了学业，参加了工作。我参加革命是自愿的，并不是无可奈何的、被迫的。后来人生那么多坎坷，也可以说是自找的。

其实不仅是我们这些年轻人，比我们年长得多的知识分子，像留美的王造时、罗隆基，留英的储安平，更早留日的张东荪，他们都是有政治水平和认识水平的高级知识分子，张东荪在民国初年就参加政治活动，这些人不是也都被共产党统战进来了吗？

□ 这是一个值得思考的历史现象。为什么呢？

○ 对于那些人来说，我看是因为：第一，对国民党完全绝望了；第二，觉得共产党取得政权是无法抗拒的事实。就是说，国民党必然会被打败，共产党必然会取得天下。

当时不是每个人都有条件去台湾，没料想到台湾那个一隅之地能够支持这么久，以为它也会被共产党一起拿下来，无处可去。多数人无权无钱，只有留下来，一些有条件走的也留下来了，如陈寅恪。因为对他们来说，到台湾去没有必要，迟早也是共产党来统治。到海外去又下不了决心，眷恋自己的乡土，哪一个人愿意跑到海外去做寓公？

至于我，我对国民党从来不抱好感，不会跟它走的，看它不起，直到如今。

□　也就是说，在那个大变动时代，一些人积极参加共产党革命，也有不少的人是消极地留下来。其实在俄罗斯共产党取得政权之初，许多俄罗斯知识分子也是面临同样的选择。

○　联共杀人杀得多，主要是共产党党内的派系斗争，杀自己人，对于知识分子杀得还少一点，有一批还让他们流亡到欧洲去了。政权稳固之后，没有再怎么杀知识分子，作家阿赫马托娃、左琴科等人受到批评，但没有被杀掉。写《日瓦戈医生》的帕斯捷尔纳克也没被关进监狱，只是不让发表文章而已。苏联镇压自由知识分子不如中国彻底，俄罗斯留下的知识分子比中国高明得多，幸运得多。

□　解放不久，对知识分子的改造就开始了，许多知识分子彻底否定自己的过去，热情讴歌新政权。但是他们即使幸运地避免成为“右派”，也难以摆脱“文革”中的厄运。

○　中国知识分子的弱点就是软弱性和依附性，历来的哲学就是“修齐治平”，“学成文武艺，货与帝王家”，盲目服从权威。读书人总是梦想“致君尧舜上，再使风俗淳”，把希望寄托在有一个好的君王上，没有明君，有贤相也可以。“圣君贤相”就是最高的政治理想，自己在“圣君贤相”之下，达则“学而优则仕”，穷则“草间偷活”。

中国古代有庄子钓鱼的故事，楚大夫来请庄子去做官，他拒绝了，说宁愿做一个乌龟，“曳尾于涂中”。有人说这是犬儒主义，这种犬儒主义与西方的不同。古希腊犬儒主义的代表人物第欧根尼住在木桶里，以讨饭为生，亚历山大大帝御驾亲临，问他想要什么，第欧根尼回答说，我只希望你走开，不要妨碍我晒太阳。如果到庄子面前去的不是那两个楚大夫，而是秦始皇，庄子让他走开，那就只怕会活不成，立即被坑(活埋)掉了。

□　还有一种可能，庄子可能就接受楚国的招安。

○　庄子即使不做楚大夫，还是要做漆园吏，他不可能不吃饭啊，靠钓鱼是生存不了的，政治上没地位，地方官找麻烦，过不了安稳日子的。中国的读书人一直是服从统治者意志的，这种奴性是天生的。毛泽东看到了这一点，所以他说“皮之不存，毛将焉附”。知识分子必须要依附于一张皮，没有独立的人格，也没有独立的要求。为君王效力，为家族尽自己的义务，这就是读书人的理想，也是他的义务。

□　这种现象还是令人费解。毕竟是二十世纪，中国还是有很多知识分子受过现代文明的教育和启蒙啊。

○ 就像我刚才讲的，王造时、储安平、罗隆基、张东荪等都是高智商的精英，他们都上了这条“船”，何况我们这些中学生小孩子。

“不太合我的胃口”

○ 一九四九年八月长沙解放，我即进入《新湖南报》做记者，年底改做编辑。但不久我就感觉到，报社里的氛围不太合我的胃口。

□ 这种感觉从何而来？

○ 比如说，看周作人的书，就要受批评。解放初没禁书，周作人的书虽然没有人印了，但旧书店里还有买。我在办公室看周作人，有人就说，应该多读马列主义，不要看这些旧书本，尤其周作人是个汉奸。不仅是周作人，连看郁达夫的书也要受批评。记得有一次和一些“新参加”的男女青年在一起，中午休息的时候，我朗诵何其芳的一首诗，开头就是——

> 你一定来自那温郁的南方，
> 告诉我那里的月色，那里的日光。
> 告诉我春风是怎样吹开百花，
> 燕子是怎样痴恋着绿杨。
> 我将合眼睡在你如梦的歌声里，
> 那温暖我似乎记得，又似乎遗忘。

这些诗句我觉得很美。有个南下的科长，其实他是西南联大生物系毕业的，他走来听到了，却严肃地批评我说，这都是小资产阶级情调的东西，为什么不多读几遍《评白皮书》？那时是一九四九年九月间，正在学习毛泽东的《评白皮书》。我说，何其芳是共产党啊。科长说，这是何其芳参加革命以前写的，还是小资产阶级的东西。后来我才知道，这位科长历史上有过参加假共产党的问题，所以他尽量地“左”，尽量做出“布尔什维克”的样子。

□ 读书、朗诵诗歌本来是私人的事。

○ 解放以前，国民党是那么无能，国家那么糟糕，但看书还是自由的。解放以后，慢慢就管起私人的生活来了，看书也没有自由了。我开始觉得，被这样管着很不舒服。当时一个星期要集体学习六个晚上，星期天晚饭后还要在办公室学两个钟头，九点钟再回宿舍睡觉。每年年终要搞鉴定，搞上一个多两个月。我被批评为自由散漫，喜欢看旧书(郁达夫、周作人、胡适的书)也成了“主要问题”。

解放以前的报纸我看过，解放后自己办报，可是这个报纸越办越没有味。当时我也看过胡风的书，一点也不喜欢，认为胡风的文艺思想全搬伊里奇、约瑟夫，不合我的口味，文字也晦涩，没有可读性。他的万言书开篇就引用斯大林的语录，还举例说，朱光潜参加过国民党，为什么还要让这样的人来讲文艺学。我就想，不错，朱光潜是国民党，但既然他留下来了，只要他对文艺心理学有研究，为什么不能让他讲呢？如果让胡风来管文艺，恐怕还会更左。

□ 但是胡风却被毛泽东定为“反革命”，而且打出了一个“胡风反革命集团”，成为中华人民共和国建国后一场大规模的政治整肃和“清洗运动”。许多著名知识分子被网罗进去。

○ 我当时认为，胡风是自以为左，比革命还左，却无论如何不是反革命。搞反革命的事情是不可告人的，怎么会上万言书呢？这是常识啊。结果我的言论变成了一个大问题，我本人因此成了“肃反”对象，罪名就是“居然说胡风不是反革命”。于是在斗争会上，我就不敢讲真话了，只敢照搬别人说的话。说真话要受批评，人们就开始讲假话。

古今中外，任何一个政权，如果有自信心，就不应该禁止人们讲真话。如果有自信心，别人讲是讲不垮你的。

□ 一九五八年您又被打成湖南日报社的“右派骨干分子”，罪名是什么呢？

○ 别人打右派是因为个人有所不满，或者是对于办报有不同意见。我自己的级别定得不低，家庭也没有受过打击，应该是“没有什么好抱怨的”，在“反右办”看来。但我从来是有话就讲，一贯喜欢发表意见，所以我的“右派”言论特别多地被检举揭发。

中国人本来特喜欢检举揭发，秦皇坑儒，被坑的四百六十余人大半也是在“案问”时被“告引”出来的。建国以后，运动不断，都是先学习文件，然后就坦白交代，检举揭发。“知识分子成堆”的地方，检举揭发尤其注重“反动言论”和“反动思想”。跟斗争对象比较接近的人，为了撇清自己，总是抢先一步揭发，所以检举揭发我的“右派言论”就多了。我辩解说，原话或者本意不是这样的。“那么，你的原话和本意是怎样的呢?”于是我就自己据实地一条一条地写了出来，结果被“新湖南报反右办公室”打印成书，作为罪证，就是后来我照录入《小西门集》的“四十八条”。

□　我读到过您的“四十八条”，有许多言论给我深刻的印象。例如，“民主就是人民对政治的要求，就是目的。把民主当成达到目的的手段，必然不可能实行真正的高度民主”“任何一个国家，如果没有高度的民主政治，哪怕经济上再强大，也是没有很大吸引力的”，等等，都是很有见地的话。即使在今天，一些人的认识也不一定达到这样的水准。

○　那时候我二十几岁，是非常幼稚的。在学校里念过书，有一点人文知识，后来自学，看的主要是文艺作品，可还是有一些民主、自由的追求。我认为，“民主的基础是个人”“强调个人服从集中的意见，民主便削弱了”。当时有这样认识的人确实不太多，因为许多人都被洗脑了，甚至到死都没有真正清醒过来。

□　悲哀的是，有些很有学问的人也被洗脑了。

○　那实际上是一种高级催眠，大学问家也失去了自我。如果写一部小说，把这一代人的思想历程写出来，应该比《围城》《洗澡》还要深刻。《洗澡》揭示出一些问题，但只能用曲笔。作家不能不明哲保身，所以后来只能放弃文学创作，然而读者仍然可以在他们所写的其他文字的字里行间，找寻到一些他们希冀和盼望的痕迹。

□ “错就错在要思想”，这句话值得玩味。许多知识分子一生坎坷，就因为要思想、要表达。

○ 也因为这些言论，我就被开除公职并送劳动教养，这是“反右”能给的最严重的处分。不过，如果单纯是右派，不牵涉别的问题，也可以申请回家自谋生活，于是，我就回家自谋生活，开始自己找活路了。

把无罪者当作罪人的悲剧

□ 在计划经济时代，个人谋生是很困难的，何况是一个右派分子，已经落入社会的最底层了。您是靠什么来生活的？

○ 我天生喜欢做手艺，假如做一个手艺人，可能会比做编辑成就大一些。可是半路出家学手艺养活全家并不容易。我那时和朱纯有了四个小孩，为了生活做过许多职业，拉板车、做木工、裱字画、做教学模型、搞机械绘图。绘图的收入比较高些，而且也轻松一些。

那时物质生活非常困苦，但是周围有些朋友，相濡以沫，精神上可以互相慰藉一下，倒还不是那么空虚。因为我父亲是文史馆员，有“特种借书证”，可以去图书馆借书，我就利用这个机会读了许多书。

□　一九六六年“文化大革命”爆发之后，恐怕就没有什么书可看了吧。

○　“文革”焚书禁书，可是也有大量的书散到民间，他们不会查抄每户市民的，在民间还可以看书。而且因为搞“文革”，反而将禁锢的天下打乱了，有些知识青年只能自己在社会上找一些事做，像我们一样，一边干活养活自己，一边看书，慢慢地成长起来。

□　一九七〇年您又被投进监狱，罪名是什么？

○　也是因为我和别人发议论。我说，“‘文化大革命’是自己乱自己”，“《红楼梦》《史记》都烧掉，以后难得再印”。我还议论说，林彪和刘少奇争做接班人，他们都在党内，可以在党内解决，不应该搞这么大的运动，全国这么多人赔罪。毛泽东说“天下大乱，越乱越好”，如果是国民党的天下当然越乱越好，自己的天下怎么越乱越好呢？逻辑上说不通。这些话又被人检举揭发出来了。体制不改变，社会伦理道德不重建，这种检举、告密是经常会有的。

一天，我正在绘图，军管会的人冲进来，把我抓走。关了一年多以后，判了十年，罪名是“污蔑攻击伟大的无产阶级文化大革命”。我被送到“湖南省第三劳动改造管教队”，在茶陵。劳改队有个制造茶叶机械的工厂，我在里边绘图。

□ 在劳改队里一定非常苦吧。

○ 也不觉得更苦，“安全感”甚至比在外面好，因为已经被抓进来，不会再怕被抓了，只是在外面活动范围毕竟大一些。劳改队有一个职工图书室，犯人不能去借书。但有些干部和工人同情我，去借一些书来给我看。“二十四史”和《资治通鉴》就是在牢里面看的，因为在牢里面才有大量的空闲时间。读史增强了我对历史的责任感和信心，我深信，把无罪者当作罪人的悲剧总有一天要结束。

监狱里也是个社会，而且是一个浓缩了的社会，有很多人，比如贩毒的人，在外面不可能认识的。监狱里有读书人，有文盲，有好人，也有很多坏人。我发现，干坏事的人的人性不一定是最坏的，有些犯盗窃罪的人可能对人还比较讲义气。比起来，劳改队里的小文化人、小知识分子往往最坏，什么事都去报告。贼和强盗反而很少做这样的事。

□ 如果没有在劳改队的经历，恐怕很难有这样的认识。您曾写文章说，在劳改队，您还见到了潘汉年。潘汉年是建国后上海市第一副市长，一九五五年因为“潘杨案”被捕，轰动一时。以前他一直关押在秦城监狱，一九七五年被发配到湖南劳改农场。

○ 我曾经爱好文学，知道潘汉年是二十年代著名的湖畔诗人。在劳改队，潘汉年和董慧住在经过改建的一个旧浴室里，很少和我们这些犯人接触。我和他说过两次话，他只说了八个字“相信人民”“你还年轻”。这些话也鼓励了我。

□　一九七六年十月“四人帮”被抓起来，“文化大革命”破产了，您的所谓的“反对‘文化大革命’”的罪名事实上也就不存在了啊。

○　可是，我还是被关押至一九七九年三月才被释放。在劳改农场，我一直在写申诉，一年一次。一九七六年得知“四人帮”被抓，我还重写了一份申诉书，最后一句是，“我要求的并不是怜悯，我要求的不过是(而且仅仅是)公正”。

我在看守所一年，在监狱八年，总共九年。当初，朱正和我一起被判刑，他判三年，我判十年，另外还有一个人判了十二年。当时朱正就说：我这三年非要坐满，你们两位绝对不会坐满的。他的根据是有的人活不到十年了。当时如果这话传出去，三个人都是要杀头的。

□　看来一些问题非要等着上帝来解决。

○　“四人帮”被抓，我就知道自己会出来了，我本来就没有犯罪嘛。既不反社会，更不反人类，也没有反政权。事实上，我们也没力量去推翻它，就像我们不会想去改变地球的轨道一样。相反，我们很不希望社会动乱，恰恰是维护稳定的。“四人帮”一伙位高权重，无法无天，胡作非为，反而是危害国家政权稳定的。

为什么一定要

□ 当您走出监狱的时候，中国已经开始改革开放，和“文革”的时代氛围完全不同了。作为一个知识分子，您是否深切地感受到这一点?

○ 和毛时代确实不完全一样了。久蛰思启，一时间思想界甚至比现在还活跃，大家心存一些希望，愿意做一些事情。我拒绝回报社，选择了到出版社工作，开始编辑《走向世界丛书》。

□ 您是怎么想到要编这套“走向世界”的书，是什么机缘?

○ 因为以前家里有梁启超、康有为、黄遵宪等人的书，我翻看过。这些人都有走向世界的经历和记述，富有思想文化的价值。当然，并不是所有出国的人都追求进步，其中也有很保守的，但无论怎样，他们都会将国外和国内进行对比。像薛福成的书，过去国文课本里选读过他的《观巴黎油画记》，文章本身没有发表政论，但是描写了中国人没有见过、没有写过的事物，揭开了幕布，让大家接触到一个新的世界。看世界的人的眼光可能还是旧的，但是他们看到的是新的事物。他们把一个陌生的新世界描述出来了，读者的眼光慢慢地也就不同了。

我几十年前看过这些追寻者、探索者的记述，觉得非常有意义、有价值。出狱后我再去找更多的这类书看，读到他们的议论，就想，中国的问题，实际上就是一个如何走出旧世界、走向新世界的问题。中国不能不实现现代化，不能不接受现代文明，不能不走向世界。当我可以做选题的时候，就做了这套“走向世界”的丛书。它们记录的是近代中国人睁眼展望现代文明的第一次，是中国人开始走向世界的早期脚印。从此以后，闭关锁国的状态开始被打破，人们开始打开眼界，走向世界。

□ 我记得您说过一句很形象的话，清末那一代人是“跌跌撞撞地走向世界”。那一代人的思想里有很多很矛盾的地方。

○ 这是很正常的。人最容易犯的错误就是以为自己已经掌握了绝对的真理。这是根本不可能的。社会在变化，思想也在变化。人的认识是没有终极的，人也不一定能够正确地表述自己的思想。

□ 《走向世界丛书》是上世纪八十年代的一个标志。它们介绍十九世纪甚至更早中国人走出国门的所见所思，记录了不同文化的碰撞。这跟当时中国改革开放、走向世界的大环境十分一致，中国人在二十世纪后半叶重新“走向世界”。

○ 一八四〇年后开始出去的那批中国人，对外国的看法很有意思。虽然那个时代的中国不是共产党时代的中国，但社会还是这个社会，民族还是这个民族，国民性还是一样的。清朝搞不好，清以后几十年中国还是搞不好，根本原因就是中国脱离了整个世界文明进化的轨道，脱离了全球文明发展的轨道，不仅仅是脱离，而且是闭关锁国。尽管也搞洋务，也喊维新，但体制上坚持专制，意识形态上强调“中学为体”，仍然走到一条岔道上了。清朝闭关锁国，一九四九年以后的三十多年里仍然闭关锁国。什么是闭关锁国？就是自放于全球文明之外。

我坐牢的时候不可能想到编书，但我一直在想，中国怎样才能变好，怎样才能成为一个现代化国家，使人们不会因为思想而获罪。在监狱里，每年总有几次，我和朱正、俞润泉几个人有机会在一起，那时候我们就谈这些话题。我们的苦恼，就是中国脱离了人类进步的正常道路，脱离了世界进步的正轨。世界进步了，而我们停滞在后面。整个世界都进步了，都现代化了，中国不应该永远闭关锁国。不管是行动上，还是思想上，中国都应该走向世界。只要走全人类共同走的路，中国的问题就自然会解决，除此之外没有第二条路。

出狱后我更坚定了这个认识。我们要做的事情，就是努力去做促进走向世界的事情。我编写的书，里面是有思想的，即使是旧瓶装新酒，用意也在引导读者去看，去思考。

□ 在八十年代，《走向世界丛书》在知识界产生了巨大的反响。著名学者李一氓说“这确是我近年来所见到的最富有思想性、科学性和创造性的一套丛书”，钱锺书先生说这套丛书“眼光普照，观察到欧、美以至日本文化的全面”。

○ 当初编辑这套丛书，只想抛砖引玉，为国人走向世界作一点启蒙，没想到会有如此大的反响。《走向世界丛书》原计划出版一百种，实际上只出到三十六种，一九八九年以后我离开出版社，之后就中断了二十多年。

□ 当时出版这样的书是不是也有阻力，主要来自意识形态吗？

○ 政治上倒没有人说不能出。我在长沙工作，长沙就像巴尔扎克小说《外省伟人在巴黎》所说的那个“外省”，格局小，视野狭窄，做起事来更费力，更劳神，往往迫使你将主要精力消耗在一些琐碎的事情上。比如，每本书前面都得有一篇导言（叙论），也有人不同意。丛书必须成“丛”，得一次推出十本八本，也有人不同意。

周作人和曾国藩

□ 在周作人著作出版方面，您是一九四九年以后的第一人，从八十年代起即开始出版周作人自编文集，当时许多人说锺叔河喜欢出“汉奸”的书。您怎么开始跟周作人交往的？为什么要出版周作人的书？

○ 我从小学开始就喜欢读周作人的文章，参加工作后也因为读周作人受批评。当了右派，我还是经常读周作人。一九六三年十一月，我给周作人写了一封信。当时我正在长沙拉板车，特意到附近小店中买了几张红色横格纸，一小瓶墨汁和一支一角二分钱的毛笔。信发出后，很快收到周作人的亲笔回信，还有题赠的书和两首诗。

到了二十世纪八十年代，当我有了一点点选题出书的可能时，便立即编印了一部《知堂书话》，这是新中国成立后出版的第一部署名周作人的文集，接着又策划重印《自己的园地》《雨天的书》等周氏“自编文集”。

□ 您怎么评价周作人这个复杂的历史人物呢?

○ 我并不是特别喜欢周作人这个人，就是特别喜欢他的文章。周作人和日本人合作过，但他的著作有文学价值和文化价值。我并不认为在思想上我们和他相差很远，可是他的学问比我们高深得太多太多，日文和英文都是看原著，也懂希腊文。人归人，文归文，有价值的东西，不能不读。即使批评周作人，也要找到他全部的资料，也要看他全部的文章，然后才能批评，不能乱骂。不把书印出来，怎么批评呢?

我在三十年前即决定印行周作人的全部作品，已经印出了从《自己的园地》到《秉烛谈》等十七种。反自由化一来，湖南出版“三种人”——《查泰莱夫人的情人》《丑陋的中国人》和“周作人”就受到整肃，不得不停下来。后来我才知道，幸亏有胡乔木表态支持我出周作人的书，我才没有遭灾。

□ 周作人顶着汉奸帽子，直到今天仍然为人诟病。

○ 周作人文章最可取之处是把中国读书人的劣根性剖析得最深，对中国历史上的黑暗面批判得最深刻。周作人懂得东西文化，再回来看中国的问题在哪里，就看得特别准。

鲁迅也是这样。在这方面，周氏兄弟俩的贡献难分伯仲，所以他们都足称中国的第一代现代知识分子。成为现代知识分子的一个前提，就是必须了解世界。完全读中国古书不可能成为现代知识分子，所以曾国藩不是现代知识分子。

□ 只要看一个人看的书是站着的，还是平躺着的(线装书)，就知道他是不是现代知识分子。曾国藩显然是看平躺着的书的人，您为什么要出版他的书呢？

○ 一九八三年李一氓为了《走向世界丛书》，让我去北京开会。在京西宾馆的会上我做了发言，曾国藩的书应该出“大全集”。搞国家规划，原来只许影印刻本《曾文正公全集》。我说那不行，刻本漏收了大量的没有入集的文字，如果要做就必须重新编订，曾国藩的所有文字都要全部收入。我跑到北京图书馆去，把刻本的《曾文正公全集》和台湾影印的《湘乡曾氏文献》搬到会场上，一篇一篇进行对比，指出旧版本为什么不完善，不能简单地重印。就这样，新编《曾国藩全集》才列入了规划。

不久后，我调到岳麓书社当了总编辑。此时，岳麓书社已经把《曾国藩全集》列入了选题，我换上邓云生(唐浩明)来做责任编辑，后来并同意提他做我的副总编辑，专门负责编发《曾国藩全集》的书稿。

□ 解放后，曾国藩被称为镇压太平天国的刽子手、汉奸，在八十年代出版这样一个人的书，也是要冒很大风险的。

○ 《曾国藩全集·家书》出版后，《湖南日报》上发表文章《如此家书有何益？》，反对出这个书，仍然说曾国藩是汉奸刽子手。省里的文宣官员，其实并不在乎这个事情本身的是非，只在乎中央是肯定还是否定这个事情。中央(李一氓为组长的古籍整理出版规划领导小组)肯定了这个事，他们也就没有再管了。

我从来不认为别人发表文章反对是什么了不起的事情，我一般也不去读评论曾国藩或者周作人的文章，更不去参加争论，那样反而会妨碍出版。只要在国际上和全国范围内造成正面的影响，只要大家觉得这个书出得好，反对的声音自然就压下去了。

□ 您是一个出版家，不是一个评论家。

○ 评价曾国藩和周作人是一回事，提供完整的资料又是一回事。我总是站在提供资料的立场，这样别人打不倒我。你要反对他，你就得看他的书；你没有看他的书，讲的很多话就没有常识。这样立论，站得住脚。

我认为，在出版政策上，如果觉得这个人倾向好，他的东西就发表，就尽量多出版；那个人的倾向不好，就不准出他的书，有价值的东西也不出，这本身就是一种反文化的态度。

□ 那么，您怎么评价曾国藩这个人？出版他的书难道仅仅是为了提供历史资料吗？

○ 曾国藩是旧文化最后一个总代表，在旧政治、旧道德、旧文化方面都是最后一个集大成者。要了解旧文化，了解曾国藩就可以了。他个人的意志和能力是超凡的，但即使是他，也无法挽救旧制度的崩溃。曾国藩派幼童出国留学，办江南制造局，让自己的儿子学外文，说明他意识到时代要变，未来是一个新的时代，世界潮流中国无法置身于外。所以研究曾国藩，结论就是个人再卓越，也无力挽救旧制度的灭亡。这同样说明，中国必须改变。

□ 现在的研究远远没有达到这个水平，好多关于曾国藩的书都是讲权谋之类，所谓“当官要读曾国藩”是也。

○ 我不想评论它们。曾国藩至今没有一部真正的传记。我印周作人的书是启蒙，印曾国藩的书也是一种启蒙，希望有人读，有人写。

“压是压不住的”

□ 不管是编《走向世界丛书》这套书，还是出版周作人、曾国藩，其实做的都是启蒙的工作。

○ 我不是什么学者，没有很多的学问，也没有大的抱负，只是读过几本书，有点普通的常识，觉得事情有些不大对头，自己也深受其害。对个人来说，为别个做嫁衣裳，不如自己写书。花这么大力气编别人的大全集，是因为他们的著作有益于启蒙，比自己写文章作用更大。我知道，中国最后总要融入全球文明，融入国际大家庭，只是时间长短的问题，所以启蒙是特别重要的。

□ 假设一九七九年您不做编辑，您会选择做什么？

○ 很可能关门读书，关门写书，当然也得弄个养活自己的职业。国内不能发表，拿到国外去印就是了。可是后来做编辑，有很多事要做，个人的计划就大半放弃了。

□ 您想写的是什么书呢？

○ 可能写一两本自己观点的历史书，也可能写一部长篇小说，以中国几代读书人为主角，反映几代知识分子的思想历程、心路历程。中国近百年压缩了外国几百年的历史，波峰很多，波段很短，波峰和波谷起伏很大，是很值得写的，但现在没有能力写了。

□ 晚清以来，几代知识分子所走过的道路都不平坦，思想水平也不是一代胜过一代。例如，在第一批走向世界的人中，有些人的思想就是比较超前的。

○ 那一代人中，郭嵩焘的思想水平是最高的，容闳的思想也达到了一定的高度，但是他对中国传统文化的认识远没有郭深刻。郭嵩焘是从旧体制出来的人，批判起来一针见血。还有黄遵宪，他担任过旧金山的总领事，看到美国国会里两派互相攻击，就不可能专制独裁。他临死的时候还有诗，希望中国能够开国会、行民主。但是他没有看到那一天。

□ 后来到康有为、梁启超已经是第二代知识分子了。

○ 康、梁在政治上更激进一些。康有为号召激烈变革，在慈禧的时候他们的思想代表正确方面，但是他们政治上的运筹很幼稚，轻率。如果不过于触犯既得利益者的利益，等慈禧太后自然死亡，光绪皇帝自然能够掌握大权，实行新政。

□　这其实是中国近代史上的一个大题目：激进主义。思想和社会主张越来越激进，从康梁到孙中山革命，到共产革命，越来越激进。

○　既得利益集团的专制统治强度越大的时候，社会思潮就会越激进。越保守，越激进，这是成正比的。过于激进，其实对于进步不利，因为在那个时候理性的主张没有人听得进去了。谁激进，谁振臂高呼，谁就有听众，有追随者。

□　这么看，历史悲剧是没有办法避免的？

○　应该是没有办法避免的。其实胡适、周作人的思想很理性，认识很清醒。周作人有首诗《小河》，描写堤坝越修越高，洪水在下面越漩越深，最后一定是堤坝溃决，大洪灾没法避免。这首诗是针对社会现实的，当时陈独秀、李大钊搞《新青年》，最激进。

□　是革命，还是改良？是激进地变革，还是缓进地演变？今天的中国似乎也没有解决。我注意到，近年来社会上有一股激进思潮，尤其在网络上表现得很明显。

○　中国要变革，但是非共产党无法问政，老百姓只有奉主投票的"权利"，所以变革的力量只能是共产党体制内，自上而下。这也是损失最小的一条道路。如果不进行体制改革，是解决不了社会矛盾，医治不好固有的根本痼疾的。

激进思潮可能被引向狭隘的爱国主义方面去，国内政策是国外政策的基础，当国内矛盾激化的时候，民众对社会的不满可能被引导到对外部“敌人”方面去。历史覆辙，不得不警惕。在中国，许多人习惯喊万岁，喊起来很自然，我不行，喊不出口。有我这样思想的人，估计不会很多，但也不会很少吧。

□ 确实如此，一些人认为改革开放前的中国“好得很”，甚至有人怀念“文革”。

○ 可见要紧的还在启蒙。从长远来看，我是乐观的。社会在进步，信息交流越来越方便，慢慢地大家的知识会增加，能看清问题的人会越来越多，会有精神上、社会上、政治上的要求。人们的要求，引导可以，压是压不住的。现在是全球文明的时代，没有一个国家能自外于文明进步的轨道。

怎样看八十年代

□ 近年来人们对于八十年代的评价很高，作为活跃于八十年代的知识分子，您怎么评价那个时代?

○ “四人帮”倒台后的十多年里，中国社会发生了很大变化，知识分子回到了正常生活，大学也开始招生了，不能看的书可以看了，不敢谈的东西可以谈了。可以说“文革”结束以后开启了一个新时代，不过时间太短了。

对于八十年代，也不能评价过高。当年的口号是“四个现代化”，我认为没有什么“四个现代化”，只有一个现代化。要么，实现现代化，跟上世界潮流；要么，不要现代化，被世界潮流抛弃。现代化是一个整体，没有现代化的经济，能够有现代农业革命吗？没有现代化的管理，能有现代化的科技吗？要有现代化的制度，首先要有现代化的人，要有现代化的思想。

□ 那十九年里，知识分子是不是也有些幻想？

○ 是有一些幻想，我就在一九八三年入了党。《新湖南报》第一任社长李锐当时在中组部当副部长，问我有什么要求。我说，我不是做官的料，我希望能到北京办一个杂志或者出版社，“技止此耳”。当时确实想自己能多做点事，出书方面有很多想法。他说，没有问题，但是你先入党啊，不入党就只能在别人手下做事，这是在共产党体制下。于是我就入了党，但随即李锐就退休了，我也没去北京。

八十年代的确结束了旧时代，揭开了新时代的序幕，有可能走向世界，走向全球文明，接受人类共同追求的价值观。但是保守力量阻碍这样的前进，唯恐“亡党亡国”。

□ 除了您所说的保守力量，还有其他需要反思的因素吗？

○ 这和中国的知识分子始终没有成熟也有很大关系。对中国的读书人，我是持相当的批判态度的。先前有些读书人还有理想和抱负，以天下国家为己任，关心政治，觉得自己是精英，应该是民众的代言人。可惜后来这样的知识分子越来越少。独善其身，做自了汉，不去掺和，不向上爬，这就是顶好的了。中国的知识分子比俄国的差劲得多，旧中国就比沙俄时代差，差得远。

□　对于未来的社会变革，人们还是寄希望于开明的执政者。现在很多学者没有独立思想，还老是想上“奏折”，成为了“御用文人”。

○　知识分子是社会的引领者。最重要的是，知识分子要自己发出声音来，汇成强大的声音，让统治者不能不正视，不能不倾听。

知识分子要尽可能还原历史真相，致力于启蒙。真正提高了文化水平和知识水平，老百姓会思考一些根本的问题。六十年代我在街道上的时候，在邻居家看到一份《参考消息》说，苏联引进美国资本建立一个很大的汽车厂，美国国会反对去投资，肯尼迪参议员（当时还不是总统）却赞成投资，他说，“汽车是四个轮子的意识形态”，真是警句。

□　在今天，启蒙的任务仍然远远没有完成。现在的大学，甚至还不如八十年代。

○　现在的大学生不如八十年代的大学生，更不如三十年代的大学生。因为一九八九年以后，人们被实际利益和欲望本能引导到不问政治，有理想抱负的人越来越少，只关心怎么赚钱。中国传统文化本来就有这种潜质，依附于现在的体制，只追求个人的荣利，这就把中国国民性负的一面发扬到极致了。

旧体制要走向世界不容易。走向世界是一个历史过程，这个过程远没有完成。我们走向世界的阻力，很大程度还在我们的内心，在国民性。

还是要提倡“作新民”

○　中国人最大的缺点，不是不够聪明，而是太重视眼前的利益，苟且，安于现状，缺乏理想主义的精神和气质，没有内心信仰，没有追求。这是老大民族的遗传病，我和你也不能例外的。

□　中国没有宗教精神，但是却很迷信。

○　中国人很迷信又很现实，连敬神也采取实用主义的态度，即所谓许愿还愿，其实是在向“神”行贿。如果神没有应许，就不会来还愿，重修庙宇，再塑金身。

启蒙是理性，是眼光，不完全是智力问题。中国人的国民性有很深的毛病，要用文化的力量来改造。不是改变智商，先要改变情商。其实，在先秦时代，中国人还有轻生死、重然诺的侠义精神，汉武帝以后，君王统治太绝对，培育了奴性。作为典型的东方国家，中国传统社会有三大特点：社会上是宗法制，经济上是小农，政治上是专制。奴性是专制的产物，专制是奴性的产物。所以，要从文化上改造奴性，就是梁启超说的“作新民”。也要改革政治体制，革除专制主义。

□　奴性和专制主义是互为因果的关系，要改造奴性文化是很难的。

○　专制和奴性对人们精神和心理的影响，确实很难消除。这是一个比体制改革还难以实现的任务，即使体制改变了，国民性并不会立即改变。所以，最重要的是，要改变文化，改变国民性。这个路很长。意识到这一点的人，要尽量多做一些有利于社会开放和进步的事情。说话写文章，也要使人觉得，不民主不自由总是不完美的，现在的政治和文化都不完美，不是一种理想状态，这就是启蒙。发挥一点启蒙作用，使读者慢慢认识到这一点。个人启蒙的力量很微薄，但做总比不做好。

□ 但是也有学者认为，国民性是个伪命题。

○ 别人说什么是别人的事，我只说我自己的话。我认为，“国民性”事实上是存在的。中国文明从来没有中断，传统文化肯定有好的内涵，不然不可能存在这么久。但存在得久的东西，也就是保守性强的东西。任何古老的文化都不会是完美的，旧家世族必定有阴暗面。

现在，一些受僵化教育影响的人没有什么思想资源，只有拿传统文化和民族主义作为精神武器。在现代文明面前，病态的民族主义也是一个非常沉重的包袱。对全球文明和进步观念来讲，民族主义不具有大的正能量。顺便说一句，共产党人自称国际主义者，也是很反过民族主义的。

□ 随着国力的增强，一些人开始宣扬“国学”，甚至质疑“五四”。

○ 我反对提倡国学，尤其反对将《三字经》《弟子规》作为国学的经典，这都是蒙昧的表现。以前读书人家子弟只读“四书五经”，只有那些不应科举的农工商子弟才读《三字经》《弟子规》，目的仅在识几个字能写信记账，能乡党应酬而已。要弘扬传统文化，首先要做的是改造传统文化。传统文化主要是一种内向的、保守的文化，这种文化体系是强有力的，走向世界是很艰难的。回到“五四”以前，认为国学可以“作新民”，那是完全做不到的。

□　是一种新的蒙昧主义。

○　国学绝对不能够救中国，中国的希望还是要“作新民”。台湾在现代化路上已经走了一步，但现在那里的许多毛病还是中国人的劣根性在起作用。

□　台湾能迈出这一步，至少说明中华民族的文化和民主能够结合，并不是太难。

○　中国的专制主义统治为什么能够维持这么久？内部还是有一定的条件的。虽然没有选举，但是有科举，范进也能中举，非统治阶层的人也能进入统治阶层，调节社会矛盾。在内部政策运作上，也有一定民主的因素和成分。甲午战争时期，有大臣公开上书请杀李鸿章，这是政见不同，李鸿章不能告他威胁恐吓。现在有这样的“民主”吗？比如，南水北调能反对吗？建“大裤衩”能反对吗？

当然，也不能过分强调这种民主成分，否则就会产生“我们的老祖宗比雅典还民主”之类的论调。中西政治最大的区别是，中国不以个人为本，不特别强调人权。统治者为了维持体制，不能不在人民的根本要求上做一些让步和调整，这并不说明统治者的开明，只能说明人民要求的强大。人类有共同的要求，这就是民主、自由、平等、法治。

总之，中国的出路就在于认同人类共同追求的价值观，打破各种禁锢，走向全球文明，和全人类一起走向共同发展的光明前途。

作品有影响，我有满足感*

（2014.2）

与深圳颇有渊源

□ 您不是第一次来深圳吧？

○ 这应该是第三次住在深圳。我大女儿在美国，二〇〇三年去探亲，到广州签证，姜威把我接到深圳，那时候姜威在《深圳晚报》，就住在报社的宾馆里。姜威也很忙，就记得晚上不停地吃饭，他从老家来的一个姐姐负责陪我和我的老伴。之后是二〇〇七年，我最大的外孙女来到深圳工作，买了房子定居下来后，我来过一次，住在她家里。这次是第三次住在深圳。

□ 您退休后的十几年好像退出了大家的视线，那时候在做什么事？

○ 一九八九年之后，我就离开了岳麓书社，到了湖南省新闻

* 原载二〇一四年二月二十四日《南方人物周刊》，记者谢晨星。

出版局，本该六十岁离休，因是一九八二年以前评的正高，又有一个国家社科基金项目(就是中华书局出的那本《走向世界》，后来又有一部《从东方到西方——走向世界丛书叙论集》，拨了十万元的基金)没有完成，可以延迟退休，这也算是照顾我。所以实际上我到一九九六年才退。但我离开岳麓书社以后就没有上班，不发稿不审稿不做总编辑，到了局里以后也没有分配我什么具体工作，就相当于退了。

我自己所有的书几乎都是退了以后写的。我出的第一本书是《书前书后》，文章是在岳麓书社工作前就开始写的，但书也是后来才出版的。

《走向世界丛书》的影响

□　二〇〇九年《深圳商报·文化广场》编过一本《私人阅读史》，请中年的学者、作家、艺术家等谈三十年里影响到他们的三十本书，其中很多人都提到了您主编的《走向世界丛书》对他们阅读道路上的影响，您怎么看自己这套书？

○　我一九五七年以前就当了编辑，要搞这套书是在牢里面就有准备，当时并不知道自己会平反，但是书还要看，脑子还要想事，《走向世界丛书》叙论里的很多观点，都是在牢里思索过的。

现在的中国社科院外国文学所所长陆建德，我并不认识他，他在《新京报》上的一篇文章中提到《走向世界丛书》，他看得很细，他说到张德彝，是中国第一所外文学校同文馆毕业的学生，张一生八次出国，陆续把他的见闻写成了八部“述奇”向中国人介绍外面的世界，这八部书都收入《走向世界丛书》出版了。陆建德的文章里，提到了张德彝讲述的，伦敦一车夫因鞭打马匹过甚被处以罚款并监禁一月的故事，给他留下很深的印象。我就觉得，这套书确实是有影响的。因为我并不认识陆建德，也没送书给他，他也不是搞近代史的，还看得这么细。看了这样的报道，我还是很高兴的。

说实话你来采访我，写我的工作，我也高兴。我如果说我不在乎，那就是矫情。但是这也没有看到陆建德的文章那样高兴。这是个陌生人自发的文章，说明了这套书的影响。

我一开始做记者，就是搞传播；写书编书虽然略有不同，但也是传播的一种。传播是有受众的，自己的作品有影响还是很有满足感的，就像报道写出来有人看。人的本能是生存，但人作为社会动物，还是有更高的追求，所以这是一种要求。我在牢里和朱正就一直在讨论，探讨中国要往何处去，中国为什么会走到现在这一步。我们都认为，中国的根本问题就是要“走向世界”，因此才有了这套丛书。

志在必得的心情

□　您当时做《周作人散文全编》和《走向世界丛书》，您是怀着志在必得的心情还是不无忐忑、试试看的心态来做的？

○　志在必得的心情，是的，《周作人散文全编》就是下了决心，一定要做出来的。《全编》一十四卷六百三十万字，里面一没有反动的内容，二没有色情和暴力，有人说周作人是汉奸，三也没有宣扬卖国嘛。当伪教育督办是不对，但他的文章好，说的话也没什么不对嘛。

□ 另一位老出版家沈昌文，他带出了很多出版人，但您好像更擅长单兵作战，你们二人的风格有着很大的差别。

○ 我们两个很大的不同是，他比我会处理人际关系，我这个人没有这方面的能力。跟我平等相交的人有人讲我好也有人讲我不好，在我之下跟我做事的基本上讲我好，管我的人就很少讲我好了。我有一点，我认为是我很失败的一点，曾国藩说过人的一生要有战略也要有策略，我也许并不是太蠢，但我不愿意在人际关系上用策略。

自述文就是自传了

□ 《走向世界丛书》当年只出了三十六种，听说剩下的六十四种最近打算出版，现况如何？

○ 现在正在做，岳麓书社已经搞好二三十种了。

□ 您现在的工作计划是什么？

○ 现在第一件事是《走向世界丛书》的续编，里头有好几种是我自己一定得做的，就是张德彝的最后四种，因为前面的几种都是我做的。张德彝的书每种前面都有一万多两万字的叙论，八篇放在一起就是一本书了。这个人还是很有意思的，虽然没有十分高明的见解，文采也不出众，但他记录了自己的见闻和生活，记录了很多第一手的资料。

很多朋友都劝我写本自传。如果我来写自己，肯定和别人写我的角度不同。我写过的很多文章其实都是自述，放在一起也就是自传了。

不能用《三字经》启蒙*

（2014. 12）

《三字经》不能代表国学

□ 您的“念楼学短”系列，听说最初是为了给孙辈学古文而作的，这些文章，对您孙辈们产生了什么影响？

○ 古文的特点之一就是短。我有四个女儿，女儿们又生了四个外孙女，当时正在读高中。我觉得她们写的文章有一个共同的毛病，就是文句累赘，显得拖沓，想让她们学点古文，于是选取了一些名篇，每篇不超过一百字的。但并没有取得什么效果，她们不感兴趣。反而是她们的妈妈读了一些，因为心智毕竟成熟了嘛。我的外孙女，基本上没有学文科的，只有一个算是比较接近了一点。

□ 您觉得现在的小孩有必要学古文吗？

○ 可以学一点，但没有必要学得太早。小孩子阅读还是要以

* 原载二〇一四年十二月三十一日《壹早报》，记者张妙波。

白话文为主，进入高中以后，可以读一点古文，这个时候应该能看懂我的《念楼学短》了。小孩子小的时候可以读点诗歌，因为诗歌有韵律美、音乐美，朗朗上口。比如“床前明月光，疑是地上霜”，可以由家长来引导他们体会其中的意境美：下雪时，庭院落了薄薄一层雪，是不是要比平时美了很多呢？

□　但现在流行国学，有的从幼儿园就开始教《三字经》《弟子规》。

○　《三字经》《弟子规》并不能代表国学。古代中国以士文化为正统和主流，也就是孔孟为代表的儒学及“学而优则仕”的科举文化。士即是走科举道路而成为“四民之首”的人，他们的启蒙教材一开始就是“四书”。我小时候受的是新式教育，但回到老家，堂兄弟们受的还是传统教育，都是从《大学》《中庸》学起的。以《三字经》《弟子规》启蒙的是什么人呢？“士农工商”四民中除了“士”的“农工商”子弟，他们为了认得几个字，会算账，能参与乡党应酬，到了三家村学堂去读过这些。他们的目的不是为了应科举，而是从实用的角度出发的，他们的文化是俗文化。当然，并不是说俗文化不好，俗文化也有其意义和价值，但国学不能用《三字经》启蒙是肯定的。

与周作人的交往

□　听说您门口的“念楼”二字是周作人先生所题，您曾经与周作人先生有一段忘年交？

○ 谈不上忘年交，是读者和作者之间的联系。“念楼”二字也是我自己“集”的，不是周作人题写的。同他联系的事情是这样的。我被打成右派后，申请回家，在教育街租了房子，开始时以拉板车为生，但有几个女儿要养活，不能不辟谋生之道，比如给学校刻讲义，给工厂做模型等。我很喜欢看书，但当时养家糊口尚且困难，更不用说买书了。因为喜读周作人的书，知道他的地址后，就给他写信，向他讨书。

□ 这些信还在吗？

○ 第一封信还在。我给他写的第一封信，后来周作人的儿子周丰一在整理遗物时发现了，影印了一份寄给我。他给我的第一封信也还在，后面的信都在“文革”中被抄没了，只有这封信，当时是夹在《毛选》里保留了下来。这是一种巧合，并非刻意为之。这两封信都收在我的《念楼集》中了。

一个编书老工匠*

（2015. 3）

□ 您一直从事文字编辑工作，退休后都没有闲着。

○ 我对出版、编辑工作有兴趣，就是一个编书的“工匠”，做自己想做的事情，不会因为退休而终止。上世纪八十年代，有一个社会科学研究基金项目，是《走向世界丛书》的叙论集——《从东方到西方》，国家拨了十万元基金。按照规定，项目没有完成，我可以延迟退休，因此直到一九九六年项目完成才正式退休。我所写的书几乎都是离开岳麓书社以后出版的，第一本是《书前书后》，文章是在上班当编辑时写的，书却是退休以后出的。

□ 您如何评价《走向世界丛书》？

○ 我认为“走向世界”这个题材很有现实意义。走向世界是中国人到外国去，看到西方先进的东西，发现差距，并向他们学习的过程。一个传统的中国人，接触到现代世界以后，通过

* 原载二〇一五年三月二十一日《湘声报》，记者许望桥。

对比中国传统文化、思想上所产生的震荡。能反映出这些变化和影响，就是丛书现实意义之所在。

“文革”时期我在狱中和朱正等人多次探讨过“走向世界”的话题。我们认为当时中国脱离了人类进步的正常道路，脱离了世界进步的正轨；如果能够打破这种禁锢的政策，走向全球文明，我们的问题就解决了。因此后来才有了这套丛书。我从一开始做记者，就是做传播工作，写书编书虽然略有不同，但也是传播的一种。传播是有受众的，自己的作品能在受众中发生影响，我还是很有满足感的。

□ 您是国内最早主张编辑大型系列图书《周作人作品集》和《曾国藩全集》的编辑，而在中国近现代史上，周作人与曾国藩是颇有争议的人物，当时您编辑过程中是否遇到过阻力？

○ 我认为做编辑最重要的就是要有自己的点子。如果一个人做的事情是有我不多，无我不少，那就没意思了。仅仅把工作当作职业，只顾赚钱，顾自己的小家，就不会知道工作有工作的乐趣，没有理想就没有创造性了。做出版、出版书，最终目的是为了推动人类文明的进步，而现在的人理想主义太少了，这是让人很悲哀的现象。

《周作人散文全编》等书在做的时候，是带有一些理想主义的，抱着一定要做出来的心态。有人说周作人是汉奸，但我认为，周作人不是为了什么名利和日本人合作，当然他的行为有问题，但他的文学观和文化观念到现在都是很先进的。

□ 您目前还有出版计划吗？

○ 现在第一件事是完成《走向世界丛书》的续编。当中有一部分是我自己必须要做的，就是张德彝的五、六、七、八“述奇”，因为他的一、二、三、四“述奇”都是我校点发稿的，我想全部完成这个系列。张德彝此人，虽然没有什么很高明的见解，文采不出众，但他记录了自己的见闻和生活，大量的纪实，留下了很多第一手资料。

如果天假我以年*

（2015. 8）

历史性场面没有，思想经历很丰富

□ 自传这件事，您现在是怎么考虑的？

○ 如果天假以年，上帝给我寿命，我还是会写自传，我准备一件一件事来写。

我的编辑生涯，实际上只做了三件事：一是努力使新编《曾国藩全集》列入了国家规划，二是编出了《走向世界丛书》，三是在新中国第一个系统地校订出版了周作人的作品。一九八八年我离开以后，后两项工作就停止了，一直到老局长们下了台，我在岳麓书社时“进”的年轻人接上了社一级和局一级的班才恢复，我如今算是在帮助他们，也是在替我自己圆梦。这两件工作做完，我就不再做编辑，专心写自传。八十四五岁的老人，随时可能发生意外，未必能写完，我看得非常透。

我的一生，大的历史性的场面没有，但思想经历很丰富。

* 原载二〇一五年八月三十日《深圳商报》，记者刘悠扬。

本人到过的地方也很少，“文革”前只待在长沙和平江，再加上坐牢九年在茶陵，八十年代才开始走出湖南省，十足一个小地方的人。但小地方的日常生活也是充满故事的，在这个暴风骤雨的大时代里。这些故事，以前也零零散散写过一些，如果将我已写出的自述性的文章集合在一起，出一本书，也就可以说是我的一本自传了。

□ 自传和他人作传很不一样。这本《众说锺叔河》就集纳了一百一十七位作者对您的各种评说，既有学界名宿，也有中年精英，也不乏八〇后新锐，许多还是您的老友。您如何看待他人对您的评说？

○ 身后是非谁管得，满村听说蔡中郎。历史上的蔡邕和戏剧唱本里的蔡中郎，根本就不是那么一回事，现在普通群众知道的都是文学作品里的蔡中郎。我是个唯物主义者，不认为有灵魂，人死如烛灭，但文字还活着。不管别人怎么写，自己总还要留下一个叙述。这个叙述可能会充满主观，也不可能很全面，因为自己有爱和恨，也没有关系，反正是自己的告白，但我不会捏造或隐瞒，或者有意地歪曲。

编辑工作得到过钱锺书的指导

□ 您是新中国第一个公开出版周作人作品的人，把周作人还给中国读者，是大功一件。这些年来，您一直在推动周作人作品的出版，除了爱他的文章，感恩他对您的知遇，是否还有更深层的内在动因？

○ 我说过“士酬知己”，讲“感恩”可能重了一些，我就是他一个忠实的读者。知堂的文章，自从九岁时从哥哥的复兴初中国文教科书中读到《金鱼、鹦鹉、叭儿狗》一篇后，我即十分喜爱。一九六三年和一同做裱糊的张志浩共读《希腊的神与英雄》，得知译者周遐寿即知堂老人，我便写一封信寄北京新街口八道湾十一号周启明先生收了。

说到感恩，我倒是对钱锺书有一种感恩。他的确是关心我，并且指导了我的工作。他主动给我的第一本书写了序，使我的书顺利出版，并且对《走向世界丛书》成功起了推力作用。

对周作人谈不上感恩，只是我作为一个读者，喜欢他的文章，也可以说崇拜。现在我仍然认为白话文里最经读的是周作人，就跟古人我特别喜欢张岱的文章一样。应该这么说，我是周作人的文章知己。

□ 周作人的“人”和“文”是否要分开看？

○ 他是“五四”期间成名的新文学家，当时我还没有出生。后来他不仅写信给我，还给我寄书。周作人认为，我能理解他。周作人去世的时候，我不知道。“文革”开始，我就无法写信了。

我的确对他很看重。他的文学观、妇女观、儿童观我都比较能接受。我不可能有他这样的学术修养，他通晓日文、英文、希腊文，古英文和古日文。日本早期用汉文，但日文语法和汉语是不同的，就在汉字旁边加符号，这些他都能通晓。

他翻译的名著也很多。周作人在文章里提到的外国书很多，恐怕全部我都没见过，有的连书名也是第一次见到，这样的差距是很大很大的。

《儒林外史》对我影响很大

□　在我看来，您的全部出版活动，其实只是在做一件事：践行自己的做人理想，从“士”转化成为一个真正的“知识分子”，这样理解对吗？

○　你把我拔高了。我这样说绝不是谦虚。

我这个人小时候有一点小聪明，但没有什么大志向。我五六岁就开始看书，那时我父亲已经退休，是六十多岁的老人，兴趣是佛学和庄子。家里有几种版本的《红楼梦》，大概不到十岁我就读了，一开始不感兴趣，只记得每个人穿什么衣裳，吃什么东西。但《儒林外史》是我第一部对书中的“人”和“事”感兴趣的小说，有印象的小说。第一部是《儒林外史》，再就是《儿女英雄传》。这两部小说，现在来看指向完全不同。《儿女英雄传》教一个人要读书，要做官，《儒林外史》却指出了另一条道路，我从小就认为杜少卿的生活很好，不觉得书里面那些正面人物的生活有多好，我向往那种自由、散淡的生活。

□　当时读的书是您最早的启蒙，对后来做出版有影响吗？

○　当然有影响。我后来对文学和文化，再后来搞出版的态度，都是很早形成的。因为看的都是成人的书，我心智的发育比同龄孩子要早一些。我家里有很多梁启超的书，是父亲的，他是梁启超的学生，但时务学堂存在的时间很短，梁启超的思想没有在他身上留下什么影响。他的同学有很多很了不起的人，做官的武有蔡锷，文有范源濂，搞学问的有杨树达。

父亲对我的要求是，要读书，做一门学问。这方面对我是个积极的影响。他认为一个人要做学问。他自己不是一个热衷于做官的人，但也不是杜少卿一类的人。他基本上是一个循规蹈矩的士大夫，没有完成士大夫到现代知识分子的转变，他没有现代知识分子的追求和思想。

□ 在您身上，有多少传统士大夫的成分？有多少现代知识分子的成分？

○ 旧的家庭，士大夫的影响对于我来说，主要是幼年到少年时期家庭的影响。我早年在老家阅读的，大部分都是中国古代的东西，好比说生活情调，人文关怀，大部分也是旧式的。但等我长大成人，成了一个社会的人，就业了，指导我的主要的就是新思想，而且占主导地位了。士大夫的情趣主要在生活上、个人的爱好方面有些痕迹。

□ 您如何看士大夫和现代知识分子的区别？

○ 最大的区别，是有没有“全世界”的观念。南下干部登记文化程度，“二年”“四年”……，凡是填“六年”读了高小的，都算“知识分子”。那个“知识分子”和我们现在讲的“现代知识分子”是两码事。现在我们讲的“知识分子”是

intellectual，必须有现代意识，必须有现代观念和关心社会的思想。而旧式的士大夫，旧时的读书人，即使是杜少卿，也是不关心社会的。

平江八年是我的“形成期”

□ 故乡平江对您人生的意义是什么？

○ 我虽出生在外地（长沙），只从七岁到十五岁在平江生活过八年，但这八年却是我的“形成期”，是老来最难忘怀的少年时代。所以，我一直认为平江是我的故乡，我真正的故乡。

初中时被父亲送去平江老家，老家有大量的旧小说。那段时间，所有中国的旧小说，好的，坏的，我几乎都看了。老家的经史子集也相当齐全，都是木刻本，线装书。白话小说看完了，我又去找文言小说看，《聊斋志异》《阅微草堂笔记》都是那时看的，还记得在《阅微草堂笔记》刻本里看到了一条条肥肥白白的肉虫，将书页啃成了曲折的圆洞。那时候老家早已败落，田可以卖，房子只能卖给姓“锺”的人，书最不值钱，也没人买。

在故乡的读书生活是温煦的，值得怀念。当然，在故乡也遇见过不好的人，不好的事。但百年心事归平淡，回顾前尘，还是宁愿多想一想好的和美的，忘掉那些不好的和丑恶的。这倒不一定是害怕抚摸旧的创痕，或是有意为自家或别人隐晦什么，不过不想破坏垂暮之年难得的平静，死时也不想咬牙切齿地说什么“一个也不宽恕”了。

□ 关于“走向世界”的思考，最早形成于什么时候？

○ 一九四七年读高中以后，就开始模糊地意识到，世界恐怕是要变了。那时我开始大量地读新书，也开始读欧洲的希腊、罗马史。我看过一本很好的书，抗战以前在上海出版的，讲一个现代人穿越回到古希腊、古罗马，碰到德摩西尼、柏拉图等哲人，和他们进行了跨越时空的对话。可惜书名和作者不记得了，后来再也找不到了，这本书我认为值得重印。我那时就模糊觉得，这些人的思想比中国人要不同得多。中国读书人崇拜的除了孔孟，就是明君贤相。和西方文明比起来，有些方面我们实在相差得太远。

还没有现代化，还没有走向世界

□ 是什么直接促使您编辑出版《走向世界丛书》？

○ 我所做的就是搜集中国人最早走到外国去留下的记载。中国人对外国的了解，比外国人来了解中国，时间上和深度上都大大不如。利玛窦到中国来，他是有文化的人，他能学会汉语。中国人到外国去，不仅迟了三百多年，而且绝大多数都是不懂外文的，只有极少数人懂英文，英文水平也很低。一八四〇年鸦片战争后才开始去人，他们对外国的看法也是很有成见的。刘锡鸿以为，外国人看书是倒着看的。实际上文字有直行，有横行，你不能以你的为标准。利玛窦拿来了第一张世界地图，中国皇帝却不能接受中国不是在世界的中心，他不得不重新画过一张。

中国所有问题的根源，都是因为拒绝全球文明，拒绝接受自从文艺复兴、地理大发现、产业革命以来形成的共识。孟德斯鸠、卢梭的东西，是全人类的共同财富，中国古代也有类似的思想，孟子说过“民为贵，社稷次之，君为轻”，王充就提出过“疾虚妄，究真实”，主张“无鬼论”，他说，你主张有鬼，就捉一个给我看看，这就比较接近欧洲的实证主义了。我绝不是说中国的一切都不行，我本人是中国人，黑头发黄皮肤，这是变不了的。但是，我们过去的确是太封闭、太故步自封了。

□ 三十年前，您呼吁“走向世界”，通过出版这些书启发社会思考。三十年后再来看，中国真的走向世界了吗？前三十六种已经再版了，后六十四种您还在和岳麓书社合作编辑，如今再读这套书，是否还有现实意义？

○ 我认为既有历史意义，也有现实意义。我刚才讲的，中国要走向世界，这个过程是远远没有完成的，还在起步阶段。经济上好像与外面的交往很多了，甚至还很强势，但是我们的政治、哲学、现代人文精神，好像还在外面，还没有融入。

主张学西方，学欧美，并不是说西方的就都好。很多制度并不全都出自西方。中国古代也有选举，议政、监察、弹劾等制度原来比欧洲还先进。李鸿章掌权，我可以上书，请求杀掉李鸿章，李鸿章不能找我麻烦。可以上书言事，湖南人可以讲广东的事情，可以公开讲，这就是言论自由。那时候考试是很严格的，如果徇私舞弊，是要杀头的。现在开后门却是公开的，这些就是现代化前的痕迹，官本位的遗留。中国在这些事情上，远远还没有现代化，还没有真正地走向世界。

走向世界不能止于技术层面*

（2016.1）

□ 什么时候开始萌生“走向世界”的思考？

○ 小时候，家里就有康有为、梁启超、黄遵宪的书，都不是最好的版本，有平装的，有线装的。在平江上初中和在长沙上高中的时候，看了大量外国小说，那时中文翻译的外国小说，没看过的很少了。其中，有一本书写得很好，可惜不记得书名和作者，书讲的是一个人穿越时间，到古希腊去旅行，碰到德摩西尼、柏拉图等哲人，和他们进行跨越时空的对话，写得很有味道。我那时就模糊觉得，这些哲人的思想比我们这样的凡庸之人要高明得多。我现在依然觉得我们需要这样的读物，中学生应该能够接触到广大世界前人的哲学。

□ 上个世纪八十年代，您呼吁走向世界。如今，人人手里拿着苹果手机，大街上跑着宝马奔驰，您认为现在中国是否已经走向世界？

* 原载二〇一六年一月十七日《潇湘晨报》，记者赵颖慧。

○ 还远远没有走向世界，走向世界不能只是在技术上走向世界，还得在思想上文化上。比如说，白人父母带孩子，在草地上玩，孩子之间打闹，哇哇大哭，只要不发生危险，白人父母是不会去管的；如果换作是中国父母，孩子一哭，肯定立马跑过去，看看自己的孩子是不是吃了亏。

□ 您认为，中国走向世界的难点在哪里？

○ 从全世界古老文明来看，别的文明都中断了，只有我们汉人，还是在用殷墟的文字。汉文化能发展到今天，它的生命力强，保守性强。

保守性不是一个贬义词，而是一个中性词，保守也是一个好事，守得住；但是另外一点，它也是一把双刃剑，排斥外来的文化，不容易接受外来的事物。

我自己也有不太容易接受新事物的问题。五十多年前，自己的女儿长大了，到了青春期，我跟我老伴就生怕女儿不会保护自己，生怕她们吃亏。这就是传统观念在起作用，别处不会这样的。

东方是宗法社会，农业文明，亚细亚生产方式，家族血缘关系是社会的基础和细胞。中国人的家族观念、地方观念特别强，走向世界的观念却未必会很强。

我本来就喜欢读书*

（2016. 4）

□ 请锺叔河先生讲述记忆里的父亲母亲。

○ 小时候在平江，母亲给我唱过一首歌，开头是："平江出人了不得，余蛮子带兵打外国。"余蛮子是余虎恩，这个人打仗不怕死，他跟着左宗棠到新疆去平回，凭战功做到了提督，后来又参与过甲午战争。下两句是"余蛮子、李次青，七篇文字锺昌勤"。李次青是李元度，曾国藩部下，学问也很好，著了许多书，《国朝先正事略》就是他的著作，研究清史的人都要看的。张岳龄这个人也是湘军将领，也当了官。锺昌勤是一个进士，朝考要作七篇文章，做得好，才会高中。那首歌后面的内容，我就记不得了。

我母亲是平江长寿街农家女。长寿街有五里八将军的说法，以前是农民革命的一个根据地，张震就是长寿街的。我母亲的一个侄子跟我讲过，大革命的时候，我母亲参加过农会的活动，不一定有什么革命觉悟，但肯定会觉得新鲜，能够走出

---

* 原载二〇一六年四月一日《晨报周刊》，记者刘建勇。

家门了。大革命失败后，她就离开长寿街，到了平江县城做了袜子厂的女工。那时我父亲丧偶，子女没人带，必须续弦，就有人把母亲介绍给了在长沙的父亲。

一九三七年开始抗战，一九三八年日本就占领了岳阳，长沙就要准备会战了，人们就要逃难了。哥哥他们进了中学，学校往哪里走，他们就在学校里跟着走。我那个时候还小，是个累赘，就把我送回平江老家了。父亲他们因为日军并未南下，还是留在长沙，有时也回平江，但时间并不长。

老家在平江向家镇神鼎山。曾祖父有七个儿子，房子和田产分成七份。七个儿子又生孙，多的生四五个，我祖父生了三个，分到我父亲那里，也有几十担租谷，五六间房。为什么把我一个人送到那里去呢，现在想，可能是想让我去消费那几十担租谷吧。

我回老家不久，母亲也回乡了。抗战时在乡下，我印象很深的就是晚上看小说(我很早便开始看小说了)，茶油灯把自己的影子投射在墙壁上，很大；灯光昏黄，我母亲在旁边做针线、纳鞋底，我看她的影子也很大。那时我看的多半是神怪小说，《西游记》《封神榜》等。影子投映在墙上，风吹起来，灯焰是动的，影子也是动的，印象很深，不容易忘记。

我当时很反感我母亲。她总在我面前絮叨，说我不听话，太贪玩。我觉得她不对，小孩子怎么会不贪玩呢？你要小孩子一天到晚坐在那里读书是不可能的。好在我晚上无法玩了，就在灯下看书，虽然看的多半是小说。

小时候总觉得母亲对我太严。我是父亲五十多岁时出生的，是他最小的儿子。母亲是父亲的第三个妻子，比他小二十多岁。我现在是老年人，很难看，但年轻时并不如此，就是因为母亲仪容端正。她没念过书，但智商不低，人也是十分能干的。我父亲读了很多书，但他在抗战前就退休了，整天出外交游，很少待在家里，我母亲进不了他的朋友圈子。家住长沙时，母亲还好过一些，也有邻居太太来打牌，同上街买东西，下乡她就不好过了。那是一个封建大家庭，门不当户不对。侄子侄媳都比她年纪大，内心里都有点看不起她，都给气给她受。哥哥姐姐进学校去了，她骂不到，就我在她门口，于是她有脾气就对我发。我到后来才理解到这一点。

现在住的这个地方，我小的时候叫协操坪，清朝末年湖南练新军的地方，过去就是曾国藩练兵的地方。我还是五六岁的时候，经常从红墙巷的家里跑出来，横过铁路，跑到这个协操坪来玩，睡在这里的草地上，捉蚱蜢，捉蛐蛐。这也是我母亲生气的原因之一，父亲是有点地位的人，我却喜欢跑出来跟外面的野孩子玩，把衣服搞坏、搞脏，在外面闯祸，甚至搞得别人到家里来告状，所以挨骂是常事。

于是我有些怕母亲，不亲她，心里总觉得她管我管得太严了，尤其反感她总是骂我“只晓得玩，不读书”。其实我本来就喜欢读书，我读的书比别的孩子多，当然绝大多数并不是母亲所说的“功课”。

有一条值得肯定，就是母亲一再坚持让父亲对待女儿要像对待儿子一样。因为她没有读书，觉得委屈，所以她要求自己的女孩子一定要读书。抗战时期，女孩子出去读书，不太安全，我父亲有点犹豫，说女孩子识几个字就够了。为此母亲和父亲争吵过，说你儿子进学校，女儿也应该进学校。这点我觉得她很了不起。她也不要两个姐姐搞家务，只督促她们“做功课”，这就不值得肯定了。我以为无论是男的还是女的，会搞家务，会搞生活总是不得吃亏的。我两个姐姐的生活能力都很差，虽然功课好，学历也高，但是后来的日子都过得并不好。

我母亲喻淑贤，《喻世明言》的“喻”，名字是我父亲给取的，她家里的名字叫“宝秀”，我的表哥喊她宝姑。她没有读过书，但记性很好，父亲念过的诗，她虽不识字，只要多听几遍，就能记住。她到锺家生了两儿两女，现在我一个姐姐、一个哥哥还在。

大姐锺城北，二姐锺城南，因为一个出生在长沙城北，一个出生在城南；哥哥锺仲功，功是成功的功，我叫锺叔和，都是父亲取的名字。哥哥看到《论语》里有个仲弓，觉得这个名字很好，后来自己将“功”改成了“弓”，我也将“和”字改成了“河”。

我十一岁才进学校读高小六年级，自己取名叫锺雄。当时幼稚得很，想做英雄，我还想把我哥哥的名字改作英。我在学校读书总共只读过六年，小学六年级一年，初中三年，高中两年。父亲名我“期大”，字我“叔和”，十一岁自名“锺雄”。后想起《三侠五义》里面有个飞叉太保锺雄，又不想用它了，但注册学名无法改，直到一九四九年八月进报社，才改名“锺叔河”，所以现在还有老同学喊我锺雄。

我父亲名昌言，字佩箴。抗战前，有一年他生日，为了躲别人给他来拜寿，他带着我离家在长沙城里玩了一天，这我还很有印象，因为平素他很少带我出去。那次是我第一次进面馆吃面，第一次进饭店吃饭，吃一小钵一小钵的“神仙钵饭”。吃饭时父亲对我说过一番话，说你要比我有成就，要多读点书，长大后要成为一个有学问的人，不能像我一样毫无成就。他是清朝时候受的教育，进过时务学堂。他说，他在时务学堂和大学的很多同学，像蔡锷，像范源濂，像杨树达，都很有成就。他自己没成就，是自己没努力，没抓住机会。高等学堂毕业后，公费留日留欧都考上了，因为祖母病，又要结婚生子接香火，去了又回来，耽误了。

长期以来，在我心里，我是更亲父亲一些，因为他不严厉，不骂我。父亲对我最大的好处就是不管我。他既参加过清朝的科举考试，又读过新的学校，他是梁启超的学生，他读了很多书。我父亲不反对我看小说，他也还买书给我看。他只管过我一次，抗战时在平江，有堂叔拿《金瓶梅》给我看，我那时还小。他发现后，抓起一根竹竿子追着那个堂叔打，讲那个堂叔太坏了，要把我带坏。其实那时我是看不懂的，我也从来没有做过太出格的事，更没有犯过罪。

读高中到了长沙，长沙那时有七八份大报，还有三四份小报，我们这些中学生写的东西，很容易在那些报纸上就发表了。我父亲他不知道我在报纸上写文章，我也不会让他晓得。他晓得我有稿费，他就不会再给我零花钱了。我确实很调皮，学校里那个时候成绩好可以免学费，我也不告诉家里，通知书不给父亲看。我会拿着免掉的八斗、一石或一石二斗“俸米”

(折成钱)去买书，请同学吃东西。

父亲是一九六五年八月二十八日去世的，我守在他身边。至今我每回想起他，总记得他老人家的一双泪眼。我和他同活在世上的三十五年中，我只看他哭过一回，那是为我哭的——一九四九年六月，我在长沙文艺中学读高二，是校内公认的左倾学生。快放暑假的时候，地下党要求学生留校护校，说是快解放了，要留下来保护校产。学校里的毕业班(有三青团背景)坚持放假，要停止开伙，分掉结馀的伙食费，于是就打了起来，我头破血流地被送进医院，学校通知了我父亲。父亲推开病房门，看到了我，在床边坐下后，讲了句“打成咯样子了”，就哭出了声。我父亲和我是讲长沙话的。

我母亲没文化，但是聪明；我父亲有文化，但是不聪明，是个对世事全不洞明的书呆子。

一九五八年，我被打成右派，开除了，要送去劳教，按政策可以申请回家自谋生活。找父亲商量，他说去劳教也没什么不好，就当是出国留学好了。他以为去劳教和出国留学差不多，我真是哭笑不得。后来，他还是依了我，让我以他的名义给统战部写了封信，让我回了家。

不看书的时候很少*

（2016.6）

□ 《念楼序跋》《念楼学短》《念楼小抄》……单看这些书名，即便对您不太了解的人，多半也能猜到念楼是您的住处。室名“念楼”有何深意？

○ 我在《念楼集》的自序里说过，“念便是廿，念楼便是我所住的二十楼”。挂个牌子，只是为了在完全一样的门脸上作个标志，别无深意。

□ 您的籍贯是湖南平江，但您只是在八年抗战期间居于此地。在平江时，您读了很多书，这与您父母的开明很有关系。请讲讲您彼时的读书经历。

○ 我七岁至十五岁住在平江。父亲是光绪四年（一八七八）的人，应科举成了“佾生”，又进时务学堂，是梁启超的学生。父亲长我五十多岁，相差两代人。我小时候，父亲不管我，让我自己看书，不像别家小朋友，连环图画都得躲着看。母亲则

* 原载二〇一六年六月《天下书香》，记者马犇。

常于昏黄的桐油灯下，边打鞋底，边用“古老话”鼓励我：“‘余蛮子，李次青，七篇文字锺昌勤。’平江出人，有锺昌勤，你也姓锺，要争气啊！”

那时候的新书很难到平江去，我就只能看家里的古书。《史记》《左传》都很难懂，最后找到一本《阅微草堂笔记》。开头看不太懂，很多字不认识，看多了，就慢慢认识了。我现在还经常读字读错音，就因为当时我是自己去看这些书，不认识的字，有的看懂了，就自己给它一个音，读错的音就是这样来的。比如，我看《阅微草堂笔记》，里面有“承尘”两个字，这个“承尘”是什么意思呢？原来它就是天花板，而平江在抗战时，没有一间房子有天花板，抬头看到的就是瓦。此外，我也看过一些哥哥姐姐带回去的新书，像张爱玲的《天才梦》，还有一本《创痕》。

□　谈及您的出版生涯抑或当代出版，《走向世界丛书》是绕不开的话题。能否和读者重温一下您出版该丛书的初衷(意义)?

○　丛书的凡例第一条即已开宗明义：“本丛书专收一九一一年前中国人访问西方国家的载记(明治维新后的日本也放在西方国家的范围之内)。”所以这并不是一般的国外游记，更不是从“天朝上国”前往“四裔蛮荒”猎艳搜奇的新《山海经》或《天方夜谭》，而是近代中国知识分子“向西方国家寻找真理”的实录。

落后的、分散的、“面朝黄土背朝天”的生产方式，像一条无形的锁链，把人们牢牢地拴在狭小的地面上。封建的、宗法的、迷信的观念，禁锢着人的头脑，压抑了人的精神，使人们缺少力量去想象和追求一个更广大、更丰富多彩的世界。一六〇一年，利玛窦到北京，自称从大西洋来，礼部尚书奏称：《会典》上不见有大西洋，不知所言是真是假。又过了一百八十年，主编《四库全书》的纪晓岚撰《总目提要》，仍旧怀疑利玛窦、艾儒略诸人介绍的五洲三洋"为自古舆图所不载……多奇异不可究诘，似不免多所夸饰"。博闻多识如纪文达公尚不免拘墟若是，他人则更无论矣。正是由于对外部世界懵然无知，所以直到英国军舰开入广州内河，道光皇帝才急着问英吉利跟俄罗斯是否接壤，与中国有无旱路相通。黄惠田禀称英国本土"日食干粮，不敢燃火；其地黑暗，须半月日始出……"，林则徐也以为英兵"腿足缠束紧密""屈伸皆所不便"，上岸即不能作战。以此昏昏，对彼昭昭，挨打吃亏自然无法避免。

愚昧和落后导致了挨打吃亏，但挨打吃亏也使人慢慢聪明起来，努力追求进步。在鸦片战争、五口通商以后，中国的读书人终于走出长期闭锁的国门，到欧洲、美国和日本去求学、通商、考工、出使和游历，并且开始记述和传播自己在西方所看到的一切。一八四七年，林鍼"因贫思远客，觅侣往花旗"（《西海纪游草》）；同年容闳与勃朗先生"同赴新大陆，俾受完全之教育"（《西学东渐记》）；一八五四年，罗森"搭花旗火船游至日本，以助立约之事"（《日本日记》）；一八六六年，斌椿以"东土西来第一人"的身份游历欧洲（《乘槎笔记》）；一八六七年，王韬应理雅各之请往英国助译中国经典（《漫游随录》）；一八六八年，志刚偕蒲安臣出使欧美各国（《初使泰西记》）；一八七〇年，张德彝随崇厚赴法“修好”，目击一八七一年巴黎的革命和战事（《随使法国记》）；一八七六年，清朝派出第一位常驻西方国家的使臣郭嵩焘到达伦敦和巴黎(《伦敦与巴黎日记》)；同年，李圭到费城参加万国博览会（《环游地球新录》）；一八七七年，黄遵宪随使日本，开始对日本做系统的研究(《日本杂事诗》和《日本国志》)；一八七八年，徐建寅到德、英等国考察工矿、订购兵船（《欧游杂录》）……在这些人中，容闳、王韬、郭嵩焘、李圭、黄遵宪、徐建寅等，确实可以称为“先进的中国人”；其他人也许达不到这个标准，但眼界一经打开，亦自不能不对新的世界留下印象并在思想上产生影响。

今天的世界已不是十九世纪的世界，今天的中国更不是清代后期的中国。但是，世界的发展越来越快，中国的现代化还有漫长的艰难历程，我们不能不继续打开眼界，走向世界。

□ 《走向世界丛书》刚刚出版，钱锺书先生即给予肯定，他建议您将该丛书的诸篇叙论单独结集，还主动为该书作序。后来杨绛先生在给您的信中提到此事，说“他生平主动愿为作序者，唯先生一人耳”。您和钱先生的交往始于何时？请讲讲您心中的钱先生。

○ 一九八二年三月，我去北京开会，会后见到董秀玉，她告云“钱先生很欣赏《走向世界丛书》，说是编书人如果来北京，愿与见面谈谈”。于是立马便跟她搭乘公共汽车去了钱家，将《走向世界丛书》送给了他。不久后，钱先生就给我写了封信，他抽空翻看了李圭《环球地球新录》、斌椿《乘槎笔记》和张德彝《欧美环游记》，详细指出四个“零星小节”（他称之零星小节，其实都是我的重大失误）。

回长沙两月后，我就收到了钱先生作的序文，他在附信中写道，“弟素不肯为人所序，世所共知，兹特为兄破例，聊示微意”。

在我的心目中，钱先生是一位智者，又是一位仁人。他光凭几本新出版的《走向世界丛书》，便给了我这个素不相识、毫无关系的外省编辑许多指导和帮助，完全是出于对学术——天下之公器的关爱，出于对我们这个历经坎坷的古老民族如何才能快点“走向世界”——走向全球文明的关心。这是真正的不忍之心，仁人之心，我永不能忘。

□ “从一九八〇年起策划出版《曾国藩全集》，为此大受批评，说我‘偏爱汉奸’，质问‘如此家书有何益’；后来风向一变，曾国藩忽然吃香，出书大受表扬，却与我无关了。”您的这句自述充分体现出现实的荒诞。在您看来，曾国藩是个什么样的人物？

○ 曾国藩不单纯是一个军事、政治人物，他还是一个学者，有很高的文化，他大量研究了中国的传统文化，而且做了大量编辑整理的工作。中国的旧文化在当时走到了穷途末路，面对着现代化这么一个关头，要么本身实现现代化，跟上世界潮流，要么就是被世界潮流抛弃。在这个关键时刻，曾国藩作为中国的文化的一个总代表人物，是不能不被研究的。你就是反对曾国藩，也得研究他的书，研究他的全部著作。

□ 周作人的书曾是出版禁区，但您很早就策划出版他的作品。您何时开始关注周作人的作品？您如何评价他的文学与学术工作？

○ 从前中学国文课，有周作人的文章，读起来很亲切。大家都说我有周作人情结。我和张志浩在拖板车的时候，看到《希腊的神与英雄》，书上没印周作人的名字，署名是“周遐寿”。这本书上，希腊诸神的名字，和通用的不同。我们就给出版社写信，通过出版社的转达，周作人就回信给我们，还给我们寄书。到一九六三年，我便一个人和他通信了。

评论周作人，也要找到他全部的资料，也要看他全部的文章，然后才能评价，不能乱骂。人归人，文归文，有价值的东西，不能不读。他通晓日文、英文、希腊文、古英文和古日文。日本早期用汉字，但日文语法和汉语是不同的，他都能通读。他翻译的名著很多，他在文章里提到的书目很多，大部分我都没看过，书名也是第一次见到。此外，在研究中国文化方面，周作人和哥哥鲁迅有同样的深度和高度。

□ 您是编辑家，但由于荒谬的原因，您的牢狱岁月竟长达九年。在狱中，您也未曾放弃过阅读，阅读对您的工作与生活有着怎样的意义？您如何看待眼下出版界的某些乱象？您觉得优秀的出版人该具备哪些素养？

○ 我二十七岁时成为右派，三十九岁成为反革命，老伴也是右派。这些错案在我四十九岁时才改正。按照中国的古话来说，五十岁就是老年人了，我的生命就是这样被耗费了。但是在狱中，有几个年轻职工对我很同情，经常从图书馆借出书来给我看。不少经史古籍和商务印书馆的汉译名著，都是那时看的，还看了一些“内部书籍”。

阅读对我的写作和出版生涯有直接的影响。当时没有更多的信息传播渠道，阅读是通向外部世界的唯一窗口。我这一生不看书的时候很少，书是我生活中很重要的东西。尽管现在信息渠道多，电脑也可以阅读。但是，读书还是不可替代的，我们讲“掩卷深思”，只有读书，才能“掩卷”。

现在的出版自由事实上是在扩大的，言论自由就是这样开始的。即使一些出版社在出垃圾，也比以前什么都不让出好些。鱼龙混杂，没有平凡的鱼，就没有龙，一潭死水更可怕。泥沙俱下也好，一些侵犯知识产权的，瞎编乱造的，为了赚钱的，以后肯定会被市场抛弃。

刘知幾在《史通》里说：“史才须有三长……谓才也、学也、识也。”搞出版传播也一样。做编辑工作，才、学都要，但更重要的是见识。才、学、识三者不是孤立的，而是互相关联的，要有分析能力。我觉得出版人要有一点这方面的能力。

□ “作者又是善于文章的……很沉痛的话，却闲闲落墨，别无渲染。如果寻根溯源，这种笔路风致，可以到东坡、山谷、放翁的题跋里去找。有如人的面目表情，有的只是一微笑，一颦蹙，而传达情愫的力量却远在横眉怒目之上。”黄裳先生曾如此评价您的作品。倘请您谈谈自己的创作，您会如何表述？

○ 别人旅游、跳舞、钓鱼、搓麻将，我都不会，只好随便看点书，随便写一写，以消闲暇。

年老神倦，卧读时居多，厚重的本子实在搬不动，所看的多半是自家书架上的笔记杂书。偶有所感，发而为文，一定是自己有话要说，而且这话一定要是自己的话。尽管它可能说得不深不透不艺术不正确，总归是我自己的话，不是鹦鹉学舌也不是吠影吠声，这是唯一差堪自信的。

将自己零星发表的小文章编集出版，始于一九九二年的《书前书后》，时年已六十，别人“四十岁学吹鼓手”成为话柄，我比他还晚了二十年。作文编集，亦不过企愿自己的悲欣留下些微痕迹，若能使人接触以后偶起感兴，那便是作者最大的满足了。

□ 谢谢锺老师，请您给《天下书香》的读者送段寄语。

○ 好读书，读好书，读书好。人须喜好读书，但不能仅凭喜好，还须有所选择，择有益于启迪民智、有利于推进民主之好书，多多读之，才会懂得读书好的道理。

生于斯，死于斯*

（2016.7）

□ 您现在每天主要在做一些什么工作，在写作上有什么打算？

○ 主要还是在为《走向世界丛书》续编做事。《走向世界丛书》到我离开岳麓书社还有六十四种未完成，如今书社又恢复了这项出版计划，我帮助他们，也是替自己圆梦。

□ 您最早发表作品在《长沙晚报》是什么时候？最近能否仍为《长沙晚报》赐稿？

○ 我很早就是《长沙晚报》的约稿对象，与《长沙晚报》副刊编辑一直都有联系。《学其短》就是首发在《长沙晚报》副刊的一个专栏。我正在写的《岳麓山上养棵树》一文，写好了就会发给你们。朱纯和我身后都不留骨灰不做墓，养的这棵树就是我们的遗念。所以这篇文章希望发表在《长沙晚报》上，长沙是我们生于斯死于斯的地方嘛。

---

* 原载二〇一六年七月四日《长沙晚报》，原题“仍在为晚报撰稿”，记者任波。

没规定不能做的事就能做*

（2017.1）

□ 请谈谈你在出版工作中遇到的不愉快的事情。

○ 我主张要出《红楼梦》《三国演义》的时候，全国的地方出版社都不敢出。这时只有一种人民文学出版社的版本，都怕人民文学出版社会来管，那一管就不得了了。我说，有哪一条法律规定地方出版社不准出古典小说呢？没有规定不能做的事情就能做啊。当然，我不能拿人民文学出版社的书去照着排，我要找另外的版本，我要找很能干的人来标点，找很权威的人来写导言。

我找聂绀弩来介绍《三国演义》，找舒芜来介绍《红楼梦》，找朱正来标点《三国演义》，找李全华来标点《红楼梦》。李全华是湖大电子工程系教授，“文革”中和我同坐监牢，因而相识。我知他熟谙文史，对《红楼梦》尤有研究，发表过不少学术论文，故以此相烦。很快岳麓书社便以《三国》《红楼》为首，推出了《古典名著普及文库》。为了争取市场份额，在选择版本，

* 原载二〇一七年一月一日《晨报周刊》，记者刘建勇。

避免差错，降低售价方面做了努力，取得了相当效果，有力地支持了《走向世界丛书》等出版工程的顺利进行。不料工作成绩反而引起了某些人的嫉恨，居然派人去湖大调查李全华：怎么要找一个学工的人来标点《红楼梦》？是不是锺叔河在营私舞弊？调查的结果当然使下令调查者大失所望，“学工的人怎能标点《红楼梦》”，也被我当面严词诘责：“总得高中毕业才能去学工，学工的人不能标点《红楼梦》，你们为什么又要我这个高中还没有毕业的人当总编辑？”质问得他面红耳赤，下不来台。这类行径，本不值一提；但后来制造“选举”闹剧，迫我离开岳麓，就是与此一脉相承的。

《走向世界丛书》一百种，本来在八十年代便可出齐，被迫中断，这是很大的遗憾，也是很大的不愉快。另外一个遗憾是周作人的书。岳麓版《知堂书话》，是一九四九年以后第一本署名“周作人著”的书。一九八七年我在《光明日报》登广告，准备三年之内出版周的全部著作，也没出齐。要是出齐了，别处也许就不会再出类似的周氏著作单行本了。我喜欢周作人，很爱周作人的文章。我编周作人，有索引，有校勘表，错别字我不随便改，怕改错，我就在校记中把原文列出来，让读者看到我改的什么字。我怕别人拿起我的版本去印，有时也会留下一二处手脚，你要是拿起我的书去照印，那就是我告状的依据。

编辑是个业务活，我不同意把编辑这个职业讲得如何高，如何有水平，编辑就是个技术性的工作，学术编辑应该从社会上去找。出王船山的书，出《红楼梦》，都应该到外面去找专门研究的人来整理校点，这比自己养专家好得多，出版社的成本也低得多。

曾国藩的书呢？正如有的人所说，这个选题没什么稀罕的，人人都知道曾国藩，都知道《曾文正公全集》嘛。但我也想反问他一句，那你为什么早不动手编，早不把书印出来呢？可见问题在于有没有能力和魄力来规划并实现这件事。新编曾国藩的全集，是一九八三年我去北京争取立项的，我觉得应该新编《曾国藩全集》，去北京图书馆找来曾国藩的资料，曾国藩的原件都到了台湾，刻本的《曾文正公全集》原来并不全啊，例如他对李鸿章的一些评论，不应该删节的刻本都删节了。我把从台湾影印的原件和刻本作比照，说服了李一氓，这才列入国家规划。在劳改队，我跟朱正谈过，我们这些人怎么成了劳改犯？我手无缚鸡之力，打架我是弱者。但我从没当过弱者，我这个人，我想要做的事，我总是想要把它做成的。把我关在牢里面，我也做成过一本书，陈老莲的《水浒叶子》，从上海出版的《水浒全传》摹刻油印成册的，利用"评水浒"的机会搞出来的，也是件有味的事情。

中国的读书人，包括我自己，都是很贱的，都是看风转舵的。早一向我跟朱正讲，我们新干班三百个学员，也有人爬上去做了官的，晚景也很惨，能够留下几本还称得上书的，不多。大多数是领导怎么想，怎么讲，他就怎么写。不过我对文化并不绝望，民间也好，草野之间也好，还是有人在追求，不完全都是在迎合。总的来说，社会还在进步，对于这一点，我还是满意的。

我觉得，既然选择做了编辑，就还是要热爱这一行，不要只是把它当做谋生的手段。谋生有很多办法，编辑这行肯定不是最好的，随便做点生意都强些。选择了做编辑，你喜欢这行，就要无论在怎么样的艰难困苦不利的条件下，你还是可以找到自己的天地，找到自己发挥的空间，你要证明自己的选择没有错，你要做出东西来，不一定非要谈什么什么才有价值。我一般的认为，政治的空谈从来不能救国，还是人性的问题，知识分子的自觉——知识分子要有一种使命感。爷娘造了我们的躯体，但他们没有塑造我们的灵魂，灵魂是自己塑造的。

我不要大家学我，我是个失败者——我并没有做好。我如果更能干，能使得对我有意见的人对我没意见，也许就会少一些遗憾吧，但是我不愿意那么做，我觉得没必要，是种浪费。比如说，曾国藩承认郭嵩焘比他强很多，但是郭嵩焘办不成事，办成事的是曾国藩。他打仗请功，明明塔齐布没有功，也把塔齐布的名字放在最前面，朝廷就高兴，立功的是满人。曾国藩能够做到大家对他没意见，这才是真正有本事的人，我却没有这样的本事，差得太远太远。

回到常识，走向世界*

（2017. 7）

没事宁愿在家里待着

□ 看到新版的《知堂谈吃》了。

○ 是的，出版社给我邮寄了一批扉页，让我签字，两百本。

□ 你不喜欢干这个，但也没办法，成全喜欢你的读书人吧，收藏签名本，收藏的还是个心情，还是个手泽。觉得有了签名，读书时似乎亲近了一些。

○ 人老了，精力有限。黄裳晚年所有书信签名之类一概不理。最近又住院了。晕眩。

□ 不要紧吧。

○ 自我感觉还好，应该还能走出医院。人老了怕拖累家人，生老病死都是苦。有一天你打来电话，家里人告诉你锺叔河死

* 原载二〇一七年七月二十三日《安徽商报》，记者胡竹峰。

了，你也别难过，人都要死的。

□ 你还好，没给子女增添负担。有些感觉我年纪还不到，体会不出来。人都会老，好好活着。让医生好好检查，人活久一点还是好事，有些东西需要年纪成全，但可能会有孤独感。再到后来，同时代的人，可以和你思想上对话交流的人更少了。

○ 很少有能交流的了，当然有孤独感的。也正因为如此，才和你们保持联系。有时候愿意和你们电话里谈一谈。我们同辈的人，有些人也有往来，人毕竟活在俗世。至今还有同学和我保持交往，偶尔来家里坐一坐。

□ 长沙的同辈人也只和朱正先生交往多一点吧？

○ 他有时会来我家里坐坐，如今也少来了。

□ 你似乎很少出门。

○ 我现在没有能力出门，有些地方想去去不了。不过也没什么地方想去。北京也就去了几次。在美国待了大半年，在波特兰，也是在家看书，没兴趣到处逛，偶尔散散步，到图书馆看书，很多台湾书，不少是一九四九年前的。我没事宁愿在家里待着，看看书，坐在书桌前做做事。我没有游山玩水的习惯。

□ 寡趣一点是不是有利于写作？

○ 不一定，个性问题，有些人喜欢到处跑到处玩，也写得很多很好。

□ 古代人推崇读万卷书，行万里路，后一条你没那么做。

○ 年轻的时候就不爱玩，不喜欢凑热闹。张家界是湖南最出名的景点，我至今没去过。在出版社上班时，会议除非在大院里开我才参加，外面的会议一概谢绝。

正确的道理从来是简单明白的

□ 今年你又弄了一套大书，《走向世界丛书》一百种出齐了。这套书初编三十六种出来后反响很大，影响了一代读者，不少人花高价找来旧版本珍藏。

○ 当时的确有很多人关注它，有些人的评价可能高了一点。但是我相信这套书会引起注意，这是意料之中的事。没有自信，我不会出这套书。因为中国原来并没有走向世界，中国现在也没有真正走向世界。别看很多人用了智能手机，开了电动汽车，住了漂亮房子，但他们接受了世界文明吗？我们的精英阶层也没有接受世界的文明，不少人还在说西方亡我之心不死。日本两次引进外来文明，第一次是全盘唐化，他们也没有变成唐人的殖民地，反而强大了，能够从海上、从朝鲜过来攻打唐人也就是中国人了；第二次是全盘西化，也没有让他们成为西人的殖民地，反而能够打英国，打美国，取得了阶段性的胜利。

我绝对不愿意去做外国人的奴才，当然也不愿意做中国人的奴才。做中国人的奴才就比做外国人的奴才好吗？身为中国人，我不愿意变成黄头发绿眼睛。正因为如此，我们才要走向世界，要接受全世界的文明价值。这是全人类的价值，不独是外国人创造的，中国人也有份。讲民主，讲自由，讲思想解放、百花齐放、百家争鸣，中国不比外国落后。就是在清朝，朝廷大臣可以论政，也可以自由争论，发表意见并不犯错误，这个不需要向西方学习。先秦的人就知道防民之口甚于防川，让人讲话天不会塌下来。不让人说话，反而有可能塌下来。防川必溃，古人早就意识到了，不是说老百姓只有听命的份。

我们还远远没有走向世界。今天讲全球化，贸易经济可以自由化，社会政治呢？也没有理由不自由化嘛。说四个现代化是说不通的，教育要不要现代化？文化要不要现代化？其实只要一个现代化，社会现代化就可以了。

正确的道理从来是简单的，不会有什么稀奇古怪的主张。回到常识，回到很普通的常识。走向世界，走向人类发展的正道。走向世界了，你才发现很多行为很多说法幼稚可笑。北京奥运会的口号多好，一个世界，一个梦想。原来讲什么两大阵营，三个世界，都是出于政治需要的口号。

□　你的这些观点和钱锺书、张中行这些老先生交流过么？

○　没有交流过。但我认为他们是同意我的观点的，他们支持我出这套书。

□　当年编这套书不比现在有电脑啊，很不容易的。

○　那个时候要请一个人把线装书用简体字抄出来，才发到工厂，那时候还是用铅字排，工厂也没有电脑。

□ 这套书花精力最多是哪一本？

○ 是郭嵩焘的日记，因为它有大量英文对音。郭嵩焘不会写英文，他又不是北京人，是湖南人。外国人用英文告诉他，他就把自己听见的音记下来，或者按英文单字的字义记下来，将Good Friday（耶稣受难日）记成了"哥弗来兑"，Oil Shale（油页岩）记成了"油石"。前者要将对音还原，已经十分麻烦；后者记英国矿产，油页岩多少万吨，而"油石"在现代汉语里是指工厂里研磨用的工具，以金刚砂为原料制成，只能以"打"或"箱"计，绝不会以吨为单位的。这书是我和杨坚两个人合作弄的，杨的外文水平比我高，但我也还是要认真审核，这些问题便是我审核出来的。我对于所有的书稿，觉得有怀疑的，都会去查原因。这谈不上什么精益求精，我以为是做编辑的本分，所有事情我都是这么做的。这样做也并不能保证不出问题，有一本我本人的书，"自己"的"己"印成了"已经"的"已"。

当编辑，就要对编书有热情

□ 听说你对编辑非常严格。

○ 我从来做事都是认真的。当了编辑，就要对编书这件事情有热情。一个人做事，有些事不仅要有热情，还要有激情，对吧？改正以后，应该回报社，我是自己选择到出版社来的，也是因为有朱正我才能来的。确实是喜欢出书，想出书，我才来，来了就要把我想出的书想方设法出出来，这就得有热情啊！后来碰到挫折，我还是坚持做这个书，还得坚持把这个书出好。

□　你觉得《走向世界丛书》最大的价值在哪里？

○　古老国家走向现代世界的真实记录，一个大的资料库，主要是历史价值，不一定每本书都有进步的思想。譬如谢清高《海录》就没有什么观点，谢清高是个水手，没有文化，遭遇海难被外国人救起后随船干活的。但这样的人倒是不会编造，也没有编造的能力。有些国家他去过，他就讲得很真实，有些国家他听别人谈的，也可以作为参考。他最早记载北冰洋，记录北极地区皮毛贸易。他是咸丰年间的人。

□　我读这套书，觉得他们笔下的异域风情有传奇性，文字浅白，读来可以增加谈资，也可以当笔记欣赏。他们的视角很有意思。

○　黎庶昌黄遵宪这些人是很了不起的，有思想。张德彝就是个平庸的外交人员，只是会一点外语，死忠于清朝，到了民国，还上折子称臣，思想无可取，只是记录自己觉得外国新奇的东西。他的书都名“述奇”，这就决定了不会有很高的思想水平，但是却有社会文化价值。

□　这些书什么时候收集的？

○　起念头很久了，不是一天的想法，早在十几岁时，我读到了一些早期知识分子关于西方的记述，像《西学东渐记》之类，觉得这样的书应该有不少，自己看到的却不多，后来又觉得许多看的人并没有把它放入历史大环境中看。自己读了些外国的书以后，一直在想，我们国家何时才能结束封闭，走向开放。

鸦片战争以后，外国人来了，中国开始走向世界，不是主动的，而是很被动的。那么这些人出去，出去之前和之后是什么样的心态？你去琢磨，发现很有意思，很耐人寻味。

□ 我看不少人是带着猎奇的心理，惶惑的心理。

○ 有的人是猎奇，有些人被派出去，就是完成任务，他要向国家汇报情况。有些人是排外的，反对开放的。但他们记述总体上都有价值。

□ 这些书对那些描述过的国家也有价值。

○ 巴黎人文出版社就翻译了黎庶昌的《西洋杂志》，日本也翻译了钱单士厘的书。

□ 这套书还有风土的价值。

○ 所谓风土就是社会史、人民生活史、广义的文化史文明史。留声机、录音机、照相机之类外国已经司空见惯，中国人初见都觉得很新奇。

□ 出完了一百种以后，还有后期的打算吗？

○ 我不可能有什么打算了。原来还是有一点想法的，还可以编一部《外国人眼中的中国》和一套《现代中国人看世界》，就是“五四”以后的中国人，像朱自清、储安平他们的东西，但如果搞成宣传品便没什么意思了，现在也不去想了。

活得比周作人久，差距确实大得很

□　你年轻时想学科学的。

○　最开始想当植物学家，想了解树木的生活。

□　但那时候也喜欢看闲书。

○　中国的旧小说读初中时就看完了，老家的堂叔堂兄多，他们各家各人的小说多。我的家庭是读书人家，父亲应过科举，后来又进了学堂。他的同学里面有许多名人，做过民国教育总长、创办了北京师大的范源濂，还有杨树达。我父亲只是个教书匠，但家里还是有些书的。从小我就喜欢读书，外国书《列那狐》《阿丽思漫游奇境记》等都读过。

□　锺家在当地是名门望族吧。

○　算不上是名门望族，最开始是农民，后来可能成了富农，从家谱上看到，屋场修得很好，读书却读不出来，只出了些“太学生”也就是监生，监生得花钱买啊。到后来入了湘军，才开始做官。伯祖父在左宗棠部下做到了类似后勤部长的营务处总办，武三品。他的弟弟我的祖父也成了一名都司，祖母得称“宜人”了。

□　三十几年了，你一直没间断在编周作人的书，对知堂的评价有过改变吗？

○　没有改变。他的文章自然本色，毫不做作。我写文章，改得一塌糊涂，出成了书还会改。周作人的原稿，干干净净，落笔不改，这个本事我没有。

□　未必是功力吧，可能还是习惯。

○　习惯也不好啊，我当年写《蛛窗述闻》也是没有底稿的。进报社后稿纸大大的有，就喜欢改了。周作人的文字非常自然，似浅实深，看了一次，再看一次，都有所得。他有些话拐了几个弯，仔细琢磨才能体会，不像我们写文章那么浅陋。他读书的视野太广阔了，有人骂他是抄书匠。但你怎么知道抄，起码你要看过这本书才能抄啊。周作人读的书，很多连书名我都不知道。他看的一些书，我们想看都看不到。这还仅限于中国书，还有日本、欧洲的很多古籍，那我更加无法看到，也看不懂。这是我和他的差距。这个差距不是三五十年赶得上的。我现在活得比周作人久了，但差距还是大，大得很。

□　你的文章也好，狡猾又智慧。

○　不好比。这种比，不是比几篇小文章。他的学识太博，随便翻开《知堂书话》，里面谈到的书，如今哪里能看到呢。

□　那你觉得周作人最大的价值在哪里呢？

○　他从旧文化里来，是旧文化里生长的人。他对旧的士大夫旧的读书人乃至那个旧社会的劣根性看得很清楚，剖析得最深刻。旧礼教、旧体制必然死亡，这个道理他讲得很清楚。旧中国文化社会的三种特产，太监、小脚、八股。中国人接受鸦片也是最快的，阿拉伯、印度是出产鸦片的地方，那里抽大烟的人也没有中国人多。太监是野蛮的文化，摧残人，却让这些被摧残的人来管理正常人，来涉足政治，魏忠贤李莲英他们都掌握了巨大的权力。他们是变态、阴暗的人。不少士大夫争先恐后去谄媚这种人。晚清时候连李鸿章、袁世凯都要巴结李莲英，进宫要带金元宝塞给他，这是中国独有的。尼禄、路易十六他们都是暴君，却并不用太监。满洲人也不裹脚。清朝皇帝几次下命令放足，也曾经想废八股，汉族读书人不同意，皇帝也没办法，只好收回成命。汉族男人有变态的畸形的审美，歌颂小脚，把小脚上的鞋拿来饮酒，这都是病态的。人正常的生活是美的，正常的躯体是美的，小脚美吗?

□　这些周作人都做过最严厉的批判，他骨子里是个人道主义者。

○　对的。

不遗弃母亲给娶的妻子是厚道的

□　胡适去世，蒋介石写了副挽联：“新文化中旧道德的楷模，旧伦理中新思想的师表。”这话其实有些开玩笑的味道。旧道德的楷模未必是多高的评价。

○ 这是蒋介石后来要利用胡适，违心讲好话。胡适没有遗弃母亲给他娶的妻子，这一点至少比蒋厚道。蒋介石、孙中山都好色得很，搞过很多女人，有本书叫《民国红粉》，揭露了很多事。好色是本能，但人毕竟有文明的，要有道德约束，不能采取玩弄的态度。有些文人假惺惺，道貌岸然，其实很坏。

□ 我后来读胡适的东西，发现他和周作人基本是一派人。

○ 是的，都是自由主义者。早年的张东荪、罗隆基他们都是。胡适干预社会政治现实超过周作人，大量的社会评论，宣传西方的价值，但文化深度不及周作人，对旧中国的批判也不如周作人。周作人长在学术性，历史文化方面。他作读书笔记，拐弯抹角地谈问题，妇女的解放，科学的启蒙。他在海军学校毕业了，有自己的知识体系。鲁迅并没有读完中专，去日本也没读完大专。

胡适是伟大的，超越了鲁迅。鲁迅后来被利用，也乐于被利用。他大吹苏联，说苏联没有血泪，其实苏联的血泪比任何国家任何民族都多。睁眼说瞎话，支持苏联是绝对错误的。

□ 你现在比周作人活得年纪大了，以你八十六岁的眼光看，周作人的局限在哪里？

○ 他属于是从士大夫蜕变成现代知识分子那一辈人，鲁迅也是。他们比胡适年纪大，参加过科举，陈独秀也是得过功名的。他们身上还是有很重的士大夫的性格，中国读书人的毛病他们也都有：习惯屈从于权威。统治不厉害的时候，他可以对抗，对国民党保持独立；后来日本人来了，统治收紧了，便同他们合作，给他们做事了。鲁迅也是如此，躲在日本租界里写《且介亭杂文》，交往有政治背景的日本人，希望政治上安全。他的书也放在内山书店，找一个背景保护自己。鲁迅骂人都是骂文人，骂何键，却不骂蒋介石，也不骂日本人。周作人如果只在北京教书，像俞平伯他们一样，那还会好一点，当教育督办是绝不应该的。

我并不过于看好周作人，只是在周作人的时代，在批判宗法专制的旧文化方面，没有人讲得比周更深刻，更到位。我只看重他这一点，喜欢他的文章。

□ 大家谈起你，觉得你的功绩主要是编了周作人的集子，编了《走向世界丛书》，往往忽略了你的著作。我觉得你最大的成就还是写了不少自己的文章。

○ 我写的东西太少了，从来不敢高估自己。如果不编周作人的书，倒可以写得多一些，最起码可以写一本《周作人传》，即使不能比别人写得好，至少能够比别人写得早。但那又如何呢？我觉得将周作人的文章早一点编出来印出来，总比锺叔河多出几本书的价值大得多。那时候如果碰到麻烦，可以找李一氓、胡乔木他们。他们会给我回信，支持我一下。如果八十年代我不编周作人，那时可能还没人来编。做编辑，只做我要做的书，只编我想编的书。前人说出了我想说的话，又比我说得好，所以我才编他。我费力气来编辑的书，肯定要比自己的著作价值大得多。

梅里美并不如巴尔扎克

□　我知道你和钱锺书、杨绛交往很多。我前一段时间重读了钱先生不少东西，越读越觉得不好。真是不恭敬了。

○　《围城》在写作上确实有点“做幽默”，油滑，着意挖苦人。一本书里没什么正面的人，方鸿渐也是以挖苦的笔调写的。把人写得都很不堪，都很浅薄，似乎并不太好。——钱先生对我有奖掖之恩，我对他有感激之情，但这些方面也不能为他讳。

□　讽刺文学不会是最高级的文学。讽刺蚂蚁没有意义，讽刺大象也未必有意义。《谈艺录》《管锥编》之类，到底有多高的价值，也未必。

○　钱锺书有智慧，极聪明，博闻强记。但很聪明人的文章，不一定是很伟大的文章。他的文章写得漂亮。你弄文学的你知道，陀思妥耶夫斯基、巴尔扎克的文体未必精致。我不懂俄文，有懂俄文的人告诉我说屠格涅夫的文章漂亮，懂法文的告诉我梅里美的法文很漂亮，但梅里美并不如巴尔扎克，屠格涅夫也不如陀思妥耶夫斯基伟大。钱锺书杨绛都以仁人之心对我，我很感激，我不能妄议前辈。但我也从不认为他们思想的深度可以超周作人，虽然他们不一定看得起周。

□　文人之间真要说骨子里谁看得起谁，不好说，事关人性吧。我见过一些文章很糟糕的人，把谁都不放眼里，没什么敬畏心，连平常心都没有。

○ 说什么“纵做鬼也幸福”的“作家”，哪有什么学问，更不会有思想，本不必和他们谈学问谈文章。像韩少功这样的人恐怕是凤毛麟角。没有入文联作协的人写的文章，平均水平可能比入了的人还高一点。

文学家是很难培养出来的。文人不妨无学，写诗词亦未必要多大学问，学人的诗也未必就好。义理、考据、词章，自古就难“二合一”，“三合一”。

古人说“一为文人，便无足观”，说的是词章。真正做学问的人不讲究词章，我不是学人，所以总是改文章，还是希望词章好一点。我和很多人讲，文章选本，可以选文学家之外的文章，爱因斯坦的自序就是很好的文章，丘吉尔得诺贝尔奖的也不是文学作品。

□ 现在一般的书你也不会看了。

○ 要看的书很多，现在只看史料性的书，有些档案之类也看看，还有古代那些笔记，那里面总有一些东西我不知道的。人和动物不同，人有求知欲，有好奇心。

□ 笔记里不大有观点，但有细节，我就喜欢。你对大的东西似乎很警惕，不喜欢宏观的表达。

○ 宏观的东西不可能那么真实。《左传》《史记》有的只能当故事看，不可能那么真实，因为事实距离它们写作的时候隔了几百年。那些心理活动谁知道？汉武帝时候的人，去写先秦的故事，不可能太接近事实。怒发冲冠谁知道？头发也不可能冲冠嘛，头发是软的，古人的帽子很重的。古代很多史书形容夸大的成分太多，都是小说。

□ 我一直把《史记》当小说看，偶尔读读，给自己养气。

○ 司马迁有那么一支笔，气魄大，还是令人向往。个人的表述，有的更有价值。像《老学庵笔记》之类，包括我编的《走向世界丛书》。

□ 所以鲁迅说《史记》是无韵的离骚。《离骚》是文学创作，司马迁在我心里是个伟大的创作家、文章家。你喜欢周作人，却对鲁迅有微词。

○ 鲁迅的毛病太多，喜欢别人给他戴高帽子。那些人并没有文学才能，韦素园、胡也频、萧军、柔石这些人文字都写不通的。左联那帮人从根本上说就不是文人，冯铿、李伟森，你见过他们的作品吗？他们盲目地吹捧鲁迅，鲁迅也对他们说过太多的好话。但事实证明，这些人根本不行。

鲁迅讲好话没有适可而止，骂人却骂得过头了。骂胡适、徐志摩、林语堂、梁实秋，实在骂过头了。为什么呢，就是因为他们不吹捧鲁迅。这些人当时的名气也大，有的人甚至超过了鲁迅，鲁迅容不下他们。这是一个文人最要不得的品质，看见别人文字写得比自己好，就很不高兴。这是很阴暗的心理，这一点我很不喜欢。

鲁迅捧过的人，捧不起来，因为他们的文字差。

鲁迅骂过的人，也骂不倒，因为他们的文章好。

我不是不喜欢鲁迅的文章，我是不喜欢鲁迅的为人。我承认他的见识很好，一针见血，对旧文化的批判和周作人是一致的。但鲁迅的个性我实在不喜欢，做人不够坦白。譬如和许广平相爱，很正常，但鲁迅却觉得他是被动，自己原来是“没有爱”的，朱安是母亲强送给他的“礼物”。其实也犯不着这样，你们相爱就相爱嘛，应该坦荡一点。

周建人在文章里回忆周作人，说他性情和顺，很好相处。鲁迅却没来由把小兄弟的风筝弄坏。民国一帮人，没谁说周作人性情坏。凌叔华、谢冰心，都是周作人的学生，都从来没有说过他不好。

日本留学时候，鲁迅打过周作人，周作人也没有生气。他们共同翻译东西，周作人翻译得比鲁迅多得多。

根据自己的见识来判断

○ 我这个人唯一可取的地方，是根据自己的见识来判断一切事物。我不敢说我的见识有多高，我看别人谈很多东西，见识都比我高。理论问题我不懂，文学艺术就是一个美，真和善也是美，只能从美上说。周作人的文章，每次看都有体会，《荷塘月色》之类就不经看。

□ 朱自清的确糟糕，尤其前期的散文，有文艺腔。后来写的一些语文知识类还不错。

○ “燕子去了，有再来的时候；杨柳枯了，有再青的时候；桃花谢了，有再开的时候。”初读觉得有味，时间一长就没有味了。

□ 那个腔调我也受不了。“五四”的那批人，看来看去，到后来只有周家兄弟、废名等等几个人好一点。

○ 周作人的文章初看不怎么样，但是越看越有味，越看越觉得有意思。

□ 我特别喜欢鲁迅，但鲁迅后来的确做了一些出格的事，辩解不了，也很失望。我只是佩服他会写文章，强词夺理。

○ 鲁迅的文风有害于世道人心，不能推广。太喜欢鲁迅的人，容易褊狭，自我为中心，刻薄。

□ 鲁迅去世八十年了，对鲁迅的反思还是不多的。但现在谈论鲁迅变成一个很民间的行为了。

○ 历史人物的评论，越久越公正公平。

□ 今天的人评价苏东坡、张岱、钱谦益他们，没什么东西左右了。

○ 苏东坡的确是才人，什么都行，小简和笔记小品都写得那么美。

□ 你对周作人的文章熟得不得了吧？

○ 也不是很熟，名篇才熟悉一点。他的知识有许多是科普的知识，文化史的知识。

□ 你在文章写法上，表现技术上，受周作人影响大吗？

○ 不大。我有愤激，心里有不平。周作人不是很愤激的，他理智占上风。

□ 你最喜欢苏东坡、张岱、周作人，其实他们这些人的性格差别太大了。

○ 是。张岱是个大少爷，和徐文长、李笠翁他们不同。李笠翁是个高级清客，会写文章，带戏班子取悦别人。张岱不是，他是少爷出身，穷了也有架子，不看别人的脸色。我讲张岱只讲文体，他的文章很有个性，很调皮很生动。没有那样的才气，没有那个条件，学张岱不行的，无药可救，搞不好就是开油滑的玩笑。

□ 没有人家的经历，学来学去都是皮毛，会很麻烦。

○ 任何人都有师承，但喜欢归喜欢，学不来。人家那么写有人家的底气，你没人家的底气，不行的。

□ 你其实骨子里硬气的，很骄傲。

○ 我是吃了这个性格的亏，改不掉。

□ 右派、坐牢和这个有关系吗？

○ 没多大关系，主要还是全社会的问题。“文化大革命”中，我被告密最多。平时在一起的人，被斗了，被抓了，就把我告出去了。他被别人当成猎物追，他就告诉别人，另一个目标比自己更重要，想减轻自己的窘迫。其实这是错误理解了当时的策略。坦白从宽，那是完全没有这么回事的。交代的越多，你的罪越重。

□ 体制不改变，这种检举、告密是经常会有的。我对人性从来不抱太大的希望。我是荀子派，觉得人性本恶。

○ 出周作人时我见识了几种人：一种是出于本能：“周作人大逆不道，这是周作人的，怎么能出呢？”这个还可以原谅，因为他有他的自由，有他发表意见的权利。另外还有一种人，针对的不是周而是我：“锺叔河看不起我，骂了我，现在锺要出周作人，趁此机会我就要搞他一下。”其实他并不了解周作人，他甚至完全没有看过周作人，不过是拿这个事情当棍子，这种人其实就更坏了。

坐牢时知道有出来的一天

□ 坐牢之后你有恨吗？

○ 对个人没有，我知道是体制的原因。那时候就想好好活着，知道自己总有出来的一天。到时候了，我就出来了。而且我希望我要活得久一点，多看点世界，我也做到了。

□ 在监狱里挨打吗？是不是特别受苦？

○ 我在监狱里，主要在绘图室。每年总有几次，监狱搞宣传时，我和朱正、俞润泉、李全华几个人会有机会在一起，那时候我们可以交谈。一般犯人之间，谈得最多的是吃，再一个是女人。有些话题，只有我们之间才会谈。我们的苦恼，就是中国脱离了人类进步的正轨，脱离了世界进步的正常道路。世界进步了，而我们停滞在后面。

我们谈得最多的是中国的出路在哪里，如果中国能够打破禁锢，走向世界，我们的问题就解决了。我们所要求的无非就是这些，就是我们能够回到人类文明的轨道上去，和全人类一起走在这条大道上。

我和朱正都喜欢读书，读了些卢梭、孟德斯鸠的书，也读了巴枯宁、克鲁泡特金、考茨基的书，产生了一些思想。那时候就是不允许人有思想，强调要舆论一律，要统一思想。

《走向世界丛书》我写的叙论中的很多观点，也是在这一段时间里谈出来的。之前我们也谈过，比如说日本学欧美比我们学得好，为什么呢？

□ 你编书出书，都有思想指向的。

○ 我编了《林屋山民送米图卷子》，我特别喜欢这本书。《送米图》上有吴昌硕、俞曲园，后来有胡适、张东荪、张大千和徐悲鸿的笔墨，这些书画本身就可以传世。书的主角暴方子，他是清朝一个很小的官，从九品的巡检，等于现在一个镇长，因为“傲上”被免职，但并没有得罪百姓。撤职以后，他没米过年了，老百姓就给他送米，还送钱送肉，有几千人送。这种行为实际上是对政府的一种抗议，说明在清朝那时的老百姓虽然还谈不到什么民主观念，但至少还可以表示一点是非。你看现在撤了一个镇长或者县长，老百姓还能不能表示欢迎或是反对呢?

我对这些事总是感兴趣。我写的一些文章，包括我说过的一些话，都是为了让人觉得，不民主自由总是不完美的，现在的状况还不够完美，不是一种理想状态。我要使读者尽量认识到这一点。我的力量当然很微薄，但做总比不做好。

□ 你到底是一个现代知识分子。有一次和陈丹青先生谈起你，他说你是沧海遗珠。

○ 那真是过奖了。我只是一个编辑，没有什么特别的地方，外界对我的看法，都是过高了。

□ 你个人的诸多认识，比周作人那代人又进步了。

○ 我即使意识到了，但是学识太差根底太浅，仍然无法深刻著明地进行论述。自己求学求知，虽然有一些想法，有一点追求，毕竟原来只是个高中生，自学只能读中文书，外文书只能读译本。二十几岁就挨整，大好时光都用在写检讨和学谋生的手艺上面了。所以读书不多，不系统，水平上不去，比起前辈学人来，实在差得太远太远了。这个差距是事实存在的。不是说天资相差很远，不是说人生来就一代不如一代，但是在平江那个闭塞的地方，在抗战接着又内战的年代，我无法接受到更好的教育。天生的限制，使我纵有走向世界的要求，却缺乏走向世界的本事。

□　今天的资讯如此发达，比胡适周作人那代人幸运，视野上最起码大了很多。

○　胡适他们早就读通了经史，才写得出《中国哲学史》。我过早卷入了社会，对学人而言，先天不足，后来靠一点个人的努力来弥补，这个不行。说我读书多，这是开玩笑。很多人从来不读书，我只是知道要读书而已。

□　人光有想法不行，想法需要一个大的文化基础做奠基石，才立得住脚，你看得多、见得多、走得多、经历得多，想法才能落到实处。

○　孔子不是说了，学而不思则罔，思而不学则殆嘛。学与思，不可分割。写文章的人，有思想，能读书，有自己哲学的不多。很多人是没有自己的思想，有些人文字都不通，就是个普通的宣传干部、文化官员。也许领导上需要这样的人，我则对这类人没有任何亲近感。

□　人的学习能力、吸收能力最好的时候，差不多是二十六岁之前。

○　我到二十七岁就划成右派，变成社会贱民了。因为个性比较好强，不服输，自己要思考，要读书，都是补课，完全自学，外语没办法补上去，差距太大了。父亲是个读书人，但我父亲的思想水平很低，学的是数学。庆幸家里还有几本书，如果生在农民家庭、小工商业者家庭，我也完了，因为看不到什么书。

□ 我们这代人很多方面更不足。

○ 你的不足不能怪你，也不能怪你的家庭，主要是时代的原因，整个时代缺文化了。原来乡村的文化，是地主阶级支撑的。通过土改，把地主消灭了，乡村便处于无文化状态了，你们对中国传统文化的了解就不深了。

□ 你不断在接受新的事物。

○ 基础原来太薄弱了。不是我不努力，是没有时间。我写文言笔记小说《蛛窗述闻》，至少是看得懂文言文的，后来到了长沙，看到很多新的书报，马上如饥似渴地看，接受新的知识，便没有时间弄那个东西了。随即大规模内战开始了，参加了共产党领导的学生运动。

□ 你年轻时候激进过，很左的。

○ 激进得很。那时候不仅仅我们激进，留英留美的一些人都跟着激进，像罗隆基、储安平他们。对国民党绝望了，蒋介石搞法西斯，玩权术，只是他没能力。张东荪、梁漱溟他们看清楚了形势的发展，没办法选择命运，只能跟着潮流走。

人类文明史就是走向世界史*

（2017.9）

首先是人要现代化，思想要现代化

□　近代中国人出国的记录很多，要从中选出一百种来，选择的标准是什么？

○　《走向世界丛书》不是文学读物，而是一种历史文献，作品的史料价值应该是第一位的。张元济编《四部丛刊》有两条标准：第一是稀有，第二是重要。我们也遵从这两条标准。重要的如郭嵩焘的《伦敦与巴黎日记》。郭嵩焘是中国传统制度培养出来的最高级的知识分子，他是二甲进士、翰林，官至礼部侍郎，是中国（清朝）第一任驻英公使。他虽然是传统士大夫，但他的目光非常远大，写的日记很有思想深度，敢于承认当时中国的政教落后于西方。在他之前去国外的张德彝、容闳、王韬、罗森等人都不是科举出身，不能算士大夫，所以郭嵩焘的个案在社会文化上就具有特别重要的意义。

* 原载二〇一七年九月《书都》杂志，记者刘秋香。

稀有也就是罕见。张德彝八次出国，以前大家都不知道他写了那么多——八部“述奇”是我在北京柏林寺的藏书中发现的，可算罕见。例如一八七〇年“天津教案”发生后，清廷派三口通商大臣崇厚赴法道歉，张德彝作为翻译随同前往，得以在巴黎目睹公社起义的整个过程。在《三述奇——随使法国记》中，如实记载了事变的方方面面，而且非常详细，女战士从容就义、高歌赴死的情形都有记录。

重要性和珍贵性相同的条件下，我们就选文章、选作者。比如近代到日本的记载很多，罗振玉的《扶桑两月记》和《扶桑再游记》就一定得选进来。

□ 中国人最早走向世界的记录是?

○ 中国人接触西方，留下了文字记载的，最早是唐朝杜佑的一个远房侄子杜环。杜环曾跟唐朝的军队远征西域，那时候阿拉伯也往东发展，唐军同阿拉伯军队在怛罗斯大战，唐军战败。杜环被俘虏过去，因为懂汉语可任翻译而免于被杀。他后来就跟着去了阿拉伯，接触到了东罗马的一些情形。回国后，他写了《经行记》一书，这是中国关于西方最早的直观记录，但只在杜佑《通典》中保存了极少片段。

中国与世界的交流并非到近代才有，只是过去直接接触少，留有记载的更少。现在中国是在大步地走向世界，提出了“一带一路”。“一带一路”就是联系世界走向世界的，这就比“四人帮”时期的闭关自守好得多了。中国要走出去，经济上、管理上不可能不开放，不可能不跟世界接轨。郭嵩焘早就讲了，造兵船造军火都是“末”，“政教”也就是政治文化才是“本”。他能看到这一点，我们岂能看不到？中国要实现现代化的关键是人要现代化，制度要现代化，事实必然如此。

走向世界是大势所趋，这个潮流不可抗拒。走向世界并不是中国人提出来的,《圣经》里的《出埃及记》，玄奘到印度取经，鉴真东渡，马可·波罗东来，哥伦布发现新大陆等，都是走向世界的过程，整个人类文明史可以说就是走向世界的历史。

□ 人的现代化也就是思想要现代化？

○ 我们现在的生活已经很现代化了。举个例子，如今手机已经普及，我家保姆的夫家和娘家个个都用上了手机，她用的手机比我用的还新，他们可以网上聊天、通消息，这方面完全现代化了；但她的丈夫在外头打工，做工做了一年多，包工头欠他的工钱一直不给付清，他却不知道用法律维护自己的权利。

不管你讲几个现代化，首先应该是人要现代化，思想要现代化。人的思想现代化了，知道捍卫、行使自己的权利，社会和国家也就现代化了。

传统文化并不能使中国现代化

□ 您有过一个观点，认为中国文化源远流长，但“保守性”也很强。

○ 保守不是一个贬义词，而是一个中性词。中国的文明博大精深，五千年的文明能够不中断就是因为能够保守，保守得住。人类文明是多源头、各自独立起源的，所以各有各的文字，但只有汉字沿用至今。古埃及的文字现在的埃及人都不认识了，埃及现在通行阿拉伯文；两河流域古代采用楔形文字，现在也用阿拉伯文；古代印度用梵文，但现在印度认识梵文的比英美法德认识梵文的都少，通行的是英文；古印第安也有玛雅文字，现在的印第安人根本认不得，都讲西班牙文或英文。但保守也带来很多毛病，中国传统文化太悠久、太“足乎己无待于外”，所以“走向世界”起步晚，进度也慢。

□　近年来，中国传统文化受到的关注越来越多，在传统与现代的传承接续中，需要注意哪些方面的问题？

○　传统文化和现代化的冲突当然是极其巨大的，影响极其广泛和深刻；但传统文化有非常强大的生命力，不是一个朝代、一种体制、一种政策能够摧毁、改造或取缔的。文化作为文化，不是非文化力量能够简单地使它迅速发生变化的。但在另一方面，我又认为，中国的传统文化如果不更新、不加以整理和扬弃，它和中国现代化的大方向和主干道是颇相牴牾、很难相互适应的，传统文化必须要与时俱进。

我在岳麓书社做总编辑的时候讲过一句话：“我们要以新的方法来整理古籍，要以新的观点来重印旧书。”这里面最重要的是新的观点、新的方法，是一个新字。我编《走向世界丛书》，要写叙论，加边批，加译名今译，这就是新的方法。但还要有新的观点，以新的观点来选择。新的观点就是现代的观点，新的方法就是现代的方法。

畅销书当然要出，但不能只出畅销书

□　随着数字出版的兴起，传统出版业受到了很大的冲击，您怎么看待这一现象？

○　书籍的形式是会改变的，在我这八十七年中，就经历过书籍形式的多种变化。父亲原来应过科举，老家的书都是木版线装书，后来就是平装书，看旧小说大半看的是石印线装书，现在人们看电子书。用电脑读《易经》，不需要多久便可读完；孔子当时在竹简上看，最有名的一个故事就是“韦编三绝”，说孔子多次翻断了编连竹简的牛皮带子。但电子阅读的深度就一定能超过孔子吗？不一定。我小时候看《红楼梦》，看的是线装石印本的《金玉缘》，一天半晚一百二十回全部看完。现在可以在手机上看，还有人帮你读，你只要听就是，但听的人就比看线装书的我更快听完吗？也不一定。书籍的形式和阅读的方式几千年来已经改变很多了，但书籍会永恒存在。

□　出版是一项文化事业，但同时也是一种产业，您怎么看待二者之间的关系？

○　出版是文化的组成部分，人们不可能脱离整个文化状态来要求出版业有特别优异的表现。所以，文化复苏时期有出版的复苏，文化繁荣时期有出版的繁荣，文化受冻的时期出版也会受冻。出版是一种产业，产业自然不能不赚钱，但也不可能每本书都赚钱。实际上，真正有文化价值的书是不会赔本的，企业创了牌子，赢得了声誉，岂不比花钱打广告还好？有生活使用价值的书，也应该充实人文精神，使人们的实际生活富有理想。畅销书、读者大众消闲消遣的书也要出，不要排斥它们，要满足各层次人的需要。但如果只出这类书，绝对不可能办好一个出版社。

□ 您长期从事出版事业，在您看来，一个合格的图书编辑应该是什么样的？

○ 不论在什么时候，书籍要流传下去，编辑工作都是很重要的。不管怎么样，文本要正确。现在在百度上找材料写学术文章，就闹出过很多笑话。我认为图书编辑首先要做好编辑、校对工作，要有一批人以校对为业。上世纪九十年代看过一个电视片，讲中国的一个出版团访问英国牛津大学出版社，这个出版社有一个特点就是它的数学工业用表绝对准确，厚厚的表格一本一本是最枯燥的，有个老太太一生就搞这类书的校对，她的待遇十分丰厚，超过了资深编辑。我们现在对校对人员不够重视，只要他能保证校对后出版物没有错误，他就是拿编审的工资也值得。编辑也应该有校对的本领，而且他仅仅做好案头工作还是不够的，还要有文化担当、有文化使命感。

只做了三件事*

（2017.10）

□　今年，你主编的一百本《走向世界丛书》终于出齐，这套书的编辑和出版横跨三十六年，历经艰辛，为何能够坚持？这些清末民初第一代走向世界的中国人的海外观察，它们主要的价值是什么？

○　中国是一个古老的国家，“古老”就意味着它具有生命力，但同时也易于走向封闭和保守。自航海大发现以后，西方文明加速发展，东方落后于西方。小国寡民的日本，因为有汉化的传统，将接受外来先进文明视作理所当然，而中国正因为昔日的优势，不能接受需要向“蛮夷”学习的事实。

《走向世界丛书》的作者，是中国第一代接触现代世界的读书人，他们带着旧观念、也带着疑惑甚至抵触的情绪去看世界，他们甚至不是主动出国，而是被朝廷派出去的，或者是被外国传教士带出去的。他们读的书不一定都很多，写文章不一定都很好，但他们的记录和观察都有意义，不只是一份历史文

* 原载二〇一七年十月二十八日《新京报》，记者徐学勤。

献，而是对今人的启示录。让我们知道，文化交流并不会导致亡国灭种，而是会促进国家民族的进步和发展。

□ 这套丛书是上世纪八十年代开始出版的，当时的出版潮流是引进现代思想和世界名著，你为何会将目光投向百年前的这个特殊群体？

○ 我在“文革”中入狱十年，在狱中反复思考为何国家会陷入如此境地，得出的结论是，因为当时的中国脱离了世界文明的正轨，个人的不幸是因为国家没有走向世界。带着这样的思考，我出狱后便想做一套关于中国人如何走向世界和认识世界的书。

当时，“走向未来——文化：中国与世界”等编委会所做的引进西学的工作，是符合时代需求的，但我认为走向世界除引进西学以外，还需要搞清楚我们是从何起步，究竟是什么东西妨碍了我们进步。如果不把这些弄清楚，并清理掉，没有清晰的头脑，是不可能走向世界的。

中国近代史走了很多弯路，曾经以为有了坚船利炮就可以自强，但甲午战争还是一败涂地，这才意识到根源是制度和思想的落后。回看当年第一批走向世界的人的思考观察，确实具有现实启发意义。

□ 搜集、编纂、校订这些文言文书籍，需要耗费巨大精力，也需要全面的编辑才能，一个好编辑应该具备哪些素质？

○ 唐朝历史学家刘知幾曾提出，治史者须具“才”“学”

“识”，才是才能，学是学问，识是见识。做编辑也如此，没有什么别的要求，就是做一个现代人文学者的要求，具有人文关怀，有改变国家命运的理想，还要多看书，读书应无禁区。

我的出版生涯只做了三件事，编辑出版《走向世界丛书》，争取新编《曾国藩全集》、校订重印周作人的作品，曾、周二人的集子都是当时别人还没有做的。我是做了一点事情，但只是开了个头，“后来居上”，后来者肯定会比我做得更好。

人总要追求更美好的生活*

（2018.1）

□　出版家锺叔河致力于主编《走向世界丛书》，将晚清第一批睁眼看世界的人的海外游记和观察做了广泛搜集整理，为人们还原了大变革时期，先进的中国人面对西洋文明冲击时的记录和思考。他们带着疑惑、惶恐和新奇的眼光观察和认识外部世界，为老大帝国注入新的活力。

这套百辑丛书跨越三十七年才最终出齐，锺叔河也从壮年走向耄耋，他在历史故纸堆中翻检、辑录、核查、校注，笔耕不辍，未忘初心。我们致敬出版人锺叔河，他以学者的素养、编辑的眼光，为我们再现一段波澜壮阔的历史，提醒我们不能脱离世界文明的正轨，只有保持开放，才能拥有未来。

○　《新京报》和腾讯网组织的评选，对《走向世界丛书》予以肯定，给了我奖励，我深表感谢，也愧不敢当。

我今年已八十八岁，早就力不从心。丛书一百种，我做了

* 原载二〇一八年一月十四日《新京报》，为在“新京报·腾讯年度好书致敬会”上的答谢辞。

案头编辑(包括写叙论)的只有四十种，其馀六十种都是别人编辑的，前期从事者有杨向群、鄢琨、王杰成、冯天亮，后期则有曾德明、杨云辉、李缅燕、鄢蕾，给我的肯定和奖励应该也是属于他们的。

《走向世界丛书》是一九一一年以前国人走向世界的实录，这并不是说，只有十九世纪的中国，才需要面对走向世界的问题。一百万年前，人类开始从非洲进入亚洲和欧洲，一万年前，又从亚洲进入美洲和大洋洲，就是在走向世界。人类总要追求更美好的生活，总在梦想更美好的明天，总会走向更广阔的世界。而比起地理的世界来，思想的世界更加广阔。一百七十年前容闳去美国，在船上坐了一百零六天，我们今天去美国，时间缩短百倍；但能不能说，今天每个人的世界知识、世界眼光和世界观念，都比容闳进步了百倍呢?

《走向世界丛书》只不过提供了一个参考系，我们只不过做了一点初步的工作，仅此而已。

要从世界看中国*

（2018. 11）

□ 去年，历时三十馀年终于合璧的《走向世界丛书》一百种甫一出版，就获得第六届韩国坡州图书奖“特别奖”、第十二届书业年度评选“年度古籍类图书”等奖项。请您谈谈这部图书的编辑缘起。

○ 我向来喜欢看书，也喜欢用自己的脑袋思考。一九五七年后的二十多年，我被打入另册，蹲了监狱。坐牢时当然不会想到编书，但好在我还有书可读，也可以更为自由地思考中国的过去和未来。我所想的是：中国怎样才能改变，怎样才能改变成一个现代化的国家。一九七九年我的错案被平反，我得以到出版社工作。我想，让早期走向世界的人现身说法，对现代人定能产生不小的影响。一九八二年《走向世界丛书》的第一种《环游地球新录》就出版了，之后平均一个月出版一种。我原计划出一百种，出到三十几种时，因人事原因而中止。前几年，出版社决定重启项目，跟我签订合同，去年总算把一百种书出齐了。

* 原载二〇一八年十一月十一日《齐鲁晚报》，记者尧育飞。

□ 《走向世界丛书》英译名据说和杨宪益先生有关？

○ 《走向世界丛书》的英文译名不少，据我所知，印成白纸黑字的至少有三个，即：The Outer World in Chinese Eyes、Chinese Travellers Abroad 和 From East to West，杨宪益先生以为第三个译名较好，我也十分同意。《丛书》总序即已开宗明义："丛书专收一九一一年前国人亲历欧美和日本的记述。"因此这并非一般的国外游记，更不是从"天朝上国"前往"四裔蛮荒"猎艳搜奇的新《山海经》或《天方夜谭》，而是近代中国知识分子"向西方国家寻找真理"的实录。From East to West，就是从古代社会走向近世文明、走向变革和开放的现代化。

□ 上世纪八十年代，《走向世界丛书》曾风靡一时，具有启蒙意义。今天，中国的社会环境发生很大变化，"走向世界"是否已是一个陈旧的话题？

○ 中国走向世界的过程远未完结，《走向世界丛书》在今天还很有现实意义。从经济和技术层面上看，与外面的差距好像大大缩小，甚至还很强势，但在人文精神等方面，情形并不一样。

走向世界，主张传播西学，并不等同"全盘西化"，也并不过时。清朝光绪年间，围绕办洋务、设海防，大臣和言官们各抒所见，有充分的表达权。传统文化主流是保守的，但并非铁板一块，不是要"取其精华，弃其糟粕"吗？而传统文化哪些是精华，哪些是糟粕，正需要通过走向世界，在与世界其他文明的对照中显现出来。

另外，我还认为，当时走出去的人，在总体上来说，思想上总比较有追求一些，理想主义也更多一些。而现在“出洋”的人，有不少思想是十分肤浅的，他们不大注意比较研究东西方文化和制度的不同，多是考虑自己目前和今后的利益，并不忧国忧民，或有意无意地回避。

□ 您曾说《走向世界丛书》的众多作者中，水平最高、最具思想深度的是郭嵩焘。您为何对郭嵩焘情有独钟？

○ 郭嵩焘是湖南湘阴人，中国首任驻英公使。他原是一位传统士大夫，但头脑与时俱进，目光非常敏锐，《伦敦与巴黎日记》是丛书里最有思想深度的一本。郭嵩焘的思想远超同时代人。他第一个公开承认清朝的“政教”不如欧洲。比如，当时很多人批评外国人跳舞，男女搂抱不文明，郭嵩焘就敢说，据他观察，外国人跳舞是文明社交，男女互相彬彬有礼，比中国士大夫公开纳妾宿妓文明得多。

□ 但对现代人而言，郭嵩焘的知名度似乎远不如他的湖南同乡曾国藩和左宗棠等人，您怎么看？

○ 郭嵩焘的言论超越了他的时代，甚至今天也还没得到充分认识，他不被理解也很正常。在当时，郭嵩焘被骂为“汉奸”，遭到守旧士大夫的切齿痛恨。其所以如此，主要是因为郭氏从根本上否定清朝的政教，动摇了“中体西用”的根基。

郭嵩焘对世界的认识，特别是对西方文明的了解，高于咸同时期大多数谈洋务、办洋务的人，实际上为他身后蓬勃兴起的维新变法思潮开了先路。诚然，左宗棠的事功多于郭嵩焘，但郭嵩焘在思想史上的地位要比左宗棠高。从长远的历史眼光来看，评价一个人的历史地位，主要不是看他的事做得多还是做得少，而要看他的思想达到怎样的高度。

□ 郭嵩焘是否也有他的局限性？

○ 历史地看，时代总是在不断进步。《走向世界丛书》的作者们都有局限性，郭嵩焘也不例外。然而重要的是，走向世界这件事代表了正确的方向。不少人走向世界是被动的，是被派出去的。但是不管怎样，只要出去了，就会起作用。有思想自觉者如郭嵩焘，起的作用就更大了。他们代表了传统文化不断更新的方向，即人要现代化，思想也要现代化。从这点看，郭嵩焘是中国现代知识分子的先驱。

□ 清末民初以来，为什么有一批人能从传统的士大夫逐步转向现代知识分子，根源何在？

○ 传统士大夫要转变成现代意义上的知识分子，关键在于必须与陈旧的传统观念彻底决裂，要通过民主与科学的洗礼，脱胎换骨。熟读《离骚》可能成为感慨悲歌的名士，却无助于现代化观念的形成。现代化的观念就是民主和科学的观念。鲁迅著作的价值，正在于无情地鞭挞了专制和愚昧，深刻地批判了腐朽的传统观念。周作人的著作亦是如此，周氏兄弟正是从士大夫子弟成长为现代知识分子的典型。

研究十九世纪中国士大夫对西方文化的认识及其反应，可以看出他们受传统文化束缚的深重，看出他们要接受现代化观念和否定自己旧意识的艰难。自觉地放弃陈旧思想，接受新观念，这个过程十分复杂和曲折。直至今天，一些知识分子的血管里仍流着传统士大夫的血液。

□ 听说您很喜欢读《儒林外史》，这是否有助于您认识中国的读书人？

○ 我不过是一个普通的读书人，这一生不读书的时间很少，书是我生活中很重要的东西。年轻时我心里瞧不起以文墨谋生的人，以为文字虚空，被实际的力量控制和决定方向，随意性大。那时我更热爱自然科学。我不想此生以文字为职业，却不料一生沉浮皆在此中。《儒林外史》是一面镜子，多读一读，有助于认识自己。中国古代的读书人，多依附权力与权威，往往患有软骨病。现代的知识分子，应当心境自由，凭自己的本事即知识吃饭，既要融入社会，又要保持独立人格，有较为宽广的精神世界。如闻一多《静夜》一诗所言："静夜！我不能，不能受你的贿赂。谁稀罕你这墙内尺方的和平！我的世界还有更辽阔的边境。"

□ 能谈谈您近期手头的工作吗？

○ 我现在老了，只想把从前编的书、写的文章整理整理。另外，我还想写自传，为自己一生作个交代，给同时代也许还有下一代的读者一个说明。

《念楼学短》及其他*

（2019.3）

写给四个外孙女儿读的

《念楼学短》原名《学其短》，一九八九年开始写给我的四个外孙女儿读的。

我早恋早婚，二十八岁已经是四个女儿的父亲了。后来这四个女儿又生了四个女儿，我一共有四个外孙女。

她们读高中的时候，我认为她们的作文都写得不够好。我觉得不论她们将来选择做什么，把文章写好对于事业总是有帮助的。写好文章的第一步，最好是学点古人的好文章，学其短。

我选了五百三十篇不超过一百个字的古文，文体尽可能多，编成了《念楼学短》。“学短”就是“学其短”，学习文言文用最简洁的字句说明想说明的事物和意思。

在我很小的时候，有一本书给我留下了深刻的印象，它用各种语文翻译《圣经》的同一句话。在各种语文中，中文的表达

* 原载二〇一九年三月二十四日《一条》，记者倪楚娇。

是最短的，文言文最短。

学古文就要“学其短”

我认为中国古文一个最大的长处，就是它的表现力强，它能够简短。作文的第一要素就是要简单、明了，要“学其短”。

刘邦入关“约法三章”，只有“杀人者死；伤人及盗抵罪；馀悉除去秦法，吏民皆安堵如故”。三句话就讲完了，没有讲很多大道理。

这西汉开国第一篇大文章，加上前言后语亦不过九十七个字，却充分体现了很高的政治水平和政策思想。

“陌上花开”和“树犹如此”

钱武肃王写给夫人的信：“陌上花开，可缓缓归矣。”只有九个字，一样有抒情，有背景。他不是干巴巴地说“你回来”，却先讲“陌上花开”。

“回来”与“陌上花开”没有必然的关系，他讲的是春光大好，提醒夫人不要辜负大好芳时。明明心情迫切，第二句“缓缓归矣”却欲擒故纵，含蓄委婉，用的是商量的口气。钱大王不是文人，原来是一个私盐贩子，恰逢残唐乱世，便拿起刀枪，凭自己本事，成了称霸一方的吴越国王。这封信看得出来他是很爱夫人，很尊重她的。

后来苏东坡以“陌上花”为题作诗，钱大王这几句话，就化为歌诗，流传千古了。

南北朝时的大军阀桓温也有两句："树(木)犹如此，人何以堪。"很抒情。他老来重见昔年所栽柳树，感慨连树都老了，更何况人呢？这些话流露出人生无常的感伤，我们再怎么讲，也讲不了那么短那么好。

人性的永恒和伟大

这些都是文化遗产，是很好的东西。我喜欢读这些文章，其实并无兴趣搞什么古文今译，只是将自己对这些文章的读法和感觉照样地写出来，让我的外孙女就按照我那样去读它。

好比《论语》里面的一句话："子在川上曰，逝者如斯夫，不舍昼夜。"我是这么读的："孔子站在河岸上，眼望着奔流不断的河水，不禁感叹道：'要过去的，就这样一去不回头地过去了，没日没夜的啊！'"

这样读，还没把我要讲的话讲完，所以又加上几句"念楼曰"："我以为孔子是一位仁人，也可以称之为智者……'逝者如斯'这句话流露出的无常之感，普通人触景生情时总也有过，读到它便会想到，原来两千五百年前的老夫子也有同我们一样的感受和情思，从而觉悟到人性的永恒和伟大。"

百岁老人杨绛作序

《念楼学短》这本书有杨绛写的序。她在序里面谈到，她已是“年近百岁的老人，老人腕弱”，很难动笔写作了。

我说钱先生为我的《走向世界》写过一个序，你也为我写一个，让“双序珠玉交辉”吧。她被这句话打动了，终于还是给我写了。

钱杨两先生都给我写过很多信，两个人加起来有一百好几十封，谈学论文，很有价值，又是好文章，但愿将来能公开发表，作为对两先生的纪念。

父母和家庭

我出生在民国二十年，就是一九三一年。我的家庭是一个知识分子家庭，父亲是一个读书人。

我的父亲锺昌言，生于清光绪四年，曾经应科举考试成为一名“佾生”，又是清末开办新式学堂最早的学生。当时梁启超他们在湖南搞革新，开办了一个学堂叫“时务学堂”，他是学堂的一名“外课生”（不寄宿的学生）。

后来，父亲进高等学堂学了数学，毕业后教数学，五十多岁才生了我，我是他最小的儿子。

我小时候很调皮，我的母亲比我父亲小二十多岁，她更喜欢我的哥哥姐姐，不很喜欢我，因为他们比我听话。

我看书很早，很小就看图画书、故事书。因为我在家族的辈分很高，没有什么玩伴。平日的生活，就是看书。

战火纷飞的童年

一九三七年我七岁，要进小学了，那一年正好抗日战争爆发，父母就把我送回了平江县老家，原以为那里是乡村，比长沙市内能安全一点。

没想到日本人是从湖北侵入湖南的。平江老家就在岳阳到长沙的大路旁边，所以几次湘北会战，日本军队南侵的时候，我们就要往路两边的大山里面躲，等日本人走掉了再回来，老家的一部分房子也是在第二次湘北会战中被烧掉了。战时生活是不安定的，但当时我还小，反而觉得有变动比平静时还有趣一点。

所以我小学几乎就没念，只念了一年。我初中也是一边逃难一边念的，甚至逃到湘赣边境的深山里去了。抗战胜利时念三年一期，后来就去长沙念高中了。

我的学业成绩还可以，尤其是语文、地理、历史。到长沙后大量接触了新的书本，有了新的知识才有了新的思想。

初中时我就读完了能找到的所有的中国旧小说，高中两年中又读完可能得到的所有的翻译小说，看书我看得非常快。

但我从来没想过自己以后会做文字工作。一九四九年长沙解放时我还不满十八岁，偶然地报考了“新闻干部训练班”，还没发榜，便被报社选去当记者了。

中断工作二十二年

一九四九年八月进报社，我开始做见习记者，两个月后改当编辑，还是比较顺利的。但在一九五七年，我就被开除出报社，和老婆朱纯一起没有了工作。以前，两个人工资都不低，我是九十多元一个月，她是八十多元。但两个人没什么积蓄，都花光了。

没有了工作，又正好赶上“三年自然灾害”，但我也并不很害怕。我有手有脚，老百姓怎么活，我就能怎么活。开始推板车，养不活自己，便去刻钢版、搞油印，后来又学会了制图，学会了做模型。

日子当然是苦的，四个女儿养不活。祖母带去一个，外婆带去一个，大姨妈带去一个，还有一个送到了国办的孤儿院去了(朱纯是孤儿院长大的)。慢慢在长沙，我们两个人，总算站住了脚。

我和朱纯就是这么讲的，我们饭还是要吃的，书还是要读的，要我们死我们是不得死的。没有钱买书了，找图书馆可以借，旧书店或者地摊上的低价书有时也能买一点。

后来，一九七〇年我又因攻击“文化大革命”被判刑十年，关进了洣江茶场劳改。

中断了工作二十二年，但是读书却并没有停止。在劳改队里是我读书最多的时候，通读了“二十四史”和《资治通鉴》，还很有时间可以用脑子想问题，进行思考。

一九七九年我出狱，不想回报社，经朱正介绍进了出版社，就开始编《走向世界丛书》。

林鍼·罗森·张德彝

我做出版的时间，十来年吧，主要做了三件事，一件是《走向世界丛书》，一件是使新编《曾国藩全集》列入国家规划并组织实施，一件是校订汇编印行周作人的著作。

《走向世界丛书》把一九一一年以前中国人走向西方的记述，重要的都收录了起来。这些书不单是一般的国外游记，更不是古代文人去“绝域殊方”猎奇探秘，而是毛泽东所说近代中国人“向西方寻找真理”的实录。

为了编这套书，我前后浏览过两百多种原作，最后选出了这一百种，有几十个作者。我不太计较他们的文笔，也无所谓他们对西方的态度，但必须是亲见亲闻、写亲身感受的。林鍼的《西海纪游草》，罗森的《日本游记》，张德彝的《航海述奇》，便分别是第一本记述自己初往美、日、欧经历的书，也可以说都是“破天荒”的书。

第一次实证了“地形如球”

丛书单行本印出的第一种《环游地球新录》，是一九八〇年八月出版的，之后平均一个月出一种。那个时候没电脑，需要先找人抄成简体字，再交工厂用铅字排印。抄、排都需要校对，有时错误还不多，有时就错误百出。我在校对的同时标点分段，做编辑加工。我还要给每本书写平均一两万字的前言，因为原文都是文言文，很多人读不懂。

一开始没有人看好这些书，觉得都是一百多年前的人写的东西，有什么意思？确实，这些书拆开一本一本看，有些文字并不出色，言论也不精彩，但作为一个整体来看，便能看出清末士大夫也就是精英阶层对“西潮”也就是现代化潮流的反应，这就有它独特的价值了。

我编林鍼、罗森这些人的书，不是因为他们每个人都有很先进的思想。《环游地球新录》的作者李圭，一八七六年(光绪二年)出国时他还不怎么相信“地形如球”，但当他去参加费城世界博览会后归国，亲历了“自上海东行，行尽而仍回上海，水陆共八万二千三百五十一里，不向西行半步”之后，终于打破了对“地形如球”的怀疑。

从李圭的书中，人们不仅看到了一八七六年的世博会，看到了光绪二年世博会上的中国馆，还能看出中国人走向世界是起步比较晚的，也比较难。

中国的问题就是走向世界的问题

古时农耕社会生产力低下，人很难出外作长途旅行，“行百里者宿舂粮，行千里者三月聚粮”。脸朝黄土背朝天的农民，不能够离开自家一亩三分地。

外国古时也是如此，但是它先发展起来了。它们的海岸线长，比较早地发展起来了航海技术，比较早地走向了外部世界。在没有走向世界以前，欧洲人比中国落后得多，比阿拉伯人落后得多，文学、医药、技术各方面都是如此。

但是在走向世界这件事上，我们比西方迟了一两千年。

中国是一个古老的国家。别的文明古国，它们的传统都中断了。现在的埃及人是阿拉伯人了，古埃及文字已经死掉了。现在的印度也不用梵文了。只有我们中国，我们用的还是三千年前的文字——汉字。

这就说明我们的文明是独特的，我们本身的保守能力是最强的。只有有家业的人才会保守，但是它很不容易更新的，因为它已经够好了，没必要重新洗牌。

人类文明史就是走向世界的历史

康有为、梁启超他们那时候就谈了这个问题。我们这个国家体量太大，惯性太强，很难改变原来的轨道。《走向世界丛书》的诸多作者，水平最高的是郭嵩焘，他认为根本的问题是政教的问题，文化的问题，不是造兵舰的问题。

同样在东亚，日本很快现代化了，因为日本从来都是接受外来文化的。它原来接受中国文明，全盘唐化，却并没有变成唐人。到明朝的时候，他就打朝鲜，就跟中国争夺势力范围。日本后来又全盘西化，从天皇起就穿西装，吃西餐，也并没有变成西人，没有变成德法英美的殖民地。反而它还打俄国、打德国、打美国、打英国，都是它先动手的。这就可以证明：学别人并不会变成别人的殖民地。

我认为中国的问题，就是走向世界的问题。整个世界由中世纪进入现代的历史，也就是一部走向世界的历史。全人类都是非洲一个女性的子孙，子孙们不走出非洲，不走向世界，也没有我们这些人。哥伦布也是走向世界，才发现美洲，才进入现代。

人类的进步史，世界的进步史，就是从划分为地区的历史，进入到全球文明的历史。出版《走向世界丛书》，也是这个伟大进程的一小部分，一粒沙，一滴水。

钱锺书唯一的一次主动作序

《走向世界丛书》出版后反响很大，一般读者读原作是读不懂的，也不会去读，总共也只印几千、万把册。但是真正有水平的人，关心中国进步的人，他会注意这些书，评价也是这一部分读者的评价。

对于普通读者而言，起作用的，是我写的叙论，这些叙论最初叫前言，几千字一篇，单独成书，名叫《千秋鉴借吾妻镜》。后来丛书改版，前言扩充为叙论，一两万字一篇，又印了一本书，叫《从东方到西方》。钱锺书认为出这些书有意义，他愿意来“共襄大业”，用了这个措辞，还给我提出了好几条中肯的意见。给我的书写序也是他主动写的，杨绛后来告诉我，这是他唯一的一次主动为人作序。

做成一两件自己想做的事

曾国藩的书，过去叫《曾文正公全集》，流传广，影响大，但在新中国便被禁绝了，阅读它提到它都会遭批判，更别说重新出版了。因为范文澜写了一本书，“汉奸刽子手曾国藩”就是定论了。岳麓书社开始出《曾国藩家书》,《湖南日报》上就发长篇批评文章：标题“如此家书有何益?”这当然是很大的压力。我和书社同人顶住了这压力。是我在北京的会议上，拿出材料，据理力争，争取到李一氓表态支持，才将“新编曾国藩全集”列入国家规划的。换由邓云生(唐浩明)来当责任编辑，也是我作决定，找他谈话的。

在建国后第一次用周作人的名字公开出版他的著作，遇到的压力就更大了。很多有影响的文人如臧克家也发表文章，反对出周作人的书。但我认为，人归人，文归文，这是两码事。在“五四”新文化新文学理论的建设上，周作人的贡献大于鲁迅，几篇重要的文章《人的文学》《文学研究会成立宣言》，都是周作人写的。

出版社和出版局的领导也怕出周作人的书。他们最怕的是怕影响自己头上的乌纱帽，可怜这只是很小很小一顶乌纱帽啊！为了打消他的顾虑，我就说，周作人最被大家接受的文字，最没有问题的文字，就是他谈书的文字，所以最初我就编了一部《知堂书话》，这是建国后第一本署名周作人的新书。

我也不是非要出别人不敢出的书，不是非要做第一个吃螃蟹的人。但这螃蟹的味道确实好，别人不吃，我为何不吃呢？别人不吃，或者是因为别人比较聪明，或者是别人比较明哲保身的缘故吧！

我认为，一个人既然从事了这个职业，一生中总就要做成一两件自己想做的事，应该做的事，不然生活有什么意义呢？

有这个打算——写我的故事

我很少出门旅行，我晕车。我很少到上海，北京到现在为止也只去过四次。三次是开会，指定要去，不能由别人代表；一次是去北戴河度假，可以带家属，朱纯很想去，我不得不陪她。我不是一个内向的人，不拒绝跟外界交流，但我是一个很害怕旅行的人，我也没有时间旅行。

我读书不多。搞《走向世界丛书》也好，搞周作人也好，搞曾国藩也好，都得临时抱佛脚，都得要看书。我也愿意读书，现在还在不断读书。

如果我的生命允许，我还想写一本书，就叫《我的故事》，一个一个故事地写。不管我的生命何时结束，写出来了就可以发表，一边写一边发表，同时又随时可以中断，人一死就中断了。讲五个故事也可以，讲五十个五百个故事也可以，就看还活得多久吧。

编辑这个职业*

（2019. 3）

□ 您说过您在《走向世界丛书》的作者中，最欣赏的人是郭嵩焘。您评价他是“孤独的先行者”，是不是您在他的人生和思想上找到了一些共鸣？

○ 是的，郭嵩焘的思想在我的思想上引起了共鸣。我很尊敬郭嵩焘，当然不是说他一切都好。他与晚清走出国门看世界的大部分人一样，都是旧式士大夫；但是他的思想，他表述自己思想的勇气，是我很佩服的。

《走向世界丛书》的许多作者，虽然和郭嵩焘不能并驾齐驱，但至少是属于同一类型的人。比如容闳，他是一个现代知识分子，他受的完全是外国教育，他后来做的事，比如向曾国藩建议设江南制造局，向清廷建议派幼童留学这些事，影响甚至超过了郭嵩焘。再比如说黄遵宪、黎庶昌，他们的文章都写得不错，思想也是接近郭嵩焘的。但这些人和郭嵩焘比还是有差距。

* 原载二〇一九年三月《博览群书》月刊，原题“听锺叔河说”，记者李缅燕。

□ 在这一百种书里，张德彝的八部“述奇”很占比重。很显然，无论从文学造诣、思想深度还是外交影响上，张德彝都远不及郭嵩焘，您认为张德彝作品的价值体现在哪里呢？

○ 我原来说过，我们不是只收我们认为先进的人，我们是广泛地收集当时中国人走向世界的实录。但是有一条，作者必须是亲见亲闻，写的是自己直接观察的所得；没有到外国去，坐在中国写的书不收。比如魏源的《海国图志》，我们没有收入这里面，并不是说它没有价值，而是因为魏源他没有出去，《海国图志》只是他根据外国人的资料编的。至于思想倾向，开放如郭嵩焘，保守如刘锡鸿，他们的作品我们统统都收了。张德彝的作品当然也是值得收的，他写的书观察得很细致，记录得很详尽。外国人吃饭，第一道吃什么菜，第二道吃什么菜，菜目一道道都记下来了。外国小朋友做游戏时唱歌，他把他们唱的歌用汉语一句一句翻译出来了。当时生活中司空见惯的事物，外国人自己不一定会记，正如我们不会刻意去记录自己的日常生活一样。但是本国人不会记的，作为外国人的张德彝看到了，他感到新鲜就记录了下来。现在的外国人，说不定连他们自己都不知道以前餐桌上的这些讲究，说不定也从来没有听到过这首儿歌，那么这些记录，其实是有社会史价值和文化史价值的，同时还有中西交流史的价值。

□ 您三十年前做丛书初编，那时候的编辑工作和我们现在做丛书续编有什么不同吗？

○　没有什么实质上的不同。只是那时候有的书是刻本，有的书是手稿，都繁体直行的，就要请人把书稿用简体字抄出来，再发到工厂去排。手抄难免有错，校审量当然大。工厂那时候还是用的铅排，没有电脑。现在技术发展了，编辑都用电脑，书稿的排版也用的排版软件，比过去是方便很多了。但是编辑这个工作总还是万变不离其宗，那就是要对书稿负责，对读者负责，尽量把工作做到细致，少出差错。对于经手的稿子，有怀疑的地方，就要去查清楚。不要因为作者的水平高，就不去审核，要知道水平再高的人也有出错的时候，所以还是不能不审核的。

□　对书稿负责，对读者负责，这是一个编辑应有的职业精神，很惭愧我现在还做得不够好，很多工作也不能做到很细致，要向您学习，对经手的书稿认真审核，尽可能地减少图书中的差错。

○　我还向你提一个要求，只有职业精神还是不够的，作为一个好的编辑，要对这个工作有热情、有激情。我为什么要选择这个职业？因为我喜欢出书，我想出书，我才来做这个事。想出书，就要想方设法把书出版，而且一定要把它出好。这就需要有热情、有激情。

关于《念楼随笔》*

（2019.4）

□ 《念楼随笔》是您亲自编选的散文集，选这些文章的标准是什么？

○ 选的是我自己比较喜欢，或是对于我自己有一点纪念意义的文字。

□ 大家谈起您，首先会想到您的出版人身份，您编的《走向世界丛书》、周作人的集子，其实您还写了很多文章，如果要对现在的年轻人介绍这本书，介绍您的散文，您会怎么说？

○ 我写得很少，也写得不好。但我写的都是自己所知、所思和所感，都是我自己的话，绝不人云亦云，这是唯一可以告慰读者的。

□ 您以前说过，从没想过要以文字为职业，一直想学考古或植物学，为什么？后来为何又跟文字打交道了？

* 原载二〇一九年四月十九日《钱江晚报》，记者马黎。

○ 一九四九年入新干班出于偶然，一九七九年“改正”后亦曾想改行去当机械工程师而未果，离休离在文字行中，这就“他生未卜此生休”了。

□ 《走向世界丛书》影响了一代读者，不少人花高价找来旧版珍藏。如今回头再看，这套书对您的意义是什么？放到现在来看，这套书的价值又在哪里？

○ 北京奥运会的口号，“One World, One Dream”，这也就是编印《走向世界丛书》的志向和目的。我很高兴，自己也能够为实现此目的做些努力。

□ 您多次谈及，最想出版的三套书是《走向世界丛书》和《现代中国人看世界》《外国人眼中的中国》，为什么？

○ 从中世纪到现代的历史，便是从划分为地区的世界进化为全球文明世界的历史。中国是世界的一部分，从传统的中国进化为现代的中国，经历的变化是广泛而深刻的，这三套书如果能够真实反映这一丰富多彩的过程，自然具有历史的和现实的意义。

□ 您非常喜欢周作人的文章，为什么？能否聊聊您跟他的交往？如今，您对他的认识，和过去相比有变化吗？或是有新的理解吗？

○ 我一直很喜欢周作人的文章，不仅仅因为它的风格和美，而是因为它最深刻地揭露批判了宗法专制文化的病毒，启蒙了现代科学和人本主义的文明。七十年来，认识只有深化，没有变化。

□ 您在湖南日报当过记者，作为您的小同行，很想知道您当记者的日子，能不能说说那时候您跑了哪些新闻？

○ 在报社九年，两年记者，五年编辑，一年总编室秘书，一年右派。记者采访值得说一说的，只有一次采访老农孔十爹（福生），通讯发表在《长江文艺》上了；还有一次写常德人坐茶馆和手工业者的日常生活，成了“抵制中心报道”的典型。那时的地方报纸，好像完全没有“跑新闻”的概念。我的右派言论之一，便是说“如今的报纸根本不是 newspaper，不是新闻纸，因为完全没有 news，没有新闻了。”

□ 八十年代，您有很多创新的出版理念，影响了出版界和文化界，对于现在的图书出版，您怎么看？

○ 我没有提出过什么“创议”和“理念”。我这个人在理论上是很弱的，不善于“务虚”。后来者居上，现在做出版的年青人，很多都比我能力强，出版的好书也不少。如果说出版的现状还不够令人满意，也不能怪他们吧。

□ 您获得的是年度致敬奖，您与书和文字打了一辈子交道，阅读对于您来说，是什么？

○ 阅读从来是我的生活。

□ 您最近在读哪些书?

○ 我刚读完“上海浦睿”做的《耶路撒冷三千年》，正在读“后浪”公司做的《世界历史上的蒙古征服》。

□ 您会上网或者用手机阅读吗? 如今我们处于一个新媒体时代，阅读变得越来越碎片化，您怎么看?

○ 我是严重的青光眼患者，医生不许我看电脑屏幕和手机视频，只能“传统阅读”。我认为，阅读的载体和方式再变，阅读的本质和意义不会变。惠施“其书五车”，如今一个U盘一张光碟装满了还有多；但今人亦未必比惠施更能读懂庄子，关键还在于能不能读、会不会读。

两年中的五次闲聊*

（2019. 11）

第一次闲聊

□　《走向世界丛书》那么多书，原来是怎么知道的？

○　有些书是我十多岁时在家里就看过的。最早看的是容闳的《西学东渐记》，它在抗战前就收入了商务印书馆的《万有文库》，不是一本难得的书，但是前人好像也没有很充分地评价过它。康有为、梁启超的书，家里都有，还有黄遵宪、黎庶昌的书。黎庶昌是曾门四子之一，曾国藩的幕僚里面有几个会写文章的人，他算一个，遵义人。遵义在贵州，贵州很偏僻，但清末出了好几个有名的学者文人，黎庶昌就是其中一个，还有郑珍、莫友芝，所谓“遵义三杰”。郑珍是著名的经学家，莫友芝是著名的文献学家，黎庶昌就是一个文人，入了曾国藩的幕府。幕府中人并非朝廷命官，和首长是主宾关系。但只要做

*　记者彭小莲、汪剑，收入香港中文大学出版社二〇一九年十一月出版《编辑锺叔河》一书，有删改。

得好，跟的人跟对，很快便能当官，当大官。李鸿章开始也是曾国藩幕府的人才。黎庶昌后来当了外交官，到国外去，就写了《西洋杂志》，写西班牙和法国，写自己在那里的见闻，文章写得是蛮好的。这些书，家里都有一些，自己当时看不很懂，但是知道了有这样一些书。我父亲是教数学的，他有些朋友和同学是国民党早期的党员，即所谓“民党”，辛亥革命后有了地位，使得我父亲也成了国民党的“民主人士”，家里于是有了一些书。其实，后来湖南人都不当权了。自从宋教仁被杀了以后，湖南人在国民党里面就不当权了。宋教仁原来在国民党里最有话语权，孙中山是名义上的领袖，做组织工作的是宋教仁。宋教仁死了就是陈其美，蒋介石是陈其美提拔出来的，陈立夫、陈果夫是陈其美的侄儿，就是浙江人当权了。旧中国的政党是旧中国社会的缩影，是很重视地方关系，讲山头、讲派系的。

□ 派系也就是帮派。

○ 中国的传统社会里，有三种力量是很大的，一种是地方关系，一种是宗族关系，另外一个是科第关系，即所谓“同年”。不是说我和你都是一九三一年生的，就叫“同年”；而是我们都在一九三一年中的进士，这叫“同年”。都在一九三一年中的举人，也是“同年”，此种“同年”是一辈子的关系。

后来湖南人不当权了，但是周震麟、覃振、仇鳌他们毕竟是老党员、老官僚，还是有一点影响，父亲也沾了点光。我看书看得比较早，先看不大懂，看得多就懂了。有人说学外文多看就懂，我觉得这是至理名言。文言文我就是自己看懂的，看不懂还会有兴趣往下看吗？那时没有什么游戏娱乐活动，又不准走出大门去跟外面的孩子玩。尤其是抗战到乡下去了，老家很少有同龄同辈分的孩子可以玩，只能拿着书看。这里面就包括了康有为、梁启超他们的书，也包括他们“走向世界”的书。这些书原来看了也没有什么触动，小孩子读书是没有目的的，更没有功利的目的。你说读这个书对我有什么用啊，做编辑？做学问？没有，就是以读书打发日子。

其实严格来说我的父亲还不算现代知识分子，他是一个过渡性的人。还没有成为士大夫，他的时候就过去了。他是一个老式的读书人，介乎新旧之间的这一代人。他比鲁迅大三岁，是鲁迅和周作人那一代的人。鲁迅和周作人也应过科举，但他们完成了从旧士人到新知识分子的转变。我的父亲没有完成这个转变，但他还是比较开明的。对于我而言，父亲最大的好处是允许我读书，不干涉我读书，这是我很感激他的一个事情。

我接触了这些书，当然也会接触新的人写外国的书，比如说朱自清的《欧游杂记》和《伦敦杂记》。介乎新旧之间的还有一个女作家是吕碧城，她也写过《欧美漫游录》。她是一个很怪的女人，写旧诗词，把自己定位为李清照那样的人，生活却很欧化，文笔也漂亮，很有文学性。我大量地看了这些人的作品。每个人都有自己的文学时期，或长或短。我的文学时期很短，参加工作以后，文学时期就结束了。在这个短短的时期我看了大量的书，在平江没有出来时，旧小说基本上都看完了，包括《金瓶梅》。我很早就看《金瓶梅》，事实证明，看书并不会导致乱搞。一个未成年的孩子看《金瓶梅》，性的描写对他有没有刺激？有，但有也不会导致去搞女人，因为总还是个有教养、有约束的家庭中的孩子嘛。但平心而论，中国的旧小说所写的性是不适于青少年看的，因为它的性观念是错误的，不科学，也违反自然，包含了很多荒谬的东西，会影响这个人以后的观念和生活，如果不经过科学的洗礼。

□ 为什么说传统的性观念是错误的？

○ 这是一个专门问题，不是三言两语谈得清的。旧时中国人有一个很重要的观念，三纲五常，绝对男权的社会。它有两个很大的错误，一个是以男性为中心的宗法社会，后嗣非常重要，统治者、有产者最重要的是必须要有后代，要保证有大量的后代，怎么办？就一夫多妻。所以一夫多妻在中国不仅是习惯，而且是法定的。诸侯、大夫、士哪一级应该有多少个女人，规定得很详细，怎么样轮班陪睡都规定了的。君夫人"专夕"，一个人陪一晚，三个妃子共一晚，更低等级的女人则九九八十一天轮上一晚。广种薄收，国君哪怕做一年就短命死了，他也有后代，绝对的男权主义。另外一个最为错误荒谬的东西是原始的道教思想，即所谓"采阴补阳"。采补之说将两性关系看成是敌对的关系，是损彼益此的关系，有的书上写的就是"敌人"两个字。它总是无限夸大男性的性能力，怎么样怎么样能够征服女人，"黄帝御百女而成仙"，事实上当然不可能那样。反过来女人如果当了权，武则天当了皇帝，也将男人当工具当药物使用。武则天确实像男皇帝那样对待异性，对张昌宗、张易之兄弟，对薛怀义、沈南璆等人，就是完全将他们用来泄欲或采补了。用道家的术语说，异性的肉体即所谓“鼎器”，炼丹药的鼎。把一个人看成是一个鼎，一个器具，这确实很荒谬、很变态了，对于两性都是摧残，是不利于健康的。这种观念深入人心，它有书有理论，既违反科学，又违反自然。

这个问题是一个专门的问题，我在这方面没有研究，但认为需要有学者去研究，要进行科学的启蒙，要把这些事情说清楚。为什么我讲周作人有先进性？因为他在这方面的观点是很科学的，他是从生物的分工来谈论这个问题的，女性担负了生育的功能，生育的功能是有周期的，所以性应该是以女性为本位，为主。原始社会是母系社会，这是后来的推论。谁也没有看见原始社会，原始社会没有录音也没有录像。说山顶洞人在洞里面，有巢氏在巢里面，是什么样的两性关系，只能凭猜测。但是我们可以从动物的生活去考察，作为人最接近的是类人猿，类人猿的性关系都是混乱的，是以雄性为中心的，就是猴王。猴王得不断与猴奋斗，谁斗赢了谁就占有全群的雌性，这里是没有终身制的。从猿到人，但是人毕竟是人，人脱离了动物。人脱离动物的标志是有道德自律，有精神世界，有精神追求。人脱离了动物世界，所以不能用我们的表兄弟，就是类人猿的生活来作为我们的判断和解释。

关于性学我没有很多发言权，现在已经有人研究性科学，像李银河他们，但是还差得很远，还没有很好地、科学地讲清这个问题。我认为这是一个大问题，不能回避的。社会学和人类学应该研究这个问题。我编过一本《周作人文类编》，有一卷《人与虫》是谈草木虫鱼的，还有一本《上下身》就是谈两性问题、儿童问题、妇女问题的。周作人其实不单纯是一个文学工作者，他没有写很多纯文学作品，我给他定位是一个文化学者，是一个思想者。他的训练也不是文学的，他在中国是海军学校毕业的，南京水师的，派去日本是学土木工程，他没有学，去学希腊文了。海军学的是技术，得接受现代科学的训练，这是他的一个优势。他不像鲁迅，鲁迅学路矿，书没有读完就走了。周作人在南京水师是毕了业的，因为近视眼，不能上兵舰，派去学土木，回来筑炮台，也是技术工作。所以周作人既能以科学的态度，又能从人文的角度来观察研究。周作人著作有他进步的意义，到现在也没有过时。他的文学观、他的社会观，都有很多可取的地方。当然我不是说他一切方面都好，我不崇拜他，我不崇拜任何人，我不可能成为宗教徒。我可以崇敬一个人，但是我不会崇拜任何一个人，我认为崇拜就有宗教的因素在里面了，我不敬神，不信神。我认为我是一个人，我们人作为一个物种来讲还不够完善，还远远没有达到完善的程度。

我其实并没有读很多书，家里也没有那么多书，看小说大部分也是借来的。那些旧小说过去农村里面还是流通的，过去农村里面还是有文化的，这种文化当然集中在地主之家。后来把地主阶级打倒了，农村的文化（当然是旧文化）也就被打倒了。

□ 为什么打倒了地主就没有文化了？

○ 书本都是在地主家里的，农民不识字他就不会看小说嘛！农民如果干得好，成了富裕中农、富农，他才会送儿子去读点书。自己有了田，要雇人帮他种田，他才需要理财，才有进出账目，才会想到要儿子去识几个字，儿子才有可能看一点唱本什么的，小说很可能还没有程度看。所以能够看书的，在乡村里面只有地主的子弟。地主成年以后，老了以后，他也要消遣，也要看书，这些书就都在这些人家里。中国的社会本来就是一个超稳定的结构，如果没有外力去推动它，照原样运作几百千把年没有问题。什么资本主义代替封建主义，什么最初是原始社会，后来是奴隶社会，后来是封建社会，再后来是资本主义社会，都是人造的公式，实际上不一定都是这样走的。郭沫若说周朝就不是奴隶社会了，但清朝《红楼梦》里还有奴隶，晴雯就是家生子，晴雯的嫂子他们都是贾府的家奴，花袭人也是家奴，但她是买来的，可以赎回去的，是半自由的，赎回去可以谈婚论嫁的。晴雯就不是，是家生子，是奴隶。清朝乾隆年间还有奴隶。大清律规定奴奸主妇斩立决，主奸奴妻罚款了事。怎么说呢？社会发展不会是按照书本上的公式进行的，小说里的话语不拿到那个语境中去说是说不明白的，中国的事情不是那么简单的。我很老式，我既不会录音，也不会录像，手机短信都不会看。我家阿姨用的是先进的手机，她的手机比我的先进，我是一个老年手机，但能说她的思想比我先进吗？我认为不能光用技术普及的程度来评定社会发展的程度，我们现在的人文科学水平还差得相当远。

第二次闲聊

□ 对于很多历史问题，我们一直搞不清楚，似乎我们要在一种既定的概念里读历史。锺先生你告诉我们你所了解的，于是我们“既定”的东西在动摇。

○ 我从来不认为自己是搞学问的人，不认为自己很懂历史。说话一定要有分寸，只能说我没有什么学问。十八岁时，那可真的是双手捧着一颗红心参加革命的，绝不是异类，不是要跟共产党对着干的。那时算不上什么知识分子，那时候的知识分子(起码要大学毕业吧)是要被改造的，我们进报社是参加革命，就是去改造知识分子的，我怎么可能是有学问的知识分子呢？报社里天天都要学习，就是看那些洗脑的书，都是认认真真地看啊。但下班以后回家以后也还是喜欢看书，那就各种书都看了。胡风的书也看过一点，《时间开始了》嘛，左得很嘛。所以后来说胡风是反革命，我就困惑了。这不是什么有水平的判断，根本与学问无关，只是一种直觉。

我的职业是编辑，编辑在社会上从来没有很高的地位。说老实话，一般编辑的水平还是低的。作为一个编辑，应该要掌握基础的百科常识，否则就会做不好。过去的报人，过去的编辑，有的是很厉害的。民国还是比较有文化的年代。国民党的统治非常糟糕，是对文化的破坏，但是他管不了那么多。三十年代他管的也就是东南几省，东北的张家天下归了日本人，他哪里管得到？山西、广西、云南，都管不了。国民党的专政非常差劲，效率非常低下，否则我们不会那么热情拥护共产党。那时的文学者、文化学者中，周作人的水平最高，别人比周作人差得远。他虽然很少发表专门论文，但是大量的随笔看得出他对很多文化问题有研究。比如说神话学，就他谈得到点子上，使我很服他。别人很少有这样的论述，虽然堆满了一些术语和名词。

□　你觉得他神话学谈到点子上，他是怎么说的？

○　神话是什么东西？我们中国也有神话，但是中国人的神话是很幼稚的。所有民族的神话都从开天辟地讲起，而中国盘古的故事很晚才有，先秦没有。《楚辞》里面《招魂》《天问》有神话的内容，至少屈原有这样的宇宙观世界观，他有这样的想象。但屈原写的是不是当时的俗信，是不是民间原有的故事和传说呢？很难说。可能这只是屈原的创作，是个人的创作。如果是先民的神话，别的典籍里面也应该会有。倒是尧和舜、禹开九河、鲧治水，可能有传说的基础。

□　女娲补天呢？

○　汉民族是一个农耕民族，农耕民族是很现实的，它不像希腊。希腊靠海，靠海很早就会有通商，很早有航海和渔业。渔民的生活和农民的生活不同，农民必须守住自己的一亩三分地，他离开家不可能超过两三天，他走两三天，庄稼就死了。这种文化是很现实的。中国人的传说和神话也很现实，缺乏想象力，缺乏浪漫，所以中国没有希腊那样美的神话。希腊的神一样会恋爱，一样会私奔，一样会犯错误，他们的行为就是人的行为，但他们具有神力，这是原始人的想象。中国原始的神是什么呢？是自然物，是土地，粮食。所谓社稷，社神是土神，稷神是谷神，原来就是土地公公。这个地方的土地，是保佑这个地方的。这棵树成了精，那棵树也成了精，有这样的自然物崇拜。再就是祖先崇拜，祖先庇佑自己的子子孙孙。当然也还有财神菩萨、送子娘娘。想要生儿子，就去送子娘娘那里许愿，许愿说如果我来年生了一个儿子，我就来跟你送一床神帐，在神像下许愿，那很便宜。如果再虔诚一点，我出钱给你把身上贴一层金，再造金身、重修庙宇是最大的还愿。但如果你没有兑现，我也就不会兑现，实际上就是行贿受贿，而且是立合同的行贿受贿。中国人的敬神就是行贿，我送钱送东西给你，你给我办事。群众语言叫“许愿还愿”，互相都是要兑现承诺，兑现实际利益的，完全是一种功利行为。外国人的宗教有热忱，有献身，比如说人肉炸弹，中国是没有的，中国人没有这种狂热。人肉炸弹是要献身的，不是偷偷丢一颗炸弹就跑。没有这种宗教狂热，当然不是坏事，宗教狂热多了怎么办？宗教和信仰每个民族都是不同的，我们是宗法社会和农耕社会，游牧民族就不会相同，两性关系也不会相同。我们的文化是宗族的、地方的、邻里亲戚的关系。我一辈子住这个地方不会动，所以我的女儿嫁给谁，我的媳妇讨谁，都是注定了的。有五服的关系，分亲疏，中国的社会伦理就是这样的。我们中国的神话是薄弱的，是后来的人想象的或编造的，我们构成不起一个完整的神话体系。“后浪”公司印了袁珂的《神话学》，那是很幼稚的东西。不是说我看人不起，事实上我去搞还搞不出来，并不是看轻他。我们没有搞那个东西的资源，没有系统的神话，也没有神话学。

□ 中国的神话和民间文学，还是形而下的；但是希腊神话，到了像“西西弗的神话”里面，它已经是有哲学思辨内涵的东西了。

○ 周作人对神话里的一些问题有论述，他的论述我能接受。他谈的态度很平和，我能够接受。他最难得的态度就是诚实，哪个好就好，哪个不好就不好。比如，他说日本民族最大的优点就是爱美，所以外国人叫日本“小希腊”，因为希腊人也是爱美的民族。他又说，希腊人的神和罗马的不同，罗马的神很恐怖，希腊的神就是人，他们也有人的弱点，那些神都是很有趣的，只是他有神力，有神通，能做人所不能做的事，可是又会犯错误。他也爱女人，也犯错误，也喝酒误事，也有婚姻以外的性关系，有私生子，他就是一个人。希腊人把自己的愿望投射到神身上了。而罗马人的神是一种神化的、超能的力量，使人恐惧。希腊神话里面也有使人恐怖的东西，但是它也很美。好比使人一看就会化成石头的女神。有一个女神，头发是许多条蛇，她很美，一看到她眼睛的人就会变成石头，但是也有办法克服她。希腊神话里也有很多恐怖的故事，还有什么人牛怪，一个女王跟公牛交配，生出了它，它要杀人，要人做祭品。一个英雄去杀死了它，因为神女能破解迷宫，给了他一个线团，循着线他就出来了。希腊神话都有一个好的结局，人最后还是战胜了怪物。

□ 周作人讲的神话学的观念是什么？

○ 他讲希腊神话，讲得很得要领。他翻译过一本《希腊的神与英雄》，英国劳斯写的，是一个好的文学读本，剪裁得很恰当。虽然许多故事没有展开谈，没有多谈，但是它剪裁得恰好，该讲的都讲到了。我觉得那是一个给像我这样“浅尝辄止”的人所看的本子。

□ 你觉得他谈的突出的要点是什么？他在神话学方面，对您启发特别大的是什么？

○ 对神话我没有专门研究，我对神话不是很感兴趣，我只有一点很初级的了解。但是周作人使我知道了神话是最古老的文学，所有的文学都是从神话里面来的。我看书的面也许比较广，但你再多问我几句话，我就答不上来了。反正我一点点关于神话的知识，就是周作人给我的，别人没有给我。比如他译的《希腊的神与英雄》，中国就没有这样的书。别人写的东西，我看得不知所云。因为写书的人知道的还不一定比我多，我怎么能够从他那里得到东西呢？周作人没有谈什么高深的理论，但他还是给我增加了知识。这一点是他和“左联”、和胡风那一班人最大的不同。胡风谈的尽是理论，尽是伊里奇、约瑟夫，我一看就头痛。

“左联”的那些人都是很激烈的，都是热血青年，都去搞新文学；但是讲老实话，“左联”的文学程度都比较浅薄。要我讲我就讲真话，我不因为你(指彭小莲)父亲是“左联”的作家，就讲客气。中国的整个新文学都是很浅薄的。日本起步接触西方并不比中国早，而且日本的旧文化完全是学中国的，它的文化、学问的源头都是汉学，但是它们新文学的成就不是中国新文学可以比的。我没资格去评论日本文学，从西方翻译日本文学作品的数量，就可以知道这一点。但是中国有几本书中翻英了呢？自己出钱请别人来译的是作不得数的。中国新文学真正搞出了些作品的是沈从文，他也是我们湖南人，他写了一些小说，但是我也不同意把他评价太高，他也只是一个无鸟之乡的蝙蝠。周作人自己的定位就是无鸟之乡的蝙蝠，这是很可怜的，没有成气候。因为中国的发展时间太短，旧士大夫的势力影响太重，两性观念等观点深入到骨血里面，不是几代人能够改变得了的。我自己认为我的思想很新了，但我身上的旧文化的烙印也是很深的，旧文人的毛病在我身上也是深重的。我没有可能站在一个高水平上来评论这些，好像我比别人都高明，那就错了。我没有这样定位自己，我不够格。我是把我自己放在里面一起谈的，我同样是受旧观念影响的，我就是这么走过来的。

不过我还是有勇气承认这一点。在某些方面，我也许比某些同辈好一点，但也只是一点点，并不很大。我的世界很小，不如朱正。抗战时，他在耒阳，耒阳是省政府所在地，读书的条件比平江好得多，他的父亲是省图书馆(汪注：据朱正先生自传《小书生大时代》，抗战时，朱先生的父亲在耒阳的国立中正医院任会计主任）的职员，他有机会看到比我多的书，他父亲好像是会计，管报销。我也是被批判的时候听讲的，朱正是职员家庭出身，他的家里是装电话的。抗战期间家里有一部电话，那肯定是高级职员。我不同，我是回到了乡下，到了平江，平江起义那个地方。长沙人笑话平江，是笑平江的口语，口音很不好懂。它虽然直接跟长沙搭界，但不属于长沙府，它的文化也不是长沙这条系统。因为那里的水是从江西发源，流过平江走汨罗，就是屈原自杀的汨罗江。有人讲平江有文化，是那条江有文化，这其实是胡扯，并不会因为屈原在里面自杀就提高了文化，它只是一个很偏僻的穷乡僻壤。但是穷乡僻壤里面也有读书人，也有书，也有识字的人，有些书也进去了。但在平江我估计不会有很多本，我因为想看书，我渴求书，就想方设法去借书。就跟有的犯人他要求偶一样，他就想方设法化装成女犯，想方设法混到女牢里面去。我倒没有想过，没有那个点子，也没有那个勇气。但是我想看书是真的，我也会想方设法去找到书看，即使在平江，即使后来在劳改队。你问我，说你在劳改队还看什么书。我在劳改队看了很多的书，还看了很多内部书籍，有专谈南斯拉夫的，世界知识出版社出版内部发行的《南斯拉夫资料汇编》，铁托在普拉的演说和在拉宾的演说，还有《第三帝国的兴亡》，都是在劳改队看的，吉拉斯的《新阶级》也是在劳改队看的，劳改队也有这样的书籍进去，没有去过劳改队的人不会晓得的。它也是一个社会，这样的社会里什么事情都有。里面判刑的有抗战期间的江洋大盗，在苏北入了伙的，他当时是一个小角色，在那里杀了人，杀的是一个伪乡长，后来他判刑只判了五年，因为他是历史上的犯罪。他告诉过我，那种杀人黑帮内部里面的切口，里面的章法。这些都是故事，我准备写的《我的故事》里面的故事。

□ 现在《走向世界丛书》快出齐一百本了，后来的六十几本，你就没有写叙论吧？

○ 我也写了几种。张德彝的都是我写的，《海录》那篇也是我写的。别人写的也不一定不好，他也是在介绍作品。有些作品确是有可读性的，比如说介绍赛金花在德国的《五述奇》，许多书都把她在德国那一段讲得怎么样，和瓦德西怎么样怎么样，其实全是子虚乌有。《五述奇》作者张德彝是使馆的随员，详细记载了赛金花的活动，每天他都记载了。赛金花不仅没有跟德国男性单独接触过，她跟使馆其他男性也是不接触的，住在楼上。连她过生日，大家怎么样去祝贺，送礼都是通过庶务也就是洪钧的副官在中间传话，没有一次单独接触过赛金花。赛金花生日他们送了礼，洪钧收了，摆了酒请他们，赛金花也没有出面。

□ 都是演绎出来的。

○ 瞎编出来的。所有别人写赛金花，都是瞎编的。张德彝则是和赛金花在驻德使馆里邻居了三年的，使馆毕竟很小，使馆里面也有几个人有家眷，有家眷的人就和洪钧他们住在楼上，没有家眷的单身汉就住在楼下，他们的伙食都是单独开的。三年中间，大概每年有几次看戏赛金花去了，他都详细记了。赛金花也出使馆拜过几次客，是洪钧带她到大使馆的外国雇员家里去应酬；那些外国夫人来玩，赛金花也接待过她们。正式的外事活动洪钧从没有带她去参加过，日本公使的夫人去了，中国使馆也没有人去。洪钧从没有把赛金花作为他的夫人介绍给外交界。

□ 说什么她穿的鞋子底下有一个洞，一面走路，一脚踩下去，里面的香粉就喷出来，都没有这个事？

○ 没有这个事。据说古时宫廷里面有人这样做过，但是也不是清宫的事，清朝宫廷里面有的设备非常豪华，排场很大，但是清朝内廷里面是管得相当严格的，不是那么奢靡的。古代的宫廷里面，男女之防也是很看重的，越到后来越严重。中国是一个男权社会，从古来说如此，但男人在性事上一直很自由的。社会上说是说男女之大防，但在平民之中，桑间濮上，防是防，搞还是搞的。严格的防范隔绝，是南宋以后才有的事情，是理学家搞出来的。周作人讲得对，就是国家政治越不行，国家越弱，男女之防就越严。

□ 你看“文革”那时候就不得了啦，在历史上，男女问题只有皇帝可以胡作非为。

○ 也不一定。“文革”的时候社会上很乱，男女问题也很乱。社会上的生活，和读书人家庭里的生活，机关内部的生活，又是不同的生活。彭小莲你虽然受到打击，父母都挨了整，但是生活环境还是大院里的那个环境。你是大院里出来的，就像我是读书人家出来的一样。我变成右派，我到街上拖板车，但是我的生活还是和贫民不同的。我和朱纯就是完全没有工作了，别人一看还是知道你们原来是干部。你不要以为你很平民，你不要这样认为。

□ 我身上没有大院子弟的气息。

○ 你是后来有了自己的观点，你认识上有了变化，不是生活上得来的变化。看得出来，你这个人是从大院里面出来的人，就是走出来的人。我原来也不是平民世界中的人，但是我比你了解平民。在劳改队里面，我跟扒手是挨着睡的。我当然不是扒手，他们的生活我没有，思维方式我不是他们那样的，我还是一个读书人。法国的小市民即使穷了，和工人还是不同的，小市民是有产的，是有产者，不是无产者。

□ 那也不是中产阶级。

○ 比中产阶级低，小市民。有的中产阶级也算小市民，在意识形态上。因为他不是社会精英，不是高级人士。高级人士不一定有钱，即使他没有钱了，他仍然是那个阶层的人，是精神贵族。

□ 是啊，我们现在一天到晚讲贵族不贵族的，讲他们吃得怎么样，生活做派怎么样，这无非是留下来的生活习惯。他们即使很穷，拿着破搪瓷缸子，也会烧咖啡喝，会在那里看书。就像吃饭，这么简单的饭菜，你们家每一个人也要弄两双筷子，讲究。

○　两双筷子是朱纯定下的规矩，我仍然按照她的生活习惯。就是我和阿姨两个人吃饭，也是每人两双筷子。

□　所以这个跟穷富是没有关系的，就是曾经有条件地生活过，留下来的习惯。学是学不会的。

第三次闲聊

□　您的经历充满了戏剧性，比如说坚持出周作人的书，被“选下”了岳麓书社总编辑的位置。

○　给周作人写信向他要书和题字，是当右派拉板车时候的事。小时候，他对于我就是书上的一个作家。开始抗战后，教科书上就不选周作人了。后来发现旧书店里还有他的书，买过两本。读过《苦茶随笔》《夜读抄》后，读周作人就觉得很有味道了。划右派，被开除，看的书更多了些，思索也更多了些，才更加有意识地去搜集他的书来读。后来知道了周作人的地址，就写信去，问他要书，信中谈到了我对他文章的理解和尊敬。

周作人的意义在哪里？在于他是中国旧的读书人蜕变成现代知识分子的一个标志。曾国藩就不是。曾国藩的时代，外国人已经来了。容闳带学生去留学，就是曾国藩做的决定。办江南制造厂，也是曾国藩拍的板。曾国藩要李鸿章出面，要李鸿章去搞第一线的事，主意还是他拿的。他已经接触了外国人，但是对外国人的态度还是“师夷之长技以制夷”。他知道中国不变已经不行了，但是他要变的目的也是为了保留旧的体制和文化。曾国藩是旧体制的最后一个大人物。他不仅仅是一个大文人，也是一个大的领袖，他是有学术的，有文章在，有编的书在。在那么忙的时间里，还编了那么多书，他是搞编辑的一个好例！中国古代的很多大学问家都是大编辑家，孔子他也是述而不作，“删诗书订礼乐”，删和订就是在做编辑。《诗经》也不是孔子的作品，是他选编的三百篇民歌总辑，选和编也就是编辑。孔子自己没有什么著作，留下一部《论语》也是别人记录的他的口述、他的语录。他就是一个编辑。刘向也是一个大编辑。曾国藩编的《经史百家杂钞》《十八家诗钞》都是传世之书，在古文里面是一派，湘乡派。吴汝纶、张裕钊、薛福成、黎庶昌等“曾门四子”，有三个是《走向世界丛书》的作者，都是晚清的文章大家，讲传统文学史都要讲这些人。所以曾国藩是旧时代旧文化的集大成的人。研究曾国藩的重点是什么？旧文化发展到同治、光绪年间，已经是晚清，已经千疮百孔了，没有再生能力了，只能拆屋重来了，慢了一步，不可能复制明治维新了。明治维新还来得及，就是因为日本的天皇制度还没有完全腐朽。为什么没有完全腐朽呢？因为有幕府顶了缸，对于日本的维新派而言，天皇制度还有利用价值。日本的天皇“万世一系”，没有改朝换代这回事。为什么没有改朝换代？因为天皇不管事，只是一个象征，责任和不满不会归于天皇。

□　就像英国一样的。

○　所以没有必要去打倒它。反对只是反对执政者，反对幕府。明治维新推翻的是德川幕府，幕府是变换的，《平家物语》讲的源氏打倒平氏就是这种替换。幕府将军被打倒了，但武士阶层还有活力，还有革新自己、接受西化的能力。所以天皇可以不被打倒，只需要把政府换了，换成西洋留学生来搞就行了。中国却不能如法炮制，中国最后的皇室是异族，不是汉人，“赵钱孙李周吴郑王”里面没有一个“爱新觉罗”，汉人终究不能长久接受异族的统治。异族统治古已有之，元魏、辽、金、元皆是也，但毕竟不能永远统治。辛亥革命孙中山十六个字，“驱除鞑虏，恢复中华”这八个字百分之八十的人都同意。“建立民国”就只有百分之二十的人同意，“平均地权”则百分之一同意的人都没有。搞社会革命，那时还太早，但有百分之八十的人不要满洲人来搞，要我们汉人自己来搞，要复国啊。所以开始成立的时候，黄兴他们叫作大汉军政府，四川的铜板上是一个“汉”字，这也就是中国的君主制度不能不完蛋的最大原因。曾国藩帮忙是帮满族人，所以孙中山他们起义的时候就得骂曾国藩。

□　曾国藩就退出历史舞台了。

○　曾国藩是一个例子。若是论个人能力，曾国藩是最强的，他的能力是无与伦比的，跟拿破仑这样的人一样，几百年才出一个的。他做大事时间不长，四五十岁才出来做大事，十几年就做成了。清朝已经没有办法，眼看就要亡了，太平军已经打到天津了，却被曾收拾得干干净净。满清的正规军不能打了，是他带出来的湘军。湘军是自己筹钱，自己组织、训练、实战锻炼出来的武装，这是群众组织，是读书人领导指挥的本地农民军，居然搞成了这个事，在短短时间内扫平了太平天国，把清朝从灭亡的边缘救起来，搞成了“同光中兴”的局面，还有能力派学生留美，搞现代机械厂。他死的时候还不满六十一岁，累死的，太累了。

□ 他还把湘军解散。

○ 他把儿子也教育成功了，他家里没有出大少爷。曾家几代，到台湾去了的，也都是人才。

□ 他把湘军解散，基本上是华盛顿的作风，解甲归田。

○ 他的事情都做得很完美。他识人，知人善任。教育儿子也是成功的，看《曾国藩教子书》，教儿子写字，怎么一笔一笔的笔法他都教，在那么忙的时候，一天写几千字，非常具体。个人付出的实在太多，所以他很早就死了。他的儿子也都成了材，曾纪泽曾纪鸿他们也都早死，他要求他们太严，活得太累了。

□ 他们的家教一直传下来了。

○ 他教子有几条，第一条就是绝不给儿子任何特殊照顾。对女儿也是这样，绝不给任何特权，出嫁只给一百两银子，嫁出去了就绝不能回娘家长住，更不能说娘家有力量有势力去压丈夫婆母。旧的伦理道德他做到了极致，但这方面是过了点头，他的五个女儿只有小女儿好过一点。曾国藩死后，她嫁给聂家。曾国荃哥哥死了要替侄女儿作主，给了她支持。这时曾国荃是两江总督，姓聂的女婿在上海做事，归曾国荃管。

□ 据说他们家现在过了好几代，每一代都很成功。

○ 只有五六代。在台湾都很成功，比如说曾宝荪当了国大主席团主席，曾约农是东海大学的校长。李鸿章的后代就不行，因为钱太多，必然会腐化。曾国藩的后人没有腐化，在大陆自杀了几个，是另一个问题。

研究曾国藩的意义在于：即使个人杰出到曾国藩这种程度，也无救于他所维护的制度的灭亡，这就更深刻地说明了这个制度是不能不灭亡的了。历史事实正是如此，虽然出现了曾国藩这样的人物，也没有办法改变清朝走向灭亡的命运。刚才讲了，任何国家都有特殊性，特殊的是最后中国这个王朝是姓爱新觉罗的异族，汉人不能接受。一个民族去强力地统治另一个民族，不管你开明也好，不开明也好，总归是不可能长久的，民族自觉和民族自决都是不可避免的。

□ 那锺先生，你为什么花那么大力气，来出版“走向世界”“曾国藩”和“周作人”三套书，这个想法是怎么慢慢形成的？

○ 判刑以后，没有想到自己还会当编辑，没有这样的预见性。任何有预见性的人都不会想到这一点，但是我预料到迟早我会从牢里放出来。因为我看到“反革命”县团级以上人员毛泽东也决定全部释放了，他又讲给大家戴的帽子都摘掉，他也晓得把对立面越搞越多不行了。给本来不是敌人的人戴上敌人的帽子，这是对他自己不利的。对于被戴帽子的人当然也不利，但是这种不利还小些。我划了右派以后，还是活下来了嘛。得罪我们这些书生空议论的人当然很容易，但毕竟也是他的一种损失，失去了人心，这本来都是可以不失去的啊。

我可以不当干部，作为老百姓我也可以生活。讲老实话，我生活得还可以。我做模型做得很好，我画的图纸比学机械的人还画得好，我自学工科可以做机械设计，到劳改队去能够绘图纸，那是不能滥竽充数的。设计起重机，五吨的、十吨的，掉下来打死了人，那是要杀头的，图纸是不能出差错的。我做事向来认真，大家都承认，反对我的人也承认。我不能让别人讲我不行，做事一定要做好，而且我也能做好。假如不能做好，比如说打球我不行，我就不去打球，我就不进入那个领域。

□ 怎么一定要弄这三套书？

○ 我认为中国应该走世界人类共同进步的道路，中国应该接受全球文明，中国必须要走全人类共同走的道路。所有地球上的民族国家都要走这条路，就是现在还在行奴隶制的国家，也迟早要走上这条路。

你发给我的一个问题我已经看见了。你问为什么也是在东欧的国家，原来也是在这个体制内的，它们的文学水平就会高一些？这个问题很好答复，捷克、匈牙利它们原来就是欧洲的一部分，它的文学有那样的根底，它们原来都有很好的文学作品。匈牙利跟奥地利在奥匈帝国哈布斯堡王朝是一起统治的，维也纳是文化之城，是音乐之都，布达佩斯也有那种水平，那种传统。捷克更早就是发达的西方国家。斯柯达、野牛商标的重型汽车，机械工业，皮革工业，玻璃工业在一次大战以前就领先世界的，布拉格——波希米亚本就是德国的一部分，神圣罗马帝国的一部分。

□ 卡夫卡住在布拉格河边，他讲德文。

○ 你了解欧洲历史，那里都属德语文化区。奥地利是和普鲁士在德意志联邦里争雄失败了，才来搞东方帝国——奥地利帝国，后来奥匈帝国成了二元帝国，因为匈牙利强大了，跟它平起平坐了，后来又准备把塞尔维亚也提升上去，搞三元国家。了解欧洲历史的都知道，这是常识。但是我们有很多人，包括一些党校的博士，都没有读过欧洲史。我也没有专门读过，自己看书看了一点，只是常识范围。

总是要走向世界的，难道还能不走向世界？北京奥运会的口号不就是“同一个世界，同一个梦想”吗？一个世界，就是一个地球，就是全球文明。什么两个世界、三个世界是讲不通的，全球文明就是走向人类共同进步。自由、平等、博爱，这是人类长期追求的社会理想和政治理想，并不专属于西方的。中国从来有民主的传统，也有很大程度的自由，传统中国、传统文化并不是黑暗一团，过去并不是全部都是在专制下生活。中国人也有自己的政治民主，只不过不用这个词语。我举个例子，甲午战争，有人主张同日本打，有人主张不要打要和。左宗棠带兵到新疆去平叛，李鸿章就主张不要去嘉峪关以外地方，我们不要去进入它，军费拿起来用在东边，把海军建设好，把海防搞好，因为西域永远不会成为中国的危险。他发表这个政见是公开的，这就是当时的民主，发表意见没有人秋后算账的。要不要办洋务？四品以上都可以公开发表意见的。那几本《洋务运动》，各省的奏折都在那里，张之洞主张怎么样，哪一个省主张怎么样，谁主张怎么样都可以。林则徐主张禁烟，有人主张不要禁烟，这都是公开的，这就是民主。康有为向皇帝上书主张变法，非常危言耸听，说如果还不变法，“皇上求为长安布衣而不可得矣”，就是你会亡国，做老百姓都不可能了。康有为当时有权这样说。但是，“文革”当中大力援助阿尔巴尼亚时，我们有权利说“欧洲的社会主义明灯何必由我们送油去点”吗？我们有不赞成援助阿尔巴尼亚的权利吗？没有。不仅我们没有，人大代表也没有。他不赞成，就会变成路线斗争的对立面，人大代表就当不成了。

第四次闲聊

□ 我们喜欢听锺先生闲聊，因为你总是会把很复杂的东西，用最简单的句子表达清楚，就像你的文章，很“短”，但是蕴含着很深的道理。今天，能谈一下你对“五四”的看法吗？你觉得你们这一代人受了“五四”的影响吗？

○ “五四”的影响完全是正面的，“五四”在历史上的地位我认为是要肯定的，是传统中国走向现代中国的很重要的一段历史。

□ 你对“五四”反传统的这一点，是怎么看的？

○ 反传统没有错，因为中国的传统确实在很大程度上阻碍了中国的现代化，传统文化在这方面起着很大的消极作用。但是任何一个民族的传统都不是可以全部否定的，事实上也否定不了。我是直头发黑眼睛，我就永远是直头发黑眼睛。传统诗词我很喜欢，汉语文、文言文我很喜欢。文言文有很多可取的地方，它没有很严密的文法，它的词性可以变动。全世界的文字，叙述或议论同一件事情，占用纸张最少的是古汉语，这是它的优势。这个优势我很喜欢。我选了几百篇古文，原来是选给外孙女儿读的，结果她们没有来得及好好学，倒是她们的母亲有的学了一下。我出版过一本《学其短》，还有一本《念楼学短》，如今交给"后浪出版"在印，短短几个月便印了好几万册，帮助人们读一点古文。学古文有两条途径，一条是从《弟子规》《三字经》入手，另外一条是从《大学》《中庸》入手，都是错误的。《三字经》这些东西，原来叫"村书"，属于低级，其世界观很旧，太旧了。"四书五经"整个的作为少儿读本也不适合，太深了。我选的这些文章，是给已经读书识字，愿意再读点古文，欣赏点古文之美的人买去读的。我们当然要做现代的人，要走白话文的路，穿汉服、扮唐人是很可笑的，很不方便嘛。学一点古文，绝不是也不应该是提倡复古。

□ 你认为"五四"是有积极意义的，但是它很激烈，产生那种"左翼"的文化，这些都是因为"五四"的原因，你怎么看呢？

○ 也不能完全这么看。矫枉难免要过正，我不讲矫枉必须过正，矫枉总会有一些过正的现象，不可避免，但是它自己就会纠正的。你看那些“五四”的现象，后来都自觉不自觉地纠正了。钱玄同说四十岁以上的人都要枪毙，后来他自己也是五十多岁才病死的嘛。

□ 包括陈独秀。

○ 都有激进的成分，但后来自然会修正的。破除传统婚姻，破除男尊女卑的观念，会带来女性的解放，包括性解放，更会出现偏颇，难免的，俄国也出现过“杯水主义”的。

□ 锺先生，你觉得“五四”对你一生的成长有影响吗？

○ 当然有影响。我是无条件地接受“五四”先行者的观点。胡适也是“五四”健将，真正搞旧学搞得好的也是“五四”那些人，对不对？当时反对“五四”的那些老先生，从林琴南到章士钊，有一派人，搞古代学术搞传统学术，他们也不如胡适、周作人嘛，因为时代变了，方法变了，手段变了。时代总是在前进要前进的，我们要肯定这一点。

□ 不对，时代也会重复历史的错误。

○ 那是局部的。会出现逆流，会出现回潮，但是总体上人类总还是在进步和发展。假如这一点我们都不相信，那就很糟糕了，那我们就没有信心了。

□ 我觉得不会。人类像转圈子一样，有时会倒退得很厉害。

○ 不会，总体上来讲是进步的。

□ 进步什么？埃及文明就灭亡了，你到埃及去看看，那里一塌糊涂。

○ 文明灭亡了吗？现在的埃及人总还是比古埃及人过得好。古埃及尼罗河再泛滥也养活不了几千万人。就是那时的几十万人，拿那么多巨额的黄金去陪葬君王，几十万人修金字塔修一世修到死，比起那种制度来，如今总还是进步了。

□ 埃及文明没有了。

○ 现在已经不是古埃及人了，是阿拉伯人了。这是一个文明史的问题。所有的古老文明，七大文明古国，原来讲四大文明古国，四大文明古国唯一存留至今的就是我们汉人，你和我都是殷墟先民的后裔，只有我们汉族。古老的巴比伦、现在的伊拉克是阿拉伯人了，古老的埃及现在也是阿拉伯人了，古印度文明现在是雅利安人，也是外来的，使用的文字已是英文、印地文，梵文没人认识了。印度人懂梵文的恐怕还不如英国多，只有我们的汉字还是殷墟甲骨文的字，男、女、东、西、南、北，都是原来的。我们汉民族很古老，说明我们这种文化的存活能力非常强。存活力强的文明也就是保守的文明。日本不保守，它便由明治维新一下子现代化了。

□ 日本的传统文化为什么比我们保护得好呢？

○ 正因为它全盘西化了，所以它就能够保存得那么好，它晓得传统文化应该珍视，也有很科学的手段来保护。日本也是在十九世纪才被迫开放，中国和日本在这一点上没有什么不同。日本原来没有文字，它是在全盘唐化中，全盘学隋唐，才拿了唐文(汉文)去拆开做拼音，才创造出日本文字来。他们原来读书也是读汉书，只在汉字旁边加符号，叫汉文和读。最早的日文典籍，字还是一个一个汉字。后来慢慢地，汉字便只记专有名词了。正因为它原来没有文字，所以才能够全盘唐化，将唐人的汉字拿去，后来又能全盘西化。全盘西化就变成了现代化的民族，现代化的民族就知道自己传统的可贵，才能够真正用科学的态度来整理和保存它自己固有的文化，比中国保存得好得多。它全盘唐化，唐人也没有把它变成殖民地，中国人从来没有去统治过日本。它全盘西化，英美也没有把它变成殖民地，而且它还把英国打趴在香港新加坡，把美国打趴在珍珠港。全盘西化没有问题，全盘西化了，日本人还是日本人，并没有变成卷头发、蓝眼睛，还是直头发、黑眼睛。

□　锺先生，你家的事情还没有说完，你爸爸是很宠你的，你们家几个兄弟姐妹?

○　我的母亲生了四个，两个姐姐一个哥哥，我是最末一个。我母亲是我的父亲的第三个妻子，她比我父亲小二十一岁。民国元年，我父亲是三十多岁的中年人了。我父亲生我的时候是五十多岁的老年人了，那是民国二十年，我就是一九三一年生的。我从不愿意父亲带我出去，带我出去同学都认为他是我的爷爷。我出身的这个家庭带有旧时代的畸形。我的母亲因为年纪比我父亲小得多，她并不如意。我是她最小一个儿子，按照道理应该最爱自己最小的儿子，却相反，我母亲对我特别严，我认为她近乎苛刻。她喜欢我哥哥，因为他比我“听话”。我的哥哥还在，比我大七岁，也是一个离休老干部。我的哥哥比我聪明，也比我长得好。小时候他是我的偶像，我写东西是向他学的，写诗词也是向他学的。我哥哥确实比我聪明，他自己也是这样认为的，最有力的证明就是他没有划右派，更没有坐过监牢。

□ 他现在还活着？也住在这个楼里？

○ 活着，没有住在这楼里，住在老干疗养院，九十五岁了。他的聪明就是尽量少做事，尽量求平安，他也确实做到了。我母亲是我在牢里时去世的，一九七七年去世的。

□ “文革”都结束了。

○ 母亲的死，我是在牢里面知道的。我当然很难过，因为我母亲也不容易，她是一个农家女。我父亲是中年丧偶，母亲因为长得好看，才成为我的母亲。我们兄弟姊妹都不太难看，完全是母亲的缘故。母亲没念过书，文化比父亲低得多，智商却比父亲高，这方面也要谢谢她。我小时候的确不是很听话，很顽皮，但是自认为还没到顽劣的程度。因为母亲管得太严，所以我有一个毛病，逆反心理特别强。你老是讲我不听话，我就会有意识地不听话，更加地不听你的话，不来讨好你，也不会表现给你看，绝不会。

□　你觉得你母亲聪明表现在哪里？

○　我母亲不识字，父亲读诗，她凭听记也能背诵很多首唐诗。说她很聪明，就凭这一点！另外还有一条，她坚决要我的两个姐姐读书，一定要她们读，不要她们做家务，所以两个姐姐都不会搞一点家务。其实我认为女人和男人一样，都要会做一点家务，生活才会有一点趣味。我也不是不能做家务，但是如今老了，确实不想做了。

父亲的家里有点钱。在清末，我父亲是不敢革命的，他怕他那些干革命的民党朋友，就是因为他们借他的钱从来不还。那些人，参加同盟会的国民党老党员，家里其实都比父亲家有钱，但是他们再多钱也是不够花的。父亲有钱就借给他们花，他们很少归还。所以后来他们当了权，也给他一个官做，就是中华民国二年湖南省财政司（就是现在财政厅）"制用科"的科长。他也再不能上去了。他的司长是杨德邻，后来被袁世凯派来的汤芗铭杀掉了。我父亲解放后没有受打击，他解放以前领干薪，解放后仍然领干薪，虽然不高，但温饱没有问题，"文革"家里也没有抄家。他是一个"民主人士"，后来安排在文史馆。毛泽东讲，文史馆不反右，要反右个个是右派。他也不上班，不学习的，特许。工资不是很多，比我还低。

妈妈嫁进锺家，特别是抗战回老家了，她的日子是难过的。我坐牢时，女儿看到奶奶，她常说："你爸爸关在那里不知道是什么样子了。"母亲哪有不爱儿子的。她之所以对我严厉，因为哥哥他们读书去了，只我在她跟前。她丈夫比她大二十多岁，是个老头。她生活上不满意，就在我头上撒火。我能理解，这是我长大成人以后才理解的。小孩子的时候不懂这些，只知道你对我凶我就疏离你。所以我只要有可能总在外头待很久，待到没有办法了才往家里走。她越管着我，我就越这么干。她倒有一点好，她也不知道我在看什么书，她认为只要在她面前看书就是好的，这也让我得益。这种感觉都是后来才会明白的，是理性地分析出来的。当时我只觉得她偏袒姐姐，偏袒哥哥。后来懂些事了，我就同情她了。她没有读书，年纪那么轻，丈夫常常不在家。回到平江后，大家庭，侄媳妇年纪都比她大。别人都是门当户对嫁过来的，欺负她虽不敢，因为她是长辈，但内心里是看不起她的。好比说我在外面调皮，他们即使公开不讲，却在暗示着："到底是乡下女人养出来的坏孩子。"

□　那你两个姐姐呢？

○　两个姐姐，大姐也是右派。二姐还在，大姐去世了。大姐为什么会划右派？解放前参加民主同盟，解放后是长沙市东区妇联主任，后来到市妇联当办公室主任，也算一个官。她觉得自己当了主任，应该要管一点事，因为这一条就成了右派。再加上鸣放的时候，她早几天在我家里听我扯谈，说什么南斯拉夫也不一定错，苏联也不一定对。我是看了苏联原来骂"杀人犯和间谍掌握中的南斯拉夫共产党"，后来赫鲁晓夫又跑去喊"亲爱的铁托同志"，都是报上登出来的。骂南斯拉夫，刘少奇也是第一个响应的，在情报局的杂志上面。那个杂志的名字也很怪，《争取持久和平　争取人民民主》，刊物印在布拉格，在中国出中文版。没有人订阅，但报社有一份，刘少奇在上面发的文章题为《论民族主义》，批判民族主义，批判铁托，左得很。共产主义从来就是批判民族主义和爱国主义的，要工人无祖国。中东路事件，苏联人在中国打中国军队，也要中国共产党人都去支持苏联。

□　你姐姐听了就出去说了？

○　她确实讲了几句，但并未多讲，因为她的国际知识还不如我多。我知道的也不多，不懂外文，国际知识不可能很多。但是我看了中文的东西，都是公开发表的，原来说“铁托是杀人犯、间谍”，现在又喊“亲爱的铁托同志”，我信哪句呢？我姐姐她听我这样讲，大概觉得不错，于是也说了几句，就这样被打成右派了。

第五次闲聊

□　进入老年是让人恐慌的，人会恐慌于虚无和病痛的肉身。但是锺先生你的存在，让人看见了精神富足以后的老年。你依然自信，精神饱满。向我们证明了一个现实、世俗之人，也可以不媚俗、不空虚、不愚昧。

○　我到现在对做编辑工作还是有兴趣，因为编别人的书比自己写书好，别人的书本来就写得好些、深刻些嘛。自己的文字自己总是看不得，看了就要改。这是一个毛病，我认为是变成一种毛病了。改来改去，后来甚至觉得原来的还好一些。周作人他们用毛笔写的，一气呵成，很少改动。这就是水平，是我和他们的差距。钱锺书也喜欢改，他给我写的那篇序便改过三次，稿子都在这里。他还授权我可以改，我也确实改了，改掉他褒奖我的话，他也认可了，信都在这里。他说他自己“文改公之谥，所不敢辞”。古人谥文正、文襄，他自称“文改公”，开玩笑的。

论文字水平，在我们那一代人中间，比如说在“新干班”同学中间，朱正和我应该说还是在平均线之上的，看书比较快，也比较记得住，涉猎范围比较广，有的书好像当时没有什么用，但实际上是有用的。我看周作人谈河水鬼，他有一篇文章，收录到《草木虫鱼》里面的，讲日本也有河水鬼……

□　落水鬼？

○　日本人认为它是一种实有的生物。谭延闿日记里面谈到，他们乡下也有人讲，落水鬼是一种动物。最近我才读到谭延闿日记，我在《儿童杂事诗笺释》里面有一节说河水鬼，现在便可以把谭延闿的日记加进去，为中日民俗比较研究提供一点资料。朱正写我的一篇文章《述往事，思来者》中，他讲自己只看与自己研究有关的东西，其实他也不是这样。我划右派后还买天文学的书，到现在仍然感兴趣，在劳改队时也看，“文革”后最早复刊的杂志是《天文知识》和《化石》，还有《集邮》，我都记得。那些东西好像于个人没有一点用处，但是却有意思。古代天文家没有现代仪器，最初连望远镜都没有，望远镜是偶然发明的。古人就是用肉眼观察，也把恒星、行星的轨道算出来了。古人算出来的月地距离和现代精密测量的相差并不很大，很了不起。古人有的毕生就是观星，一生如此，毫无功利目的。这才是最可贵的求知，纯粹出于个人兴趣，没有任何功利目的，所以也只有奴隶主和神父才有可能这样做。他衣食无忧，他不要去谋衣食，如果老婆孩子要养，还要为赚钱忙，就没有时间去进入那种超然的境界了。

我正在看《谭延闿日记》，这是台湾整理的，错字很多。应该说台湾的大学生、研究生语文程度一般比大陆的高一点，但是他们同样对清末民初的史事不一定很熟悉，对于湖南的社会人文更不熟悉，所以错误才会多。谭延闿用文言文记日记，他的书读得多，文字能力强，文笔也好，随便一来便是古代的典故。读《谭延闿日记》没有语词困难，困难在于人名、事物。你不懂得这些名物，有时看句子是看不通的。

前辈学者之所以强于我们，就是这些方面强于我们。我们比起周作人来，真的差距大得很，而且那是不可比的数量级的差异。为什么呢？严格来讲，不懂外语就不可能成为完全的知识分子，很多资料没有办法接触，也就无法用比较的方法去观察。周作人强就强在这一点，他读西方、日本的古典东西都是读的原著，我们读也只能读译本，译本的水平有时已经大打折扣了。

我们至今还在说油条是“油炸桧”（油炸秦桧），这是很荒唐的编造。且不说炸油条的小贩不会关心朝廷军国大事，只说一文钱一根的油条怎么能做成有头有脸有手脚的面人儿来下油锅，那岂不是炸了几锅便会老本赔光无法养活一家老小了吗？关于秦桧，早在抗战以前，吕思勉就在他写的本国史中说过，秦桧实际上乃是南宋的功臣，他是真正对国家负责的，他不负责不会从金朝跑回来，说他是金人的间谍，那不是事实。而且秦桧的曾孙和玄孙，后来都是抗金而死的。

□ 秦桧和他的儿子两个人都是状元。

○ 状元读书当然是很会读的。南宋是文化和经济最发达的时候，四川和江浙、福建的深度开发都在南宋。如果没有南宋，中国早就统一于金了，中国在全亡于蒙古以前就会全亡于完颜氏了。南宋有一百五十年历史，南宋的词是最成熟的词，文学南宋最发达。

□ 那时候为什么那么发达？是有亡国压力在？

○ 跟那个没有太大关系。文化和人口往南边来了，人口增殖、人口流动有助于文化的发展。没有文化的人就不会逃难，地在那里，谁来就向谁交粮。而且后来金人也已经汉化了，元好问就是金人，曾国藩选十八家诗，他是最后一家，成了汉诗的代表。后来金人和宋人同时亡于蒙，金人和南宋是同一年亡于蒙古的。在建康时，宋高宗刚刚在南京建立南宋时，如果那时和金人打下去，肯定是南宋灭亡。中国历史上汉、唐最强，但汉和匈奴，唐和突厥，并未挨骂；宋、明最弱，才会认为谁主张和谁就是汉奸。后来李鸿章主张和，也是汉奸。不能打的时候，不和怎么办？列宁也要订《布列斯特和约》嘛，还是要以人民的利益为上。中国也是亡过国的，一次亡于蒙古，亡了九十年；一次是亡于满洲，亡了二百多年。假如不是亡国，那就史可法不是忠臣，吴三桂不是汉奸了。因为汉与蒙，汉与满，语言都不同，文字都不同，姓氏都不同，奇渥温、爱新觉罗，百家姓里面没有，三四个字的姓，看姓名就是外国嘛。本来是两个国家，蒙古如今还在嘛。两次亡国，汉人汉文化还是发展了。香港现在的高官，都是英国培植出来的，他们出生在香港，在香港读英国书，留学英国，出来替港英服务，他们生出来就是英国公民。曾国藩也一样，他的父亲的父亲的父亲就是满洲人统治下的老百姓了；而满人来统治，并不是曾家祖辈的责任，是明朝没有搞好，是执政的人没搞好才亡国，老百姓有什么责任？正统的观念是，日本人来了，就全民抗战，抗战抗不赢，就应该自杀，八女投江，都自杀了，不仅亡国，还灭种了。日本人到这里来，没有人，更好殖民，那就真变成他的国他的人了。

□ 我还挺好奇的，像您写《走向世界》这本书，丛书的叙论，其实是在劳改和当右派的时候做了很多准备，您做笔记吗？

○ 没有。在劳改的时候并没有想到会来编《走向世界丛书》，但是对这些人这些事情我从来都很感兴趣，我曾经将黄遵宪的诗句集成了十首七律，送给朱正，开头四句是：“积岁劳思吝一笺，何时谈话酒杯前。平生放眼无馀子，与汝论交过十年。”他还记得里面的两句：“未到中年哀乐备，无多同调别离难。”

□ 那你以后写叙论的时候都不需要参考，马上可写出来？

○ 还是要找书，要翻书。

□ 马上都能找到，都在脑子里？

○ 还要找新发现的资料，要把别人研究过程当中的东西都找来看，比如台湾郭廷以的郭嵩焘年谱，便有不少资料。他引用了郭嵩焘日记，我也正好在整理郭嵩焘日记，那时是一九七九年、一九八〇年左右。

《走向世界丛书》，为什么要取这样一个书名？因为我不想它看起来像古籍。不是说岳麓书社只是一家“专业分工的古籍出版社”吗？我就是要打破这个框框。它们本来就不是古籍，写的是火轮船、德律风（电话）、巴力门（国会）之类的现代事物嘛。我是现代的人、世界的人，牢狱也是世界的一部分，不可能和社会隔绝，思想更是牢门关不住的。在坐牢的时候，我就长时间思考过中国该往何处去，中国为什么会走到现在这一步，以至于把我这样从不犯法更不造反的读书人都关到牢里了。钱锺书先生为我写的序中说得好：“走向世界？那还用说！难道能够不‘走向’它而走出它吗？哪怕你不情不愿，两脚仿佛拖着铁镣和铁球，你也只好走向这世界，因为你绝没有办法走出这世界，即使两脚生了翅膀……人走到哪里，哪里就是世界，就成为人的世界。”

情怀·学养·胆识*

（2020.1）

□ 锺老，听说您做出版只有十年，但这十年中所做的工作对中国出版界影响非常大。

○ 我做出版工作时间并不很长，从一九七九年到一九八八年，不过十年。十年间主要做了三件事：一个是编辑《走向世界丛书》；一个是出版周作人的书，从一九八二年开始，是我最早倡议出的；第三个就是使重编《曾国藩全集》列入国家出版规划。“影响非常大”这个评价对我太高了，我只是做了一个出版人应该做的事情。

□ 《走向世界丛书》被称为一代人了解西方文化的启蒙读本。二〇一七年，历时三十馀年终于合璧的《走向世界丛书》一百种出齐后，在国内外学术界、出版界引起了极大的反响。在改革开放之初的一九七九年，您就开始策划编辑《走向世界丛书》，

* 原载《流光与书影：大时代浪潮中的出版人》，中国大百科全书出版社二〇二〇年一月出版，记者马晓芸。

当时是怎么想到要编辑出版这样一套书呢？

○　我向来喜欢看书，也喜欢思考，经常琢磨中国的过去和未来。一九七九年，我到出版社工作。那时我经常想的是：中国怎样才能改变？怎样才能变成一个现代化国家？那个时候，我们对外面几乎不了解，没有机会出国，只有从以前接触西方国家的人们的文章中去发现他们的体会，让早期走向世界的人现身说法。所以，到了出版社我就想要做一套这方面的书。选择这些先人的游记和笔记出版，是因为我小时候就读过一些相关的书，有较为深刻的印象。我父亲是梁启超的学生，家里有梁启超的《新大陆游记》和康有为的《欧洲十一国游记》。一九八〇年，我编辑出版了《走向世界丛书》的第一种《环游地球新录》，之后平均一个月出版一种。原计划出一百种，出到三十几种时，因人事原因而中止。前几年，岳麓书社重启这个项目，到二〇一七年，总算把一百种书出齐了。

《走向世界丛书》在当时确实引起了学界的轰动。也因为这套丛书，我和钱锺书先生结下了文字缘。他建议我将所有导言结集单行，还表示愿意为之作序，这就是后来的《走向世界——中国人考察西方的历史》。杨绛先生说，这是钱锺书先生平生唯一一次主动愿意作序的书，这也是两位先生对我所编和所写的书的嘉奖吧！

□　编辑出版《走向世界丛书》是一项庞大而又复杂的工程，那个年代对海外了解不多，资料又十分匮乏，您当时选编书的选择标准是什么？对于丛书内容设计安排是怎么考虑的？

○ 我们手头当时能找到的资料确实很少，我就想把近代中国人对西方的观察、感受汇编起来，让容闳、郭嵩焘与黄遵宪这些先哲来讲述一个多世纪前的“变革图强”与“西学东渐”。那是中国人第一次开眼看世界的感受，对中国近代史影响很大，希望对今天的人也能有所启迪。编印《走向世界丛书》的目的，就是希望让国人知道早年出国的中国人是怎样观察和认识外部世界的。最早推出的李圭的《环游地球新录》，写的是作者一八七六年去美国费城参加万国博览会时的见闻，是很早的一部中国人写的美国游记。据说，当年二十二岁的康有为就是读了这本书，为书中描绘的新事物所吸引，从此选择了向西方国家寻求真理的道路。

又比如，一八六六年斌椿的《乘槎笔记》和张德彝的《航海述奇》，算是中国人第一次游历欧洲的记录。斌椿此行还写了不少诗(结集名《海国胜游草》)，其中有咏他在巴黎、伦敦照相的诗：“意匠经营为写真，镜中印出宰官身；书生何幸遭逢好，竟作东来第一人。”斌椿自称“东来第一人”这并不是夸张。瑞典皇太后在接见斌椿时便说，在他们之前，还没有中国人到瑞典游历过。斌椿回答道：中国官员从来没有远出重洋者，此次如果不是亲自来欧洲，确实不会知道海外居然有这样的“胜境”。

这些“东来第一人”与海外世界的直接接触，使中国人终于获得了关于西方的真实信息。这在中国人走向世界的征途上，具有破天荒的意义。

□ 《走向世界丛书》在改革开放之初的中国，被称为“重新开启国人看世界的思想新风”，具有启蒙意义。今天，中国的社会环境发生了很大变化，现在应该怎么看待“走向世界”这个话题呢？

○ 中国走向世界的过程远未完结，“走向世界”一直在路上。走向世界，传播西学，并不等同“全盘西化”，而是要学其所长，为我所用。清朝光绪年间，围绕办洋务、设海防，大臣和言官们各抒己见，目的是要挽救时世。传统文化主流是保守的，但并非铁板一块。不是要“取其精华，弃其糟粕”吗？传统文化哪些是精华，哪些是糟粕，正需要通过走向世界，在与世界其他文明的对照中显现出来。我认为当时走出去的人，总体上在思想上还是有追求的，理想主义也更多一些。作为中国第一批与世界有过接触和交流的知识分子，他们认识到中国和世界存在的差距，开始审视中国的命运，并努力为了国家的强盛发展建言献策，这些是值得尊重的。回过头看，近代中国人的探索与思考对今天的我们仍有很多启示。

□ 《曾国藩全集》被列入国家出版规划，它的出版最早得益于您的“力争”。在二十世纪八十年代出版曾国藩的书，需要很大的勇气，这在当时也是创举，您为什么会想到要出版曾国藩的书？

○ 小时候我读过刻本曾氏家书，觉得很有可读性，生动诙谐。长大了再读，感受更深，更觉得这个人不简单，有人格魅力。我对曾国藩感兴趣的是他超凡的能力：判断分析能力，协调组织能力，制定方针政策、把一件事做成功的能力。他的道德观念和伦理哲学自成体系。那么多家书、书信、批牍都是他自己写的，最多的时候一天给弟弟写过四封信，在围攻金陵战事最紧张的时候。他的学习能力也很强，那么紧张那么忙，他还编《经史百家杂钞》和《十八家诗钞》，治学很严谨，值得学习。在当时那个体制内，他必然有局限。但是，对古人，我们必须辩证地、历史地看。

我提出《曾国藩全集》不能影印刻本，应该新编，那是在一九八二年，曾氏的“汉奸卖国贼”的帽子还没摘啊。国务院开会讨论古籍出版规划，省市级出版社只通知三个人去，北京一个，上海一个，湖南我一个。原来规划只影印刻本《曾文正公全集》，是我三次发言，力陈刻本删节太多，未刊资料丰富，必须新编扩大容量。我还跑到北京图书馆去，把旧的刻本和新发现的材料同时搬到会场上，一篇一篇、一条一条指出旧版本为什么不完善，不能简单地影印。就这样，新编《曾国藩全集》才被列入了国家出版规划。

□ 《曾国藩全集》在出版过程中会承受不少压力吧？

○ 一九八四年，我被调到岳麓书社当总编辑。此前，在我从北京归来后，书社已经将《曾国藩全集》列入了选题。我去当总编辑后，发现原来确定的责编更适宜编文学书，于是重新选定了唐浩明来责编《曾国藩全集》。一本书的编辑很重要，某种程度上决定了图书的品质和品位。唐浩明工作努力，不仅做好了责编，还收获了副产品——他创作了小说《曾国藩》，成了湖南的著名作家。

为了出《曾国藩全集》，书社和我承受了很大压力。但是，我是书社的总编辑，所以这个压力当然主要由我来承受。《曾国藩全集》付印的头一本《曾国藩家书》出版后，有媒体发了一篇大文章《如此家书有何益？》，反对出这个书。我对社里的同志们说，沉住气，我们不必出面参与争论，这种争论一开展起来，就会没完没了。我们只要埋头快出书，出好书，在国际上、在全国范围内产生正面的影响，只要大家觉得这个书出得好，反对的声音自然就压下去了。书出来后，《人民日报》《光明日报》都做了正面报道，给予了肯定。事实证明，我们是对的。

□ 在中国现代史上，周作人是个很有争议的人物。但是，从二十世纪八十年代起，您却率先倡导编辑出版周作人的著作，您是如何看待“人”和“文”两者关系的？

○ 二十世纪八十年代出版周作人的书，是要挨一点骂、挨一点棍子的。国家的文化政策开明，倒是有些文人却很严苛。但我认为，“人归人，文归文”。对周作人其人如何评价是另一回事，其著作文章却是“五四”新文学新思潮中有代表性的存在，肯定它也好，否定它也罢，都是无法绕开、无法视而不见的。就是要批评他，也要看他的全部作品嘛！所以，我在岳麓书社出书时，先在《光明日报》上打广告，开头就是“人归人，文归文”两句话。意思是，人呢，是什么样的人就是什么样的人；文章呢，是什么样的文章就是什么样的文章。

事实证明，周作人的文章是有人要看的。《雨天的书》《自己的园地》《泽泻集》等他的“自编文集”，从一九八七年起在岳麓书社一再重印，总印数达二十多万册。后来止庵等人继续努力，终于将所有的《周作人自编文集》印出来了。成功不必在我，我愿乐观其成。“人归人，文归文”，这终于成了大多数人的共识。所以，出版人要有情怀和学识，同时，也还需要一些胆识的。要想做一些引领时代和市场的图书，除了要有学识、眼光，也需要胆识和气魄，就是我们常说的担当。

□　听说您很喜欢读《儒林外史》。《儒林外史》被誉为“中国传统社会士林百态的浮世绘”，这本书给您的最大收获是什么？

○　我不过是一个普通的读书人，但一生中不读书的时间很少，书是我生活中很重要的东西。年轻时，我心里瞧不起以文墨为生的人，以为文字是空的，随意性大，那时我更热爱自然科学。我未曾想到过此后以文字为职业，不料自己的一生沉浮皆在此中。

《儒林外史》是一面镜子，多读一读，有助于认识自己、认知自我。中国古代的读书人，为了功名富贵，只能依附权力与权威。现代的知识分子，应当心境自由，凭自己的本事即知识吃饭；既要融入社会，又要保持独立人格，有较为宽广的精神世界。

□　您编辑出版了许多重要著作，也撰写了很多个人作品，对您写作和出版生涯最有影响的是什么？编辑怎样才能引领市场和读者？

○ 编一本书不是简单地汇编作者的书稿，编辑要有自己对书稿的思考和提升，做编辑是需要学识和眼界的。读书对提高一个编辑的知识视界和人文素养很重要。

编辑《走向世界丛书》是源于我以前读近代人写的外国游记而得到的启发。我从小就喜欢读书，看家里的古旧书。古书没有很多适合儿童看的，不懂的书也拿来慢慢地看。《史记》《左传》对小孩来说确实很难懂，慢慢琢磨也就看懂了。找到一本《阅微草堂笔记》，开头也看不太懂，很多字不认识，看多了，慢慢就认识了。比识字更难的是通词义。读《阅微草堂笔记》时常见有“承尘”两个字，写书生夜读，忽然听得承尘上有响动，抬头一看，是美丽女子的纤纤小脚，接着整个人儿就下降寒斋了。这个“承尘”是什么意思呢？到后来才明白它就是天花板。我也看过几本大姐寒暑假回乡带回的新书，像西风社编的《天才梦》，是以张爱玲的篇名为书名的。等到抗战胜利到长沙读高中，我开始大量阅读翻译的文学名著。应该说，民国以来用白话文翻译的外国小说，像陀思妥耶夫斯基、巴尔扎克、狄更斯等人的作品，我在那两三年中基本上都看完了。后来兴趣慢慢转到了社科书，克鲁泡特金的《我的自传》和《互助论》给我的印象很深。

阅读对我的写作和出版生涯有直接的影响。从前没有更多的信息传播渠道，阅读是通向外部世界的唯一窗口。因为阅读的影响，除了学校的作文以外，我比较早就开始了个人的写作。最早是十五岁时用文言文写的一部笔记叫《蛛窗述闻》，文字当然幼稚，但大体还算通顺。旧体诗也学着写过一些。新诗则于一九四八年起在长沙的报纸上发表过几首。

阅读和写作在我的生活中占有很重的分量。尽管现在信息渠道多，电脑上可以阅读，但是，读书还是不可替代的。不止于阅读，有时还不禁掩卷深思。只有开卷细读，才能掩卷深思。读书对编辑工作很有帮助，你要编一本好书，你对内容的理解一定要比读者深，才能引导读者。这需要编辑具备比一般人更深厚的学识、更高远的眼界。

我在编辑《走向世界丛书》时，写的总序、叙论，都是自己思考的结果，主要是想对作者当时“走向世界”的历史背景以及个人的研读体会进行一点阐述，出版后没想到成为亮点。当然，这样的编辑过程是辛苦一些的。这套书因为是清朝人的原作，涉及古籍整理、考证和校勘。我去北京、上海等地的图书馆搜集了上百种刻本、抄本和印本，都要断句、校勘。一百多年前译名没有统一标准的中文译法，丛书中有大量由作者原创的音译词，需要追根溯源，查找依据，有些地名要对着世界地图找，等等，对编辑者来说，这些都需要一定的古文学、古文字功底，难度很大。

□ 您都快九十高龄了，现在每天还读书吗？

○ 还读书，很厚的书都看，偶尔还写写。像后浪文化编辑的《现代世界史》、浦睿文化编辑的《耶路撒冷三千年》，前段时间看的是《世界历史上的蒙古征服》。凡是能增加自己知识的书就会想看，这是习惯，几十年的习惯。

□ 您对中国出版的贡献和影响都很大。作为出版界的前辈，您认为做出版最重要的是什么？

○ 当前，潮流整个地来说还是在走向全球文明，走向世界。面向全球文明和文化，中国的传统文化当然有自己的优势，但我们仍然要以开放的心态看待外部世界，努力提高自己的学养。

我觉得做出版的人要热爱这个行业，要有理想、有情怀。对编辑来说，首先你要喜欢这个职业。自己编的书，应该是自己觉得有价值，应该把它编辑出来、传播出去的，这很重要。有热爱和情怀，你才会克服一切困难做好这个事情，否则的话，肯定不行。

做出版还需要有胆识，因为出版人要承担推动优秀文化传承和社会人文精神提升的责任，要有使命感。现在有些出版人，问题不在读书太少，而是缺乏胆识和情怀。社会在进步，文化要传承，真正的好书还是有市场的，中国的出版还是大有可为的。

我与《周作人散文全集》*

（2021. 3）

日前，增订本《周作人散文全集》正式面世。《全集》于二〇〇九年由广西师范大学出版社初版。此次修订了一百馀处注释，增加了近二百条校记，增收了部分原来失收的作品。同时将初版索引卷纳入全集，共成十五卷，六百九十万字，此外还收录了周作人不同时期的珍贵照片，民国时出版文集的封面封底、内页插图，以及民国时期几位篆刻艺术家为周作人治印的印拓。

锺叔河先生说，在“五四新文学运动”中，周作人是不可能绕开的人物。在“五四”一代散文作家中，他的成绩是最突出的。“从年少时起，我对周作人的文章一直保持喜爱。他的文章写得平实，不炫耀，不铺张，不做作。古代对于诗文很高的评价之一叫作‘渐行致远’，他就是这个境界。”在锺先生看来，周作人散文不仅有文学价值和文化价值，还有一定的历史价值和现实价值。在新书面世之时，《藏书报》对作为编订者的

* 原载二〇二一年三月二十九日《藏书报》，记者李普曼，特约通讯员王平。

九十岁的老先生进行采访。

□　作为国内周作人作品出版方面的先驱和开创者，您是如何与周作人结缘的？是什么样的契机驱动您去做挖掘、整理、出版周作人文集这件事情？

○　周作人作品的出版，国内我可能操作得比较早一点。我一九八四年到岳麓书社当总编辑，一九八六年四月出版了《知堂书话》，一九八七年开始出版周作人单行本文集，从《自己的园地》《雨天的书》开始。我当时的想法是把他的单行本一本一本都印出来，但是很遗憾，这个事只搞了一半，并没有完成。

《知堂书话》是一九四九年以后，第一种用周作人的名字公开出版的书。但是讲"先驱者""开创者"则实在不敢当。因为事实上一九五〇年就出版过《鲁迅的故家》和《鲁迅小说里的人物》，不过没署"周作人"，用的是"周遐寿"。《知堂书话》是我编的一部书，署名"周作人"，算是恢复了他的本名。

至于说，我为什么要出周作人的书，很简单，就是我很喜欢周的文章。大家都承认，在"五四新文学运动"中，周作人是不可能绕开的人物。而在散文这一块，他的成绩是最突出的。这一点在鲁迅书面答复斯诺的采访，和胡适写的《中国新文学运动的二十年》里，都是有定论的。

我在抗战开始时，被送回乡下老家，阅读开始得比较早，十岁以前就开始自己看书了。我最早是从商务印书馆的"复兴国文读本"上接触到周作人的。应该说开头我最容易接受，印象比较深的是朱自清的《匆匆》、冰心的《寄小读者》这些篇章。

教科书里虽然也有周作人，开始并不容易被小孩子接受。但是我翻来覆去老看这几本书，里面有周作人的《故乡的野菜》，还有《金鱼、鹦鹉、巴儿狗》，后来才知道，那是从他的《金鱼》里摘录下来的。每看一次，总觉得有些新的发现，新的感触，所以看来看去，还是觉得他的文章经得看。到现在老了，这些文章还是经得看。

□ 当年您力排众议，推出周作人文集，在排除阻力的过程中间，有什么令您印象比较深刻的事情？

○ 周作人读书极其广博，文章里面引用的书，很多我不仅没有读过，连书名都不知道，从他的文章里才知道世界上有这样的书，而且是内容很好的书。所以我想，何不先把周作人谈书说书的文章，编一本《知堂书话》呢。同时又想到，解放之初，在上海的一张小报上面看到周作人写的《儿童杂事诗》，我就把它们剪下来了，后来写文章介绍，也发表了。就在做《知堂书话》的同时，《儿童杂事诗笺释》也用我的名字出版了。我知道黄裳先生是很喜欢周作人的文章的，我跟他有联系。他看了我的《儿童杂事诗笺释》，写信鼓励我，并且告诉我，胡乔木到上海，他们两个人见面时，胡说过《儿童杂事诗笺释》好，你可以寄一本给他，谈一谈你的想法。我就写信给胡乔木，寄了一本《儿童杂事诗笺释》给他。我跟他讲，周作人的书有出版价值；如果不方便出周作人的话，我想编一本《知堂文化论集》，把它分为几个专题，将同类题材的文章编在一起，也就是后来十卷本的《周作人文类编》，这是我的编辑作品。胡乔木给我回了信，说谢谢你寄的《儿童杂事诗笺释》，祝你在编的《知堂文化论集》取得成功。这是我印象比较深刻的一件事。

□ 将近四十年，您很多时间都在编周作人的书。在这漫长的时间内，您对周作人散文的评价有没有什么变化？现在全集已经再版，再版做了哪些方面的修订？您是如何看待这个修订版的？

○ 我确实很喜欢周作人的文章，认为其有文化和文学的价值，我觉得他的书值得印。我从来都认为，编辑要编时代需要的书，读者需要的书。读者就是人民，读者需要的书就是人民需要的书。同时也是编辑自己需要的书，因为自己也是一个读者，也是人民的一分子，如果编辑自己都不爱这个书，都觉得这个书没什么价值，又何必出这个书呢？

我这个人没多大本事，但作为出版人，我做事是比较认真的。现在出版周作人的著作，绝大部分是没有原稿了。能够找到原稿的，我尽量去找。能够用手稿校的，我都用手稿校对。但是大部分只能根据原来的出版物校核，没有原稿，没有手稿，我就只能够根据常识和常理来校对。凡是我认为原书有错（当然绝大部分都是因排字校对而出现的错误），我会校改并出校记，即一定要说明原书是什么字，我改成了什么字。

广西师范大学出版社初版《周作人散文全集》，我便是这样校订的，也出了校记。这次重印，又发现了一些问题。两番校读订，都有不少细节颇为有趣。

举两个例子。第一个，周作人有一部书叫作《秉烛后谈》，一九四四年北京新民印书馆印本第四十八页第九行，原本是这样的：

> 说文，亡从入从﹂，非﹁﹂之﹂，为有亡，亦为亡失。

《说文》乃古书，断不会出现新式标点符号如“﹁﹂”。所以我在《知堂书话》的序言中便曾提到，“非﹁﹂之﹂”显然是周作人在原稿上对排字工人的交代，怕工人把“从入从**乚**”的“**乚**”当成标点符号“﹁﹂”的“﹂”；殊不知竟被工人误当作正文，排到文章中去了，而且连“从入从**乚**”的“**乚**”也排了标点符号“﹂”。于是此处被我改正为：

> 说文，亡从入从**乚**，为有亡，亦为亡失。

并照此出了校记，纠正了一九四四年北京新民印书馆的错误。

第二个例子便是此次新版中的了。周氏一九二七年印行的《苦雨斋小书》之一中，收录了古希腊路吉亚诺斯《冥土旅行》一文，故事说的是，霸王默伽本德斯阳寿已尽，被勾魂使者一行押往阴间，他心有不甘，以现金二十五万元向众神行贿，请求放他还阳；未得到允许，于是继续“加码”。北新书局原版第十七页上这句话的原文是：

> 我把那两个和酒的大碗添上去，怎么样？那是我谋害

了克勒阿克列多思而得来的。每个都有两吨重，而且全是纯金。

读至此我有疑惑，觉得一个碗两吨重有悖常理，说“缸”还差不多(英文 bowl 本有碗、钵、缸、盆等义)。这时想起 Lukianos 这位周作人最喜欢的古希腊作家的作品，他在后来又翻译过，便去寻找，终于在六十四年后人民文学出版社版《卢奇安对话集》三二五页上找到了周氏后来重译的这一句：

我还给你那两个和酒的钵，假如你愿意，那是我杀害了克勒俄克里多斯而得来的，每个都是纯金，而且有一百斤重。

于是这部“散文全集”第二卷第八一二页上，又多出了两条我的新校记：

①“钵”原作“碗”，据《卢奇安对话集》第六篇《过渡》改。

②“一百斤”原作“两吨”，据《过渡》改。

我编的书中，常见此类标明“锺校”的校记。出校记不是为了表功，而是为了(一)保留原版书的本来面目；(二)使读者可以判断原版此处是否有错，应不应改；(三)如果改错了，则原文具在，也好纠正。

我以为，重印旧书，这是应有的态度，认真的态度。我不敢说自己的工作做得如何好，只能说还是比较认真的；但年老耄荒，限于能力，阙误肯定难免，望能匡我不逮。读者总是最高明的，后来居上亦人间正道，我始终相信这一点。

图书在版编目(CIP)数据

与之言/锺叔河著．—长沙：岳麓书社，2021.4

ISBN 978-7-5538-1400-1

Ⅰ.①与…　Ⅱ.①锺…　Ⅲ.①锺叔河—自传　Ⅳ.①K825.42

中国版本图书馆 CIP 数据核字(2020)第 190961 号

YUZHIYAN

与之言

作　　者：锺叔河

责任编辑：李缅燕

特约编辑：王　平

责任校对：舒　舍

封面设计：格局创界文化传播

封面摄影：李　锋

插图制作：唐　巍

图文排版：刘晓霞

岳麓书社出版发行

地址：湖南省长沙市爱民路 47 号

直销电话：0731-88804152　0731-88885616

邮编：410006

版次：2021 年 4 月第 1 版

印次：2021 年 4 月第 1 次印刷

开本：889mm×1194mm　1/32

印张：15.25

字数：308 千字

印数：1—3 000

ISBN 978-7-5538-1400-1

定价：108.00 元

承印：雅昌文化(集团)有限公司

如有印装质量问题，请与本社印务部联系

电话：0731-88884129